Encounters
in Modern Hebrew:
Level 2

מפגש ב׳
בעברית
חדשה:

עברית: מפגשים שלב ב׳

עדנה עמיר קופין

ENCOUNTERS IN MODERN HEBREW: LEVEL 2

EDNA AMIR COFFIN

Ann Arbor

THE UNIVERSITY OF MICHIGAN PRESS

ACKNOWLEDGMENTS

Special thanks are due to teaching assistants and to their students in the beginning Hebrew classes at the University of Michigan. They used *Encounters in Modern Hebrew* in earlier experimental versions and gave important feedback to the author. Particular appreciation is due to LeAnn Fields, editor at the University of Michigan Press, without whose constant support and unending patience this textbook would not have been finished.

CONTENTS

שיעור מספר 13

שיעור מספר 14

שיעור מספר **17**

INTRODUCTION

TO THE TEACHER

Encounters in Modern Hebrew consists of three volumes designed to introduce English-speaking students to modern Hebrew. The first two volumes, *Level 1* and *Level 2*, include instructional materials designed for beginners and intermediate students. The primary objective is to help learners acquire the basic skills in Hebrew for the purposes of oral and written communication and reading comprehension. To acquire a proficiency in such skills, it is necessary to get an understanding of the basic structures of Hebrew and a meaningful working vocabulary. The learning environment is thus built to accommodate the stated goals. The methodology that guided the writing of *Encounters in Modern Hebrew* is an eclectic one and incorporates many current communicative approaches. It takes into account proficiency goals set by the foreign-language teaching community, but at the same time it does not ignore the more traditional approaches that emphasize the introduction of essential linguistic structures of the target language. It is my belief, based on many years of teaching Hebrew, that the process of acquisition of communicative skills in a foreign language is enhanced by a better understanding of the structure of the target language, especially in an environment where that language is not spoken.

CONTENT AND ORGANIZATION OF THE INSTRUCTIONAL MATERIALS

Encounters in Modern Hebrew: Level 2 provides a language learning environment mainly through a textbook, but when complete it will include additional materials in the form of computer-based tutorials, an interactive video program, and audio cassettes keyed to the textbook. The textbook is designed to be used with or without the additional materials. The audio tapes and the computer-based instructional materials allow the learner to gain further practice in different learning modes.

Level 2 consists of ten lessons organized around various subjects, language functions, language patterns, and grammatical points. Each lesson is unified by subject matter and is divided into two parts for ease of instruction. The lessons include reading selections, which are presented as dialogues. The dialogues lend themselves to many individual and classroom activities such as practicing listening and reading comprehension, and can serve as triggers for spoken interactions, role playing, and other tasks. The readings introduce new vocabulary items and new language structures and functions in appropriate situations. The lessons introduce new language patterns and include grammatical explanations. Exercises and other tasks accompany the new information. A word list at the end of each chapter presents all the new vocabulary introduced in the lesson. As the vocabulary is fairly extensive, the instructor can divide the word list into categories: essential vocabulary

and vocabulary for enrichment. A short summary at the end of each lesson gives the learner a frame of reference for the new points introduced.

The contents of the lessons in *Encounters in Modern Hebrew: Level 2* are designed to guide learners in the acquisition of a number of essential language structures that will allow them to express themselves in the world around them. Topics include the domains of leisure time and work, family and friends, and daily routines. Other language domains are addressed in *Level 3*. Students will be given guidance as to how to function within the environment of Hebrew speakers.

Ideas for group activities and language tasks designed to promote free and authentic speech are presented in several of the lessons and can be adapted for use with much of the material in the book.

The language presented in *Level 2* is informal Hebrew. The formal style present in much of written Hebrew fiction and nonfiction is used more extensively in *Level 3*. The text is presented in nonvocalized form. Vowels are added in some places to make it easier for learners to pronounce new words they encounter. The reading selections, word lists, and other materials included in the lessons are available on audio tapes, to ensure correct pronunciation and to enhance listening, reading, and speaking skills.

TO THE LEARNER

RECORDED MATERIALS

The purpose of the recorded materials is to provide you, the learner, with the opportunity to hear Hebrew as it is spoken and pronounced. All the participants in the recordings are native speakers of Hebrew and their pronunciation is authentic. No vowels are provided for most of the texts included in the book. Unvocalized texts are standard for adult readers, and as an adult learner, you too are introduced to such texts. Because of the absence of vowels, stress, and intonation markers, it becomes doubly important for you to use the audio tapes when studying. The correct pronunciation of words will make it possible for others to understand what you want to express in Hebrew.

To improve your listening and comprehension skills and to contribute to your development as a speaker, you are advised to listen to the tapes regularly, alternating between listening with open and with closed books. When you listen to a dialogue for the first time, try to get the general gist of the text rather than attempting to understand each word. After you reach a general understanding of the text, you can look up the new words to find out their meanings. You will have an opportunity to repeat the texts, and the new words, and to answer comprehension questions. When you study individual words, remember that meaning units are composed of strings of words and of interactions between speakers. Words gain their meaning from their context. The model dialogues provide you with examples of speech interactions and appropriate contexts for words and structures and will help you build language patterns and strategies that you can use in communication.

The purpose of the dialogues is to provide you with an example of communication acts; they are not intended to be memorized. They provide a way to start a conversation, a trigger for a meaningful interaction.

READING PASSAGES

Reading in a foreign language is a skill that seems to have lost popularity with some instructors who emphasize spoken communicative skills above all other skills. It is important to understand that reading is also a communication skill, one that is essential to the understanding of written/printed texts with a variety of communicative functions. Just as reading and writing skills are expected of all literate native speakers of Hebrew, they are expected of nonnative learners as well. The ability to read gives you, the new user of Hebrew, access to materials available to native speakers: newspapers and works of fiction, nonfiction, and poetry, as well as such practical items as road signs, manuals, and maps.

Encounters in Modern Hebrew: Level 2 and *Level 3*, put a special emphasis on the development and enhancement of reading and writing skills and present a variety of texts in several language domains. The language style used in most Hebrew texts is of a higher and more formal level than the one used in speaking. The choice of style and vocabulary is a distinct one and demands your special attention. Learning how to speak won't necessarily prepare you for the language used in literary texts. It is thus important to develop reading strategies early in the process of language acquisition.

In reading new passages, as in listening to dialogues, it is a good idea to get an overview of the passage before addressing individual concerns. Many yet unknown vocabulary items can be intelligently guessed from the general context of the passage. The process of deciphering the text should be focused on what is known and understood, rather than on the features that are new. As a learner it is useful to adopt the attitude that you need not know *all* the vocabulary items in a written or spoken passage in order to understand the general meaning of the discourse.

Since all reading passages in this book are recorded, you might try reading them first, then listening to the recorded text, with either an open or a closed book, before consulting word lists. The intonation and pauses provided in the recordings will help you decipher the meaning of the text.

WORD LISTS

The word lists provided at the end of each lesson include many essential vocabulary items for the subject matter at hand, as well as a few less essential items that are part of the text or dialogue. In the word lists you will not only get the translation of vocabulary items into English but also additional grammatical information. Even though the words at the end of each lesson are organized in a list, rather than being presented in a context, it is useful to go through the list with the help of the audio tape. Words are the building blocks of language and, no matter what else you may know about a language, you cannot have meaningful use of language unless you accumulate a rich vocabulary that will allow you to express not only meanings but subtleties of language as well. Do not forget that the spelling of words is extremely important to make yourself understood in writing and that the exact and clear pronunciation of words is important in making yourself understood in speaking.

GRAMMAR AND EXERCISES

Working under the assumption that Hebrew is the sole language used in class, grammar explanations provided in English in the book become a very important part of the learning process. Many of the explanations and examples in the book use a contrasting description to illustrate Hebrew structures, showing the similarities and differences between your native language, English, and the target language, Hebrew. It is very useful not only to understand the Hebrew structures, but also to know how they differ from English. First-language interference is at the heart of many of the mistakes you will make in Hebrew. If you understand the two language systems, you will be able to produce a more accurate and correct Hebrew.

Language teachers are encouraged not to talk *about* language, but rather to activate the learners in the use of the target language. The explanations in the book will make the teacher's task much easier. At some point, you should be aware of what you need and want to know *about* the language, and the textbook is the appropriate place for such explanations.

Exercises of various sorts are provided after each explanation of a new language structure in order to give you an opportunity to put the new concept into practice. In addition, classroom activities based on these exercises will further guide you toward free and authentic expression.

ADDITIONAL MATERIALS

Additional materials are available for further self-study. There are review lessons available for the IBM computer. They provide you with the opportunity to review vocabulary, practice reading comprehension, review grammatical structures, and do some writing. Meaningful feedback helps you check your performance. In addition, an interactive video program is available for the IBM multimedia platform. The program "Encounters" is suitable for learners who have finished the ten lessons in *Level 1*. For further information contact the University of Michigan's Hebrew Division at 3081 Frieze Building, Ann Arbor, Michigan 48109.

It is my hope that you, the learner, will find this book useful. Relax and enjoy the study of Hebrew.

LESSON 11 — שיעור מספר 11

PART A — חלק א׳

DIALOGUE A: NO PROBLEM! — שיחון א׳: אין בעייה!

(מוקדם בבוקר. דוד מזרחי במטבח. עליזה מזרחי נכנסת למטבח.)

עליזה: בוקר טוב, דוד.
דוד: בוקר טוב, עליזה.
עליזה: עוד לא שתיתי קפה. בוקר בלי קפה, זה לא בוקר טוב.
דוד: את רוצה כוס קפה? אני מוכן לעשות קפה.
עליזה: אין קפה בבית.
דוד: יש לחם?
עליזה: גם לחם אין. אתמול קניתי שני כיכרות לחם והילדים כבר אכלו את הכל. גם מיץ תפוזים אין.
דוד: אני הולך לחנות לקנות לחמניות טריות, מיץ תפוזים וקפה.
עוד משהו?
עליזה: עיתון וסיגריות.
דוד: עיתון – כן, אבל סיגריות – לא. זה לא בריא.
(אמנון, הבן הגדול, נכנס למטבח.)
עליזה: בוקר טוב, אמנון.
אמנון: בוקר טוב. איפה אבא? כבר הלך לעבודה?
עליזה: עוד לא. הוא הלך לחנות לקנות לחמניות וקפה.
(נועה, הבת הקטנה נכנסת למטבח. דוד חוזר מהחנות.)
דוד: הייתי, ראיתי וקניתי.
נועה: אבא, איפה היית? מה קנית בשבילי?
עליזה: אבא היה בחנות וקנה לחמניות ומיץ וגם עיתון.
אמנון: אבא, עיתון!
עליזה: מה זה "אבא, עיתון"? קצת נימוס, בבקשה!
אמנון: טוב! אפשר לקבל את העיתון, בבקשה?
דוד: בסדר.
עליזה: ומה אומרים?
אמנון: תודה רבה.
דוד: אין בעייה.
עליזה: אז מה אתם רוצים לארוחת בוקר?

אמנון: אני ממהר. רק כוס קפה.

דוד: כמו תמיד: בשביל "האדון אמנון" קפה עם חלב וסוכר, בשביל "הגברת נועה" – קקאו ולחמניה עם ריבה, ובשבילי – קפה שחור עם הרבה סוכר ושתי לחמניות עם חמאה ודבש.

עליזה: עוד רגע!

עליזה: עכשיו הכל מוכן.

(עליזה ממהרת ושופכת קפה חם על דוד.)

דוד: מה זה?

עליזה: אוי, סליחה!

דוד: "סליחה" זה לא מספיק. הקפה חם.

עליזה: אני באמת מצטערת.

דוד: זה לא נורא. זה בסדר. זה כמו תמיד: קצת קפה בכוס והרבה קפה על הבגדים שלי.

עליזה: בתיאבון!

<table>
<tr><td>EXERCISE 1</td><td>תרגיל מספר 1</td></tr>
</table>

Answer the questions:

ענו על השאלות:

1. מי נמצא במטבח מוקדם בבוקר?
2. מה אין בבית לארוחת בוקר?
3. מה דוד קונה?
4. מה עליזה רוצה ומה דוד לא מוכן לקנות?
5. מה נועה שותה לארוחת בוקר?
6. מה דוד שותה בבוקר?
7. מה נועה שותה?
8. מה הם אוכלים?
9. מי ממהר?
10. למה עליזה אומרת לאמנון "קצת נימוס"?
11. למה עליזה מצטערת?
12. מה אתם אוכלים ושותים לארוחת בוקר?

<table>
<tr><td>A BIT OF COURTESY, PLEASE!</td><td>קצת נימוס, בבקשה!</td></tr>
</table>

<table>
<tr><td>Apology and Response</td><td>*התנצלות*</td></tr>
</table>

I am sorry.   .(סליחה/אני מצטער(ת

It is O.K.   .זה בסדר/לא נורא/אין בעייה

EXAMPLES

You stepped on someone's foot.

<table>
<tr><td>Excuse me! I am sorry!</td><td>*סליחה!!!*</td><td>אתה:</td></tr>
<tr><td>It does not matter! It is not so bad!</td><td>*זה לא נורא!*</td><td>אשה:</td></tr>
</table>

You dropped a cup of coffee on the hostess's new rug.

You: I am sorry. (literally, "pardon")	סליחה.
I am very sorry.	אני מצטער מאוד.
Hostess:(to you) It's O.K.	זה בסדר. לא נורא.
(to her husband about you) What an idiot!	איזה אידיוט!

You are late for a dinner party.

You:	אני מצטערת מאוד.
Your gracious host:	אין בעייה.

Initiating Requests or Requests for Information   פתיח לבקשה

Pardon me, sir	סליחה אדוני, מה השעה?
Pardon me, ma'am	סליחה גבירתי, איפה רחוב הרצל?
Excuse me, (sir)	תסלח לי, המקום פנוי?
Excuse me, (ma'am)	תסלחי לי, זאת התחנה לאילת?

EXERCISE 2   **תרגיל מספר 2**

Add the appropriate expressions from the list below to the conversations.

סליחה/תודה/תודה רבה/בבקשה/על לא דבר/אני מצטער(ת)/זה בסדר/לא
נורא/תסלח לי

(בבית הקפה של דוד וחמדה כהן.)
(דורית באה)

דוד:	בוקר טוב, דורית.
דורית:	בוקר טוב, דוד.
דוד:	מה את רוצה?
דורית:	כוס קפה, _____
דוד:	עם או בלי חלב?
דורית:	עם חלב אבל בלי סוכר.
דוד:	חמדה! כוס קפה בשביל חנה עם חלב ובלי סוכר.
חמדה:	_____ ! קפה אחד עם חלב.
דורית:	_____ .

(אורלי באה)

אורלי:	_____ אדוני
דוד:	כן גברתי. את רוצה משהו לאכול? משהו לשתות?
אורלי:	אני רוצה כוס מיץ, לחם, חמאה ודבש.
דוד:	_____
אורלי:	_____
דוד:	_____

(עוזי בא)

עוזי:	מה נשמע, דוד? הכל בסדר?
דוד:	תודה לאל, הכל בסדר.

עוזי: מה שלום המשפחה?
דוד: טוב ______. ומה שלום האשה והילדים?
עוזי: ______ לאל. שלומם טוב.
דוד: מה אתה רוצה? תה? קפה? מיץ?
עוזי: תה עם לימון ועוגה.
(זהבה באה)
דוד: כן גבירתי, את רוצה משהו לשתות?
זהבה: כן.
עוזי: איפה התה?
דוד: אני ______ – אני עסוק מאוד!
עוזי: ______.
דוד: חמדה! תה עם לימון ועוגה!
זהבה: גם אני רוצה תה עם לימון.
דוד: חמדה! עוד תה עם לימון!
זהבה: וגם טוסט עם ריבה.
דוד: תה וטוסט וריבה.
עוזי: להתראות דוד.
דוד: אני באמת ______.
עוזי: ______. אתה איש עסוק. זה בית קפה פופולארי מאוד.

המשך את השיחה. Continue the conversation.

(אמנון בא)
אמנון: ______
דוד: ______
אמנון: ______
דוד: ______
אמנון: ______
דוד: ______
אמנון: ______
דוד: ______

החשבון THE BILL: SOME USEFUL EXPRESSIONS

אני רוצה *לשלם במזומן.* I want *to pay in cash.*
כמה זה עולה?
אני רוצה *לשלם בכרטיס אשראי.* I want *to pay with a credit card.*
אפשר לשלם בכרטיס "ויזה"?

כמה זה עולה? How Much Does It Cost?

to cost = לַעֲלוֹת

זמן הווה
Present Tense

עוֹלֶה עוֹלָה עוֹלִים עוֹלוֹת

EXERCISE 3 — תרגיל מספר 3

Complete the sentences with the appropriate verb forms of לעלות

1. כמה ________ הבשר?
   הבשר עולה ________ שקלים.
2. כמה ________ מנה אחת של חומוס?
   מנה אחת חומוס ________ רק שני שקלים.
3. כמה ________ הדגים האלה?
   הדגים ________ שבעה שקלים.
4. כמה ________ עוגת השוקולד וכמה ________ עוגת התפוחים?
   כל עוגה ________ עשרה שקלים. שתי העוגות ________ עשרים שקלים.

NEW ADJECTIVES — שמות תואר חדשים

יָקָר-יְקָרָה-יְקָרִים-יְקָרוֹת	expensive
זוֹל-זוֹלָה-זוֹלִים-זוֹלוֹת	inexpensive

דוגמאות — Examples

המסעדה הזאת יקרה מאוד.
האוכל טוב אבל יקר.
הכרטיסים לקונצרט לא זולים. הם עולים הרבה.

NEW ADVERBS — תארי פועל חדשים

Adverbs have only one form and do not change according to the gender or number of the subject.

לעלות בְּיוֹקֶר — to cost *a lot* (literally, to cost "expensively")

האוכל יָקָר = הוא עולֶה בְּיוֹקֶר.
הארוחה לא יְקָרָה = היא לא עולָה בְּיוֹקֶר.

לעלות בְּזוֹל — to cost *a little* (literally, to cost "inexpensively")

הספרים יקרים = הם לא עולים בְּזוֹל.
בשוק הירקות זוֹלִים = בשוק אפשר לקנות ירקות בְּזוֹל.

EXERCISE 4 תרגיל מספר 4

Complete the sentences with the appropriate adjectives or adverbs

יקר, יקרה, יקרים, יקרות, זול, זולה, זולים, זולות, ביוקר, בזול

1. הספר שלך עולה הרבה כסף? זה ספר ________?
   לא. זה לא ספר ________ – זה ספר ________.
2. אני לא רוצה לקנות בגדים ________. יש לי מספיק כסף ואני רוצה לקנות בגדים ________, אבל טובים.
3. אין לנו הרבה כסף ואנחנו רוצים לקנות כרטיסים ________ לקונצרט.
4. יש אינפלאציה והכל עולה כאן ________.
5. בשוק הכל עולה ________ אבל בסופרמרקט (בְּמַרכּוֹל) הכל עולה ________.

PREPOSITIONS מילות יחס

עם ≠ בלי

With + somebody	עִם + מִישהוּ
With + something	עִם + מַשהוּ
Without + somebody	בְּלִי + מִישהוּ
Without + something	בְּלִי + מַשהוּ

Examples דוגמאות

1. עם מי אתה לומד?
   אני לומד עם דני.
2. אתם רוצים קפה עם סוכר ועם חלב?
   אני רוצה קפה עם סוכר.
   ואני רוצה קפה עם סוכר ובלי חלב.
3. אני הולך למסעדה בלי חברים. אני הולך לבד.

EXERCISE 5 תרגיל מספר 5

Use the prepositions בלי or עם to complete the sentences.

1. אני לא אוכל ______ חברים. אני אוכל לבד בבית.
2. אנחנו אוהבים לאכול לחם ______ ריבה אבל ______ חמאה.
3. אתם הולכים לסרט ______ ההורים שלכם או לבד?
4. זאת מסעדה ______ שירות טוב.
5. דליה צמחונית. היא אוכלת ארוחות ______ בשר.
6. מה אתם רוצים? מים קרם ______ קרח או ______ קרח?
7. אבא שלי בדיאטה. הוא אוכל לחם ______ חמאה ושותה קפה ______ סוכר.
8. אתם שותים תה קר ______ לימון או ______ לימון?
9. רק משפחות ______ ילדים גרות כאן.
10. זאת לא ארוחה צמחונית. המרק הוא ______ בשר וירקות.

SPEECH PATTERNS   תבניות לשון

בשביל מי הספר?

בשביל הילדים שלנו.

בשבילי כוס קפה ומה בשבילך?

בשבילי קוקה קולה עם הרבה קרח, בבקשה.

The Preposition בשביל

This preposition can be best translated as "for." The noun or pronoun that follows it often functions as the designated beneficiary or recipient.

Here are some contexts in which the preposition בשביל is used.

Preposition with a Noun/Proper Name/Pronoun

They bought the bicycle *for Yossi.*   הם קנו את האופניים בשביל יוסי.

Dalia's mother sews *for her.*   אמא של דליה תופרת בשבילה.

Preposition בשביל as a question Initiator

בשביל מי הפרחים האלה? בשביל אמא של דליה.

For whom are these flowers? *For Dalia's mother.*

Preposition בשביל Used in Ordering

מה בשבילך? בשבילי קפה ועוגה.

What *would you like?* (*I'd like*) coffee and cake. (Literally, "what *for you?*")

And for you? Nothing.   ובשבילך? שום דבר.

Here is the Preposition בשביל conjugated with pronoun suffixes

	רבים				יחיד	
	בִּשְׁבִילֵנוּ				בִּשְׁבִילִי	
בִּשְׁבִילְכֶן		בִּשְׁבִילְכֶם		בִּשְׁבִילֵךְ		בִּשְׁבִילְךָ
בִּשְׁבִילָן		בִּשְׁבִילָם		בִּשְׁבִילָהּ		בִּשְׁבִילוֹ

The preposition עבור is used interchangeably with the preposition בשביל.

It is often used in the written form of Hebrew.

	רבים				יחיד	
	עֲבוּרֵנוּ				עֲבוּרִי	
עֲבוּרְכֶן		עֲבוּרְכֶם		עֲבוּרֵךְ		עֲבוּרְךָ
עֲבוּרָן		עֲבוּרָם		עֲבוּרָהּ		עֲבוּרוֹ

EXERCISE 6   תרגיל מספר 6

Use בשביל to complete the dialogues. The pronoun indicated in parentheses is to be
changed to the proper suffix.

א. *בחנות הספרים*

המוכר: מה אפשר לעשות _____ (אתם)?

הקונה: יש לכם ספרי בישול?

המוכר: _____ מי? _____ (את)?

הקונה: לא _____ (אני). _____ חברה שלי.

המוכר: איזה אוכל היא אוהבת לבשל?

ב. *בחנות של המוזיאון*

קונה: ראיתי תמונה יפה במוזיאון. אפשר לקנות אותה?

מוכרת: התמונה הזאת עולה הרבה כסף.

קונה: _____ (אנחנו) זאת לא בעייה.

מוכרת: אז גם _____ (אני) זאת לא בעייה.

ג. *בבית קפה*

מלצרית: _____ מי הקפוצ'ינו?

אמנון: לא _____ (אני).

אניטה: _____ (אני), בבקשה.

מלצרית: ו_____ מי העוגה עם הקרם?

אניטה: לא _____ (אני). זה _____ (הוא).

מלצרית: _____ מי הגלידה?

אניטה: הגלידה _____ (היא).

דליה: כן. הגלידה _____ (אני).

אמנון: _____ (את)? את לא בדיאטה?

דליה: לא היום.

מלצרית: ו_____ מי החשבון?

READING A: DAVID IN TEL AVIV
קטע קריאה א': דוד בתל אביב

אתמול דוד נסע לתל אביב. מה הוא עשה בתל אביב?
הוא הלך לטיילת. הוא ראה הרבה אנשים בטיילת . הוא פגש חברים בבית קפה. בדרך הביתה הוא קנה גרעינים וכוס מיץ תפוזים בקיוסק. אחר כך הוא נסע הביתה.

גם היום דוד נוסע לתל אביב. מה הוא עושה בתל אביב?
הוא הולך לטיילת בתל אביב. הוא רואה הרבה אנשים בטיילת. הוא פוגש חברים בבית קפה. בדרך הביתה הוא קונה גרעינים וכוס מיץ תפוזים בקיוסק. אחר כך הוא נוסע הבית.

SPEECH PATTERNS **תבניות לשון**

דוד, איפה היית?	הייתי בתל אביב.
דני, מה עשית?	הלכתי לטיילת.
יעל, מה ראית?	ראיתי אנשים.
רות, מה קנית?	קניתי גרעינים.
שרה, מה שתית?	שתיתי מיץ תפוזים.

ל"ה Pa'al Verbs in Past Tense

זמן עבר: פעלי ל"ה בניין פעל

Compare present and past tense forms.

הווה	*עבר*
מה את/ה עוֹשֶׂה?	מה עָשִׂיתָ?
אני קונה ספרים.	גם אתמול קניתי ספרים.
מה אתם עוֹשִׂים?	מה עֲשִׂיתֶם?
אנחנו שוֹתִים קפה.	גם אתמול שָׁתִינוּ קפה.
מה אתן עושות?	מה עֲשִׂיתֶן?
אנחנו קונות אוכל.	גם אתמול קָנִינוּ אוכל.
מה דן רוֹאֶה?	מה דן רָאָה שם?
הוא רוֹאֶה סרט.	גם אתמול הוא רָאָה סרט.
איפה כולם?	איפה כולם הָיוּ?
הם בספריה.	הם הָיוּ בספריה.
מה הן רוֹצוֹת?	מה הן רָצוּ?
הן רוֹצוֹת לרקוד.	הן רָצוּ לרקוד.

In past tense, the stems of verbs that have a final radical ה, are as follows: (using the verb לרצות, "to want," as an example).

רבים		יחיד	
	(אנחנו) רָצִינוּ		(אני) רָצִיתִי
(אתן) רְצִיתֶן	(אתם) רְצִיתֶם	(את) רָצִית	(אתה) רָצִיתָ
הן רָצוּ	הם רָצוּ	היא רָצְתָה	הוא רָצָה

Other verbs that can be conjugated in the same manner are:

לקנות, לראות, לשתות, לעשות, להיות

EXERCISE 7   תרגיל מספר 7

Complete the questions and answers with past tense forms.

עבר	הווה
מה _____?	מה אתה עושה?
גם אתמול בבוקר _____ קפה.	אני שותה קפה.
מה _____?	מה אתם עושים?
גם אתמול בערב _____ תה.	אנחנו שותים תה.
מה _____?	מה דן עושה כאן?
גם אתמול בבוקר הוא _____ מיץ.	הוא שותה מיץ.
מה כולם _____ פה?	מה כולם עושים פה?
גם אתמול בבוקר הם _____ אקספרסו.	הם שותים אקספרסו.

EXERCISE 8   תרגיל מספר 8

Change the verbs in the sentences to past tense forms and translate them.

אנחנו קונים מתנה לדוד.
אתן קונות משהו בחנות?
אתה קונה ספר חדש?
את קונה מכונית?
מתי הוא קונה אוכל?
איפה היא קונה ספרים לילדים?
אתם קונים את הרדיו הזה?
מה הילדים קונים?

אנחנו רואים את דליה בעבודה.
היא לא רואה אותנו.
אתה רואה אותה?
הוא לא רואה אף אחד.

איפה אתם רואים את דן?
מה הם עושים בערב?
מה דינה עושה בבית?
הם לא עושים כלום בבית.

THE VERB להיות, "TO BE," IN THE PAST TENSE — להיות בזמן עבר

	יחיד		רבים	
	הָיִיתִי		הָיִינוּ	
הָיִיתָ	הָיִית		הֱיִיתֶם	הֱיִיתֶן
הוא הָיָה	היא הָיְתָה		הם הָיוּ	הן הָיוּ

The verb להיות is used in the past and future tenses. It is not used in the present tense. It is usually followed by prepositional phrases, nouns, or adjectives. The verb forms, nouns, and adjectives agree with the subject nouns.

The following examples contrast past and present.

הווה: בלי פועל	*עבר: עם הפועל "להיות"*
היא בלונדון.	היא היתה בלונדון.
אתה סטודנט?	היית סטודנט?
אתם עסוקים?	הייתם עסוקים.
הם תלמידים שלי.	הם היו תלמידים שלי.

EXERCISE 9 — תרגיל מספר 9

Change the sentences from present tense to past tense.

1. אני בירושלים. ______
2. דן תלמיד טוב. ______
3. הארוחה טובה מאוד. ______
4. אנחנו אורחים שלהם. ______
5. הן חברות של דן. ______
6. הארוחה לא יקרה בכלל. ______
7. הדירה שלנו יקרה. ______
8. אתם עסוקים בערב? ______
9. המוכרת נחמדה מאוד. ______

The verb להיות is used in the past tense of יש ≠ אין. The verb forms agree with the nouns in gender and number.

הווה: בלי פועל	*עבר: עם הפועל "להיות"*
יש אוכל בבית?	היה אוכל בבית?
יש הרבה עבודה?	היתה הרבה עבודה?
אין אורחים?	לא היו אורחים?
אין בעייה.	לא היתה בעייה.

תרגיל מספר 10

EXERCISE 10

Change the sentences from present tense to past tense.

1. יש חנות ברחוב הרצל. ____________________
2. אין שיעור היום. ____________________
3. יש שירות טוב במסעדה? ____________________
4. אין כאן מספיק מלצריות. ____________________
5. יש קונצרטים בערב. ____________________
6. אין שם מוסיקה בכלל. ____________________
7. אין אנשים ברחוב בלילה. ____________________
8. יש חנויות וִידאוֹ בעיר? ____________________
9. אין סרטים טובים בקולנוע. ____________________
10. יש הרבה רופאות ילדים בעיר. ____________________

PART B — חלק ב׳

READING B: OUR EXCURSION — קטע קריאה ב: הטיוּל שלנו

Read the passage.

נעמי מספרת:

לפני שבוע היינו בטיוּל בכִּינֶרֶת. לקחנו איתנו ציידָנִית מְלֵאָה באוכל ומשקאות קרים. בבוקר הלכנו ברגל עשרה קילומטרים. בצהריים מצאנו מקום יפה לפִּיקְנִיק. כולם היו רעבים וצמאים וגם עייפים. הארוחה שלנו היתה ממש טובה. הלחם היה טעים, הגבינה היתה משובחת, הפירות והירקות היו טריים. היו גם משקאות טובים: קפה חם ולימונדה קרה. אכלנו ושתינו. סוף סוף היינו שבעים. נחנו אחרי הארוחה ושׂחִינו בכינרת. לִפְנוֹת ערב הלכנו עוד עשרה קילומטרים ובערב חזרנו הביתה, עֲיֵפִים אַךְ מְרוּצִים. זה היה טיול נחמד!

Complete telling the story in the third person.

לפני שבוע נעמי והחברים שלה היו בטיול בכינרת. הם לקחו איתם ______________

____

____

ובערב הם חזרו הביתה, עייפים אך מרוּצים. זה היה טיוּל נחמד!

כמה קִילוֹמֶטרִים הם הלכו ברגל?

הם הלכו עשרה קילומטרים — אחר כך הם הלכו עוד עשרה קילומטרים

1_2_3_4_5_6_7_8_9_10 + 1_2_3_4_5_6_7_8_9_10 = __________

EXERCISE 11 — תרגיל מספר 11

Write a list of foods and drinks for a picnic.

רשימת מאכלים ומשקאות לפיקניק.

__________	__________
__________	__________
__________	__________
__________	__________
__________	__________
__________	__________

SPEECH PATTERNS — תבניות לשון

הייתי רעב, אכלתי ועכשיו אני כבר שָׂבֵעַ.

אכלנו לפני שעה. אנחנו עוד לא רעבים, אבל אנחנו צמאים.

הייתי עייפה ורעבה, ואני עדיין עייפה אבל אני כבר לא רעבה.

ADJECTIVE AND VERB — תואר ופועל

The following present tense forms function as both verbs and adjectives.

	אתן	אנחנו	דליה	דוד
tired	עֲיֵיפוֹת	עֲיֵיפִים	עֲיֵיפָה	עָיֵיף
hungry	רְעֵבוֹת	רְעֵבִים	רְעֵבָה	רָעֵב
thirsty	צְמֵאוֹת	צְמֵאִים	צְמֵאָה	צָמֵא
full (satiated)	שְׂבֵעוֹת	שְׂבֵעִים	שְׂבֵעָה	שָׂבֵעַ

ADVERBS OF TIME AND DURATION — תארי פועל של זמן ומשך זמן

Ongoing Action or Changed State — *פעולה נמשכת או מצב שהשתנה.*

I am *still* tired. — אני עֲדַיִין עייף.

I am *no longer* tired. — אני כְּבָר לֹא עייף.

Completed Action or Unchanged State — *פעולה גמורה או מצב שלא השתנה*

We *have already been* to Haifa. — כְּבָר היינו בחיפה.

We *have not yet been* to Haifa. — עוֹד לֹא היינו בחיפה.

EXERCISE 12 — תרגיל מספר 12

Choose from the new adjectives just listed to complete the sentences. In the past tense, add the verb "to be" in the appropriate conjugation.

1. אני עוד לא אכלתי. אני ______________.
2. אנחנו כבר אכלנו. אנחנו כבר לא ______________. אנחנו ______________.
3. עבדתי ולמדתי כל הלילה. אני גם ______________ גם ו______________.
4. אתמול דליה לא ______________ ______________ והיא לא אכלה שום דבר.
5. אכלנו ואכלנו – ועכשיו אנחנו ______________.
6. אתם לא ______________ ______________ אחרי השיעור של הבוקר?
7. אתמול בלילה כולם ______________ ______________ והלכו לאכול פיצה.
8. שתינו ושתינו – ועכשיו אנחנו כבר לא ______________.
9. אתם ______________? אתם לא אוכלים בשר?
10. ______________ ______________ ולא אכלתי דגים, עוף או בשר.

EXERCISE 13 — תרגיל מספר 13

Choose from the new adverbs just listed to complete the sentences.

1. אנחנו ______ ______ שחינו. אנחנו רוצים לשחות.
2. אתם ______ אכלתם ארוחת צהריים?
3. הם עבדו ולמדו כל הלילה. הם היו עייפים והם ______ עייפים מאוד.
4. מה? אתן ______ ______ אכלתן שום דבר? יש לנו מספיק אוכל גם בשבילכן.
5. מי ______ ______ שתה מים? מי ______ צמא?

EXERCISE 14 — תרגיל מספר 14

Change the passage to past tense and then change the subject to feminine.

הסטודנט הרעב.

דן גר במעונות. הוא עובד ולומד. הוא תמיד עייף. יש אוכל גרוע במעונות. הוא לא אוהב לאכול במעונות. הוא תמיד רעב.

אז מה הוא עושה? כל יום שני בצהריים הוא הולך למסעדה טובה ואוכל ארוחה גדולה ואז הוא לא רעב. אחרי הארוחה הגדולה דן עייף והולך לישון.

הסטודנטית הרעבה

דינה גרה במעונות. ______________________________

SPEECH PATTERNS — תבניות לשון

האוכל במסעדה הזאת לא טעים ולא טוב. זה אוכל גרוע.
זאת מסעדה צמחונית והירקות כאן טריים וטעימים.
יש ארוחות חמות בקפיטריה.
הקפה לא חם, המים לא קרים והעוגה לא מתוקה.

NEW ADJECTIVES — שמות תואר חדשים

	הארוחות	הירקות	הארוחה	האוכל
hot/warm	חַמּוֹת	חַמִּים	חַמָּה	חַם
cold	קָרוֹת	קָרִים	קָרָה	קָר
fresh	טְרִיּוֹת	טְרִיִּים	טְרִיָּה	טָרִי
tasty	טְעִימוֹת	טְעִימִים	טְעִימָה	טָעִים
sweet	מְתוּקוֹת	מְתוּקִים	מְתוּקָה	מָתוֹק
bad (quality)	גְּרוּעוֹת	גְּרוּעִים	גְּרוּעָה	גָּרוּעַ

EXERCISE 15 — תרגיל מספר 15

Choose from the new adjectives just listed to complete the sentences.
In the past tense, add the verb "to be" in the appropriate conjugation.

1. האוכל בקפיטריה של הסטודנטים לא ______.
2. היינו צמאים אז שתינו מים ______ עם קרח.
3. דליה הלכה לקנות ירקות ______ ופירות ______.
4. היה קר! הלכנו ואכלנו ארוחה ______ בבית.
5. האוכל ______ ______ והקפה ______ ______, אבל השירות ______ ______!
6. למה האוכל כאן לא ______ ולא ______?

EXERCISE 16 — תרגיל מספר 16

Complete the sentences by adding adjectives from this list:
טעימות, קרה, קר, חם, טריים, מתוק.

טל לא אוהבת לאכול

טל לא אוהבת לאכול. היא לא אוהבת ירקות ________ והיא לא אוהבת בשר. היא לא אוהבת אוכל ________ והיא לא אוהבת אוכל ________. מה היא כן אוהבת?
היא אוהבת עוגות, שוקולד וגלידה. העוגות ________, השוקולד ________ והגלידה ________.
טל! זה לא טוב לאכול רק עוגות, שוקולד וגלידה.

איזה אוכל את/ה אוהב/ת? איזה אוכל את/ה לא אוהב/ת?

READING C

קטע קריאה ג׳

הדִיֶאטָה של דליה: דיאטה של ״שומרֵי מִשקָל״

דליה אוהבת לבַשֵל. היא גם אוהבת לאכול. זאת בעייה! דליה לא רוצה להיות שְמֵנָה. היא רוצה להיות רָזָה. מה היא עשתה? היא למדה לבשל אוכל דַל-שוּמָן. דליה אוכלת הרבה פֵּירוֹת ויְרָקוֹת טריים. בפירות וירקות יש הרבה וִיטָמִינִים ואין הרבה קלוריות. דליה שומרת על דיאטה של ״שומרי משקל״. היא שומרת על דיאטה וגם על ה״פִיגוּרָה״!

ואתם? אתם גם ב״שומרי משקל״? (Weight Watchers = שומרי משקל)

ה״דיאטה״ של דן: דיאטה של ״שומרי האוכל הטוב״

גם דן אוהב לבשל. הוא אוהב אוכל טוב. דן אוהב לבשל בשביל החברים שלו. כל יום יש אורחים בבית של דן: אורחים לארוחת בוקר, לארוחת צהריים ולארוחת ערב. בבוקר דן הולך לשוק וקונה ירקות טריים, ביצים טריות ולחם טרי. הוא נוסע ליפו וקונה דגים טריים, בשר ועוף. בשוק ובחנויות ביפו כולם יודעים מי הוא דן.

דן לא שומר על דיאטה. הוא שומר על אוכל טוב! הוא לא שָמֵן. הוא אוכל הרבה ורץ הרבה.

דליה מספרת: ״אתמול ההורים שלי באו לארוחת בוקר״.

Dalia shares a recipe with us.

המתכון של דליה

סלט ירקות ישראלי

ארבע עגבניות

ארבעה מלפפונים

ארבעה בצלים ירוקים

פלפל ירוק

צנוניות

פטרוזילינון

מיץ של לימון

קצת שמן זית

פשוט, קל ובלי הרבה קלוריות!

We share our recipe with you.

המתכון שלנו לעוגת שוקולד

אנחנו עסוקים. אנחנו לא אופים עוגות. מה אנחנו עושים? אנחנו הולכים למאפיה של ״קפולסקי״. אנחנו קונים עוגת שוקולד. אחר-כך אנחנו הולכים לסופרמרקט וקונים גלידת וניל של ״שטראוס״. אנחנו הולכים הביתה, שותים קפה ואוכלים עוגת שוקולד עם גלידה.

פשוט, קל אבל עם הרבה קלוריות!

״קַפּוּלְסְקִי״: מאפיה ובית קפה. מקום טוב לקנות עוגות (בתל-אביב, בירושלים, בהרצליה, בחיפה ועוד)

״שְטְרָאוּס״: הגלידה של ״שטראוס״ גלידה טובה מאוד.

ADDITIONAL VERBS

לְבַשֵּׁל שורש: ב.ש.ל. בניין: פיעל גזרה: שלמים — to cook

זמן הווה

מְבַשֵּׁל מְבַשֶּׁלֶת מְבַשְּׁלִים מְבַשְּׁלוֹת

לִשְׁמוֹר על דיאטה שורש: ש.מ.ר. בניין: פעל גזרה: שלמים — to be on a diet

זמן הווה

שׁוֹמֵר שׁוֹמֶרֶת שׁוֹמְרִים שׁוֹמְרוֹת

לֶאֱפוֹת שורש: א.פ.ה. בניין: פעל גזרה: ל"ה — to bake

זמן הווה

אוֹפֶה אוֹפָה אוֹפִים אוֹפוֹת

זמן עבר — Past Tense

יחיד		רבים	
	(אני) אָפִיתִי		(אנחנו) אָפִינוּ
(אתה) אָפִיתָ	(את) אָפִית	(אתם) אֲפִיתֶם	(אתן) אֲפִיתֶן
הוא אָפָה	היא אָפְתָה	הם אָפוּ	הן אָפוּ

LESSON 11 SUMMARY   שיעור 11: סיכום

Communicative Skills Introduced in This Lesson

1. How to use polite expressions
2. How to ask how much things cost
3. How to tell where you were and what you did
4. How to talk about eating, cooking, and diet

Grammatical Information Introduced in This Lesson

1. How much do things cost?

כמה זה עולה? זה יקר או זה זול? זה עולה ביוקר או בזול?

2. With or without?

אתה שותה קפה עם חלב או בלי חלב?

3. Two prepositions for "for"   בשביל ועבור

בשבילי, בשבילך, בשבילך, בשבילו, בשבילה

בשבילנו, בשבילכם, בשבילכן, בשבילם, בשבילן

עבורי, עבורך, עבורך, עבורו, עבורה

עבורנו, עבורכם, עבורכן, עבורם, עבורן

4. Past tense of ל"ה verbs

שתיתי, שתית, שתית, הוא שתה, היא שתתה

שתינו, שתיתם, שתיתן, הם שתו, הן שתו

5. Present tense verbs that function as verbs and adjectives

רעב, רעבה   צמא, צמאה   שבע, שבעה   עייף, עייפה

6. New adjectives

חם, חמה   קר, קרה   טעים, טעימה   מתוק, מתוקה   גרוע, גרועה

7. Verbs of cooking

לבשל מבשל, מבשלת, מבשלים, מבשלות

לאפות אופה, אופה, אופים, אופות

אוצר מילים לשיעור 11 WORD LIST FOR LESSON 11

Nouns שמות

Singular and plural	רבים	יחיד/ה
lecture	הַרְצָאוֹת	הַרְצָאָה (נ)
hike, trip	טִיּוּלִים	טִיּוּל (ז)
promenade/boardwalk		טַיֶּלֶת (נ)
Yiddish		יִידִישׁ (נ)
food	מַאֲכָלִים	מַאֲכָל (ז)
bakery	מַאֲפִיּוֹת	מַאֲפִיָּה (נ)
cash	מְזוּמָנִים	מְזוּמָן (ז)
lunch counter	מִזְנוֹנִים	מִזְנוֹן (ז)
kitchen	מִטְבָּחִים	מִטְבָּח (ז)
recipe	מַתְכּוֹנִים	מַתְכּוֹן (ז)
manners		נִימוּס (ז)
eye	עֵינַיִים	עַיִן (נ)
newspaper	עִיתוֹנִים	עִיתוֹן (ז)
picnic		פִּיקְנִיק (ז)
picnic basket, cooler	צֵיידָנִיּוֹת	צֵיידָנִית (נ)
kiosk	קִיוֹסְקִים	קִיוֹסק (ז)
kilometer	קִילוֹמֶטְרִים	קִילוֹמֶטֶר (ז)
calorie	קָלוֹרִיוֹת	קָלוֹרִיָּה (נ)
ice		קֶרַח (ז)
market	שְׁוָוקִים	שׁוּק (ז)

Food Items and Ingredients מצרכי אוכל

Singular and plural	רבים	יחיד/ה
egg	בֵּיצִים	בֵּיצָה (נ)
green onion		בָּצָל יָרוֹק (ז)
cheese	גְּבִינוֹת	גְּבִינָה (נ)
nuts	גַּרְעִינִים (ז.ר.)	
ice cream	גְּלִידוֹת	גְּלִידָה (נ)
honey		דְּבַשׁ (ז)
butter		חֶמְאָה (נ)
bread	לְחָמִים	לֶחֶם (ז)
loaf of bread	כִּיכָּרוֹת לֶחֶם	כִּיכַּר לֶחֶם
roll	לַחְמָנִיּוֹת	לַחְמָנִית/לַחְמָנִיָּה (נ)
lemon		לִימוֹן (ז)
cucumber	מְלָפְפוֹנִים	מְלָפְפוֹן (ז)
sugar		סוּכָּר (ז)

cake	עוּגוֹת	עוּגָה (נ)
chocolate cake		עוּגַת שׁוֹקוֹלָד
cake with frosting		עוּגָה עִם קְרֶם
tomato	עַגְבָנִיּוֹת	עַגְבָנִיָּה (נ)
parsley		פֶּטרוֹסִילִינוֹן (ז)
green pepper		פִּלְפֵּל יָרוֹק (ז)
fruit	פֵּירוֹת	פְּרִי (ז)
radish	צְנוֹנִיּוֹת	צְנוֹנִית (נ)
jam		רִיבָּה (נ)
olive oil		שֶׁמֶן זַיִת (ז)
orange	תַּפּוּזִים	תַּפּוּז (ז)

Drinks — משקאות

Singular and plural	*רבים*	*יחיד/ה*
lemonade		לִימוֹנָדָה (נ)
orange juice		מִיץ תַּפּוּזִים (ז)
black coffee		קָפֶה שָׁחוֹר (ז)
cocoa		קָקָאוֹ (ז)

Adjectives — תארים

	יחידה	*יחיד*
bad (quality)	גְרוּעָה	גָרוּעַ
low-calorie	דַלַּת-שׁוּמָן	דַל-שׁוּמָן
inexpensive	זוֹלָה	זוֹל
hot/warm	חַמָּה	חַם
tasty	טְעִימָה	טָעִים
fresh	טְרִיָּה	טָרִי
expensive	יְקָרָה	יָקָר
full	מְלֵאָה	מָלֵא
pleased, satisfied, happy	מְרוּצָה	מְרוּצֶה
excellent (refering to a product)	מְשׁוּבַּחַת	מְשׁוּבָּח
sweet	מְתוּקָה	מָתוֹק
tired	עֲיֵיפָה	עָיֵיף
simple	פְּשׁוּטָה	פָּשׁוּט
thirsty	צְמֵאָה	צָמֵא
light/easy	קַלָּה	קַל
thin	רָזָה	רָזֶה
hungry	רְעֵבָה	רָעֵב
full/satiated	שְׂבֵעָה	שָׂבֵעַ
"Shlumiel" = clumsy	שְׁלוּמִיאֵלִית	שְׁלוּמִיאֵל

שְׁלִימָזֶל	שְׁלִימָזָלִית	"Shlimazel" = down on his luck
שָׁמֵן	שְׁמֵנָה	fat/overweight

פועלים — Verbs: Infinitive and Singular Forms in Present Tense

לֶאֱפוֹת	אָפָה-אוֹפֶה	to bake
לְבַשֵּׁל	בִּישֵּׁל-מְבַשֵּׁל	to cook
לְמַהֵר	מְמַהֵר-מְמַהֶרֶת	to hurry
לָנוּחַ	נָח-נָח	to rest
לַעֲלוֹת	עָלָה-עוֹלֶה	to cost
לְקַבֵּל	קִיבֵּל-מְקַבֵּל	to get/receive
לְשַׁלֵּם	שִׁילֵּם-מְשַׁלֵּם	to pay
לִשְׁמוֹר עַל	שָׁמַר-שׁוֹמֵר	to keep/to guard
לִשְׁפּוֹךְ	שָׁפַךְ-שׁוֹפֵךְ	to spill
לִסְלוֹחַ	סָלַח-סוֹלֵחַ	to forgive/to pardon

מילות ותארי פועל — Particles, Prepositions and Adverbs

אַךְ = אֲבָל	but; however
אֵצֶל	at
בִּשְׁבִיל = עֲבוּר	for
לְפִי	according to
עֲדַיִין = עוֹד	still
כְּבָר לֹא	no longer

ביטויים וצירופים — Expressions and Phrases

אֶפְשָׁר לְקַבֵּל...	may I have
בְּדִיאֶטָה	on a diet
בְּתֵיאָבוֹן!	Enjoy your food! Bon appétit!
גְבִרְתִּי!	ma'am
זֶה לֹא בָּרִיא!	it is not healthy
כְּמוֹ תָּמִיד	as always
לֹא נוֹרָא!	it does not matter (not terrible)
סוֹף סוֹף	finally
שׁוֹמְרֵי מִשְׁקָל	Weight Watchers
(לְ)שַׁלֵּם בִּמְזוּמָּן	to pay cash
קְצָת נִימּוּס!	Have some manners!
תִּסְלַח לִי! תִּסְלְחִי לִי!	Pardon! Forgive me!

LESSON 12   שיעור מספר 12

PART A   חלק א׳

READING A: READING AND WRITING   קטע קריאה א: קוראים וכותבים

גיל בא לבקר את רינה. היא לא היתה בחדר שלה. הוא כתב לה פתק ותלה אותו על הדלת שלה:

באתי לבקר אותך, אבל לא מצאתי אותך בחדר. חבל שלא היית בבית. אני רוצה להזמין אותך ללכת איתי לקולנוע. יש סרט חדש ומעניין בקולנוע "עדן"- קומדיה נפלאה.

רינה חזרה הביתה. היא מצאה את הפתק של גיל. היא קראה אותו והלכה לחדר של גיל לראות אם הוא בבית. הוא לא היה בחדר. היא כתבה לו פתק:

אני לא יכולה ללכת הערב. יש לי מבחן מחר. אני צריכה ללמוד כל הלילה. לא למדתי כל השבוע. גם אתה לא עשית כלום כל השבוע. גם אתה צריך ללמוד. זה לא צחוק!

גיל חזר לחדר שלו בחצות. הוא מצא את הפתק של רינה. אחרי שהוא קרא אותו, הוא כתב פתק לרינה והשאיר לה אותו בתא הדואר שלה:

רינה, אולי את רוצה ללכת לשפת הים במקום ללכת לשיעור בהיסטוריה? ההרצאות של שטרן נורא משעממות. אפשר לשחות וגם ללמוד על שפת הים. לא תאמיני! לפני שבוע ישבתי בבית קפה קטן על שפת הים ולמדתי שם.

רינה מצאה את הפתק של גיל בתא הדואר שלה. היא קראה אותו והיא השאירה לו את הפתק בתא הדואר שלו:

גיל, השיעור אולי משעמם אותך, אבל הוא לא משעמם אותי. אני חושבת שההרצאות של שטרן דווקא מעניינות. אולי אתה יכול ללמוד על שפת הים. אני צריכה שקט. אני צריכה ללמוד בספריה. אני לא אתה - ואתה לא אני! הכל משעמם אותך והכל מעניין אותי! אתה חושב שהחיים הם קומדיה אחת גדולה. תהיה רציני!

SPEECH PATTERNS   תבניות לשון

השיעור לא מעניין. הוא משעמם.
הסרט החדש אולי מעניין אותך,
אבל הוא לא מעניין אותי.
הכל משעמם אותך!
השיעור משעמם, הספרים משעממים, הסרט משעמם.
אז מה כן מעניין אותך?

INTERESTING AND BORING — מעניין ומשעמם

"Intersting" מעניין and "boring" משעמם function as adjectives.

Adjectives — תארים

מְעַנְיֵין	מְעַנְיֶינֶת	מְעַנְיְינִים	מְעַנְיְינוֹת	interesting
מְשַׁעֲמֵם	מְשַׁעֲמֶמֶת	מְשַׁעַמְמִים	מְשַׁעַמְמוֹת	boring

EXERCISE 1 — **תרגיל מספר 1**

Complete with מעניין or משעמם as appropriate.

1. הספר הזה ________ או ________?
2. שמעת הרצאה ________?
3. יש מורים ________ באוניברסיטה?
4. דן לא אוהב לדבר הרבה, אבל הוא לא בחור ________.
5. דינה לא אוהבת אופרה. היא חושבת שכל האופרות ________.

Transitive Verbs — פעלים יוצאים

When מעניין or משעמם function as verbs they are followed by a direct object.

Examples — דוגמאות

Interest me/bore me	מעניין אותי/משעמם אותי
The book *interests me*/*I find* the book *interesting.*	הספר *מעניין אותי.*
The courses *bore me*/*I find* the courses *boring.*	הקורסים *משעממים אותי.*
Does anything *interest you*?	משהו *מעניין אותך?*

EXERCISE 2 — **תרגיל מספר 2**

Complete the questions and answers with the appropriate direct object pronouns:

1. דן, העבודה שלך מעניינת ________?
   לא. העבודה שלי משעממת ________.
2. רינה, הספר שלי מעניין ________?
   כן. הוא מעניין ________ מאוד.
3. האנשים האלה משעממים ________ מאוד.
   גם אנחנו לא מעניינים ________.

VERBS IN PRESENT AND PAST: "TO WRITE" AND "TO READ"

פעלים בהווה ובעבר: לכתוב ולקרוא

SPEECH PATTERNS — תבניות לשון

אני כותב מכתב לדני.
דני כותב לי פתק ושם אותו על הדלת שלי.
גמרתי לכתוב את כל השיעורים.
כתבתי כל הבוקר.

Here are present and past tense forms of לכתוב, "to write."

לִכְתּוֹב (את) ל... שורש: כ.ת.ב. גזרה: שלמים בניין: פעל

זמן הווה

יחיד		*יחידה*	
אני	כּוֹתֵב	אני	כּוֹתֶבֶת
אתה		את	
הוא		היא	
רבים		*רבות*	
אנחנו	כּוֹתְבִים	אנחנו	כּוֹתְבוֹת
אתם		אתן	
הם		הן	

זמן עבר

(אני)	כָּתַבְתִּי		
(אתה)	כָּתַבְתָּ	הוא	כָּתַב
(את)	כָּתַבְתְּ	היא	כָּתְבָה
(אנחנו)	כָּתַבְנוּ		
(אתם)	כְּתַבְתֶּם	הם	כָּתְבוּ
(אתן)	כְּתַבְתֶּן	הן	כָּתְבוּ

The following are words from the same root.

כְּתִיבָה (נ)	writing
מִכְתָּב (ז) מִכְתָּבִים	letter

EXERCISE 3 — תרגיל מספר 3

Follow the example in sentence 1.

Change tense from present to past.

Change subject and verb from singular to plural.

1. אני כותבת שיעורי בית.
כתבתי שיעורי בית
אנחנו כותבות שיעורי בית
כתבנו שיעורי בית.
2. אתה כותב ספר?
3. מה את כותבת?
4. הסטודנט החדש כותב וכותב.
5. היא כותבת עברית או אנגלית?
6. הסטודנטית החדשה כותבת בלילה.
7. אני כותב מכתב להורים שלי.
8. אמא שלי כותב סיפורים לילדים.
9. אני כותבת בעברית ובאנגלית.

SPEECH PATTERNS — תבניות לשון

מתי אתה קורא את העיתון? בבוקר או בערב?
כבר לא קראתי ספר טוב הרבה זמן.
אתה אוהב לקרוא חדשות בעיתון או לשמוע חדשות ברדיו?

Here are present and past tense forms of לקרוא, "to read".

לִקְרוֹא (את)... שורש: ק.ר.א. בניין: פעל גזרה: ל"א

זמן הווה

יחיד		*יחידה*	
אני, אתה, הוא	קוֹרֵא	אני, את, היא	קוֹרֵאת
רבים		*רבות*	
אנחנו, אתם, הם	קוֹרְאִים	אנחנו, אתן, הן	קוֹרְאוֹת

זמן עבר

(אני)	קָרָאתִי		
(אתה)	קָרָאתָ	הוא	קָרָא
(את)	קָרָאתְ	היא	קָרְאָה
(אנחנו)	קָרָאנוּ		
(אתם)	קְרָאתֶם	הם	קָרְאוּ
(אתן)	קְרָאתֶן	הן	קָרְאוּ

The following are words from the same root.

קְרִיאָה (נ)	reading
חֲדַר קְרִיאָה	reading room
קוֹרֵא (ז) קוֹרְאִים	reader

EXERCISE 4 **תרגיל מספר 4**

Follow the example in sentence 1.

Change tense from present to past.

1. אנחנו קוראים ספר בעברית.
   קראנו ספר בעברית.
2. אתן קוראות חדשות?
3. מה אתם קוראים?
4. הסטודנטיות קוראות כל היום.
5. הם קוראים עברית או אנגלית?
6. הסטודנטים קוראים רומן.
7. הן קוראות הרבה ספרים בספריה.

Change subject and verb from plural to singular.

אני קורא ספר בעברית.
קראתי ספר בעברית.

SPEECH PATTERN	תבניות לשון
I have to study for a test.	אני צריכה ללמוד למבחן.
Can you help me?	אתה יכול לעזור לי?
We need this book.	אנחנו צריכים את הספר הזה.
I also need it.	גם אני צריך אותו.
David cannot come to your party because he does not have a car.	דוד לא יכול לבוא למסיבה שלך כי אין לו מכונית.
It is necessary to sleep 8 hours a night.	צריך לישון 8 שעות כל לילה.
I have to go to sleep now.	אני צריכה ללכת לישון עכשיו.
May I sit here?	אני יכולה לשבת כאן?

MODAL VERBS IN PRESENT TENSE — פעלים מודאליים בהווה

"Have To/Need" — צָרִיךְ צְרִיכָה צְרִיכִים צְרִיכוֹת

The modal verb צריך, when followed by an infinitive form of another verb, expresses obligation: it is best translated as "have to/has to."

I have to go home.	אני צריכה ללכת הביתה.
We have to work this evening.	אנחנו צריכים לעבוד הערב.

The modal verb צריך, when followed by a noun, expresses need: it is best translated as "need something".

I need some money.	אני צריכה כסף.
We need new clothes.	אנחנו צריכים בגדים חדשים.

EXERCISE 5 — תרגיל מספר 5

Complete according to this example. — צריך + שם פועל

מה אתם עושים עכשיו?

אנחנו לא עושים כלום.

מה אתם צריכים לעשות?

אנחנו צריכים ללכת לחנות.

אנחנו צריכים לאכול ארוחת צהריים.

אנחנו צריכים לנוח.

מה את/ה עושה עכשיו?

____

מה את/ה צריך/צריכה לעשות עכשיו?

____

____

____

Complete according to this example.

צריך + שם "אתה צריך כסף?"

מה את צריכה?

אני צריכה ספרים מהספריה.

אני צריכה זמן.

אני צריכה דירה חדשה.

מה אתם צריכים?

____

____

____

"Can/Is Able To" — יָכוֹל יְכוֹלָה יְכוֹלִים יְכוֹלוֹת

The modal verb יכול expresses two similar but distinct notions.
The first is readiness and ability to perform a task.

אנחנו *לא יכולים* לפגוש אתכם השבוע כי אין לנו זמן.

We *cannot* meet you this week because we don't have time.

גיל *לא* רק *יכול* לרקוד, הוא גם *יכול* לשיר.

Gil *cannot* only dance, he *can* also sing.

The second is physical or mental ability to perform a task.

אני *לא יכולה* לבוא. אני לא בתל אביב. אני בירושלים.

I am *unable* to come. I am not in Tel Aviv. I am in Jerusalem.

הוא *לא יכול* לקרוא, כי הוא אנאלפביתי.

He *cannot* read because he is illiterate.

הוא *לא יכול* לשמוע את המוסיקה, כי הוא חרש.

He is *unable* to hear the music because he is deaf.

IS IT NECESSARY, POSSIBLE, OR IMPOSSIBLE? — צריך, אפשר או אי אפשר?

Subjectless sentences that express possibility do not use the verb יכול. The impersonal expressions אפשר, "it is possible," and אי אפשר, "it is impossible," are used to convey this meaning. The impersonal expression צריך is used to convey necessity.
Request for Permission

Is it possible to sit here?	אפשר לשבת כאן?
Is it possible to come to class?	אפשר לבוא לשיעור?

Granting or Denial of Permission

Yes. It is possible.	כן. אפשר.
No. It is impossible.	לא. אי אפשר.

Possibility

Is it possible to drive there?   אפשר לנסוע לשם?
No. It is impossible.   לא. אי אפשר.

Necessity

Is it necessary to walk?   צריך ללכת ברגל?
It is not necessary to walk.   לא צריך ללכת ברגל.

EXERCISE 6   תרגיל מספר 6

Complete the questions and write answers.

Is it possible or not?   אפשר או אי אפשר?

_____ לנסוע העירה באוטובוס?
_____

_____ לטוס לאילת?
_____

_____ לשבת בספריה עד חצות?
_____

_____ לעבוד גם בערב?
_____

_____ לשחות בינואר?
_____

_____ ללמוד בבית קפה?
_____

Is it necessary or not?   צריך או לא צריך?

_____ לבוא לשיעור בזמן?
_____

_____ לעבוד כל היום?
_____

_____ לשבת בספריה עד חצות?
_____

_____ לאכול בקפיטריה?
_____

_____ לפגוש את כולם?

EXERCISE 7   תרגיל מספר 7

Complete the sentences. Give three reasons for each statement.

אני לא יכולה לבוא הערב, כי אני צריכה

א. _____

ב. _____

ג. _____

דן לא יכול ללכת לקולנוע, כי הוא צריך

א. _____

ב. _____

ג. _____

אנחנו יכולים לבוא הערב למסיבה, אבל לפני זה אנחנו צריכים

א. _____

ב. _____

ג. _____

אנחנו יכולות לבוא מחר בערב, אבל הערב אנחנו לא יכולות לבוא כי אנחנו צריכות

א. _____

ב. _____

ג. _____

חלק ב' PART B

קטע קריאה ב: הודעות בטלפון READING B: PHONE MESSAGES

(אורלי נכנסת לחדר. היא שומעת הודעות בטלפון שלה.)

(צפצוף) (beep)

"כאן אורלי. אני לא בבית. התחילו לדבר אחרי הצפצוף."

(צפצוף)

אורלי – זה אורי. באתי בצהריים לפגוש אותך בבית הקפה "המפגש". למה לא היית שם? ישבתי עם זלמן ועם גיל. הם מאוד רוצים לפגוש אותך. הערב אחרי עשר זה בסדר? בבית הקפה "המפגש"? אם את לא יכולה לבוא, התקשרי לפני תשע. אורי.

(צפצוף)

אורלי – זאת תמר. יש לך זמן היום אחרי הצהריים? את רוצה ללכת לראות את הסרט האיטלקי החדש? זהבה ואני שמענו מיוסי שזה סרט יוצא מן הכלל ואנחנו "מתות" לראות אותו. הסרט מתחיל ב-4:00 בדיוק בקולנוע "עדן". אם את רוצה ללכת, את צריכה להיות שם לפני ארבע.

(צפצוף)

היי אורלי. זאת רונית. זה דחוף! התקשרי בבקשה. בַּיי!

שאלות על הקטע

1. מתי ואיפה הפגישה של אורי והחברים שלו ושל אורלי?
2. לאן תמר וזהבה רוצות ללכת עם אורלי?
3. מה הן רוצות לראות, ובאיזו שעה?
4. מה רונית רוצה?

תרגיל מספר 8 EXERCISE 8

1. Leave a phone message for your friend inviting her to dinner.
2. Leave a phone message for your parents. Tell them you have to talk to them urgently.
3. Leave a phone message for your boss telling her why you cannot come to work.

GIVING DIRECTIONS

	to all of you	*to you (fem.)*	*to you (masc.)*
come in!	הִיכָּנְסוּ!	הִיכָּנְסִי!	הִיכָּנֵס!
start speaking!	הַתְחִילוּ לדבר!	הַתְחִילִי לדבר!	הַתְחֵל לדבר!
get in touch!	הִתְקַשְׁרוּ!	הִתְקַשְׁרִי!	הִתְקַשֵׁר!
come (here)!	בּוֹאוּ!	בּוֹאִי!	בּוֹא הֵנָּה!
sit down!	שְׁבוּ!	שְׁבִי!	שֵׁב!

The imperative form is used to give directions. It will be taught in later lessons. For now, learn the verb forms as words that you can use to give orders or directions.

EXERCISE 9: WHAT DO YOU SAY?   תרגיל מספר 9: מה אומרים?

1. You are at your office. Someone knocks on the door. What do you say to him?

2. You leave your office to go to lunch. You expect some important people, but you don't know exactly when they are coming. What message do you leave on your door before you go out for lunch?

3. Your friends want to see you. You are busy. Leave a phone message for them about what you are doing and inform them when would be a good time for you to see them.

4. Your coworker knocks on the door. You are busy, but you ask her to come in and sit down and you offer her a cup of coffee.

5. Your roommate's boyfriend arrives. He wants to wait for her in the room. You are afraid that he will bother you. What do you say to him?

6. You call your friend, but he is not home. It is not urgent. Ask him to call you sometime during the evening.

7. You have an urgent message for Dan. Call him and leave a message on his answering machine telling him to call you and leave a message if you are not home.

שיחון א׳: מה דחוף כל כך?
DIALOGUE A: WHAT IS SO URGENT?

שיחת טלפון
A Phone Conversation

אורלי: רונית, זאת אורלי. מה העניינים?
רונית: לא טוב.
אורלי: מה דחוף כל כך?
רונית: אני לא יודעת מה לעשות. אני צריכה להחליט מה ללמוד, ואם ללמוד. האמת היא שאני לא רוצה ללמוד. הכל משעמם אותי!
אורלי: כדאי לך ללכת לדבר עם היועץ שלך.
רונית: זה רעיון טוב. אני כל כך דואגת. אני לא יְשֵׁנָה בַּלֵּילוֹת.
אורלי: את יכולה ללכת ליועץ שלך עוד היום אחר הצהריים ולדבר איתו.
רונית: מתי סוגרים את המשרד?
אורלי: בחמש. יש עוד זמן.
(לאורלי יש עוד שיחת טלפון.)
אורלי: סליחה, יש לי עוד שיחה. רק רגע!
אורלי: מי זה?
זלמן: זלמן.
אורלי: זלמן, אני מדברת עם רונית. אתה יכול לטלפן בערב?
אורלי: רונית, את עדיין על הקו?
רונית: כן.
אורלי: רונית, למה את בוכה?
רונית: כי אני לא רוצה ללמוד. אני רוצה לעבוד.
אורלי: אז למה את לא עובדת?
רונית: ההורים שלי חושבים שקודם אני צריכה לגמור את הלימודים.
אורלי: את צריכה לדעת מה את רוצה לעשות. אף אחד לא יכול לעזור לך אם את לא יודעת מה מעניין אותך.
רונית: אז אורלי – מה את אומרת לי לעשות???
אורלי: אני לא יודעת. למה את שואלת אותי? אני חברה שלך אבל לא היועצת שלך!

סיכום
Summary

רונית לא רוצה ללמוד. היא לא אוהבת את הקורסים שלה באוניברסיטה. הם לא מעניינים אותה. היא לא יודעת מה היא רוצה ללמוד ואם היא רוצה ללמוד. היא לא יודעת מה לעשות. היא מדברת עם אורלי ושואלת אותה מה לעשות. אורלי אומרת לה שהיא לא יועצת. אורלי חושבת שרונית צריכה ללכת לדבר עם יועץ. רונית רוצה לדעת אם אורלי חושבת שהיועץ יכול לעזור לה. יש לה בעיות. ההורים שלי חושבים שהיא צריכה לגמור את הלימודים.

אם רונית לא יודעת מה מעניין אותה – איך היועץ יכול לדעת מה היא רוצה?
מי יכול לעזור לה? מי צריך לעזור לה?

EXERCISE 10
תרגיל מספר 10

After reading the passage, answer the questions.

מה הבעייה של רונית? מה כל כך דחוף?

מה את/ה יודע/ת על רונית?

רונית _____

היא _____

היא _____

מה את/ה יודע/ת על היועץ שלה?

היועץ של רונית _____

היא _____

היא _____

(רונית הולכת ליועץ ומדברת איתו)

מה את/ה חושב/ת שהיועץ אומר לרונית?

_____

את/ה חושב/ת שרונית מפונקת? _____

את/ה חושב/ת שרונית צריכה לעבוד או ללמוד?

_____

יש לך חברים עם בעיות כמו הבעיות של רונית?

_____

מה מעניין אותך, עבודה או לימודים?

_____

EXERCISE 11
תרגיל מספר 11

1. You are a college student. Leave your parents a phone message telling them what you are doing and asking them for some extra money to help you meet your expenses.

2. You go to visit your cousin Ruth. She is not home. Leave her a note telling her what you came for and inviting her over this evening.

3. Call your friend Daniel and leave him a message telling him all about your recent trip. Ask him to call you.

4. You have serious problems at work. Leave your boss a message telling her what your problems are.

5. You are Rina's advisor. She called you. Call back and invite her to come and talk to you.

EXERCISE 12
תרגיל מספר 12

Ronit gets advice from four different people. Each gives her his/her own solution to the situation. Write what each one says to Ronit. To whom should Ronit listen?

רונית: "יש לי בעיות רציניות.
אתם יכולים לעזור לי?"

אורלי:
"אני לא יועצת."
____
____
____
______________________."

אמנון:
"למה את בכלל לומדת?
אם השיעורים שלך לא מעניינים אותך
את יכולה ______________________
____
______________________."

אמא:
"את צריכה לגור בבית
ולא במעונות, כי ______________________
____
____
______________________."

היועצת:
"את צריכה ______________________
את צריכה ______________________
את צריכה ______________________
את יכולה ______________________
את יכולה ______________________."

DIALOGUE B: LIFE IS NOT A PICNIC   שיחון ב': החיים זה לא פיקניק

A Phone Conversation   שיחת טלפון

אורלי: הלו. אורי?

אורי: אי אפשר למצוא אותך אף פעם בבית – לא בבוקר, לא בצהריים ולא בערב.

אורלי: רק הרגע באתי הביתה. הייתי בספריה, בעבודה ובחנות.

אורי: את בחורה חרוצה: קמה מוקדם, לומדת כל היום בספריה, עובדת בערב וחוזרת הביתה מאוחר בלילה. חיים קשים!

אורלי: אורי, החיים זה לא פיקניק!

אורי: מי אומר?

אורלי: אני אומרת. אין לי ברירה. אני צריכה גם ללמוד וגם לעבוד. לא לכולם יש הורים עשירים.

אורי: גם לי אין משפחה עשירה אבל אני לא אוהב לעבוד קשה.

אורלי: אלה החיים שלך וזאת ההחלטה שלך.

אורי: אורלי, את יותר מדי רצינית. צריך גם לבלות!

אורלי: אתה לא דואג לעתיד שלך?

אורי: אני מוסיקאי ושחקן. אני רוצה להיות איש קולנוע או שחקן תיאטרון.

אורלי: אתה סתם בחור מפונק שלא אוהב לעבוד.

אורי: אורלי, מספיק! את רוצה ללכת לסרט? יש סרט איטלקי חדש!

אורלי: כן. שמעתי. אין לי זמן.

אורי: יש זמן לכל, אם רוצים.

ענה על השאלות:

1. מתי אורלי בבית?

2. מה אורלי עושה במשך היום?

3. אורי בחור רציני?

4. מה מעניין את אורי?

5. החיים זה יום עבודה ולימודים? או פיקניק?

6. אורי חושב על העתיד שלו?

7. מה פילוסופית החיים של אורי?

8. מי צודק – אורלי או אורי?

NEW ADJECTIVES   תארים חדשים

חָרוּץ-חֲרוּצָה-חֲרוּצִים-חֲרוּצוֹת

בחור חרוץ = עובד הרבה   תלמידה חרוצה = עובדת הרבה

מְפוּנָק-מְפוּנֶקֶת-מְפוּנָקִים-מְפוּנָקוֹת

ילדים מפונקים = אמא עושה הכל בשביל הילדים

עָשִׁיר-עֲשִׁירָה-עֲשִׁירִים-עֲשִׁירוֹת

משפחה עשירה = למשפחה יש הרבה כסף

EXERCISE 13 **תרגיל מספר 13**

Complete the sentences with "hardworking", "spoiled", or "rich."

1. דן ילד __________ מאוד. ההורים שלו עושים הכל בשבילו!
2. הם לא אנשים __________. אין להם הרבה כסף, אבל יש להם הרבה ילדים.
3. דינה, האחות של דן, ילדה __________. היא לא __________. היא עוזרת לאמא שלה בבית.
4. אנחנו לא __________. אנחנו יכולים ללכת ברגל.
5. דן: אני אוהב ללמוד ואני תלמיד __________.
6. היא בת למשפחה __________. היא לא צריכה לעבוד!

ADVERBS OF QUANTITY — תארי פועל של כמות

SPEECH PATTERNS — **תבניות לשון**

Uri sleeps *a little*, but *not enough*.	אורי ישן *קצת* אבל *לא מספיק*.
Dan does *not* sleep *at all* at night, because he works nights.	דן *לא* ישן *בכלל* בלילה כי הוא עובד בלילה.
Dalia does not eat *a lot*.	דליה *לא* אוכלת *הרבה*.
She eats *very little*.	היא אוכלת *מעט מאוד*.

These adverbs modify verbal expressions or entire propositions. They have a fixed form and there is no change in gender or number.

a little	קְצָת/מְעַט
a lot	הַרְבֵּה
not at all	בִּכְלָל לֹא
enough	מַסְפִּיק
not enough	לֹא מַסְפִּיק

EXERCISE 14 **תרגיל מספר 14**

Complete the sentence with these adverbs: קצת מעט הרבה בכלל לא מספיק

1. דן לומד __________ – הוא לא רוצה ללמוד __________.
2. אורלי חושבת __________ על השיעור של פרופסור גמזו.
3. אורי חושב __________ על הלימודים שלו.
4. הילדים של גברת מזרחי לא אוכלים __________ – הם אוכלים רק __________
5. דן הולך כל יום לקפיטריה – הוא אוכל __________ והוא שותה __________

6. אדון מזרחי עובד ______ ואחרי העבודה הוא אוהב לשבת בבית
7. היפנים עובדים ______ הם אוהבים לעבוד. הם חרוצים מאוד.
8. אמנון שותה ______ בירה, אבל הוא לא שותה קפה ______.
9. גברת ברנשטיין מדברת ______ בטלפון.
10. אנחנו לא מדברים ______ בטלפון – אנחנו לא אוהבים לדבר בטלפון.

תארי פועל של זמן — ADVERBS OF TIME

תבניות לשון — SPEECH PATTERNS

תמיד רינה נוסעת הביתה ביום ששי אחרי הצהריים.
אורלי *אף פעם לא* נוסעת הביתה במשך הסימסטר.
תמיד יש לרינה בעיות עם השותפה שלה לחדר.
אף פעם אין לאורלי בעיות עם השותפה שלה לדירה.
פעם הייתי אצל אורלי בבית.

תָּמִיד	always
אַף פַּעַם (לא/אין)	never
פַּעַם	once

The adverbial expression אף פעם must always be accompanied by a negative particle.

אף פעם + לא	*אף פעם לא* הייתי באפריקה.
היית שם פעם?	
אף פעם + אין	*אף פעם אין* לך מספיק כסף.
תמיד אתה צריך כסף.	

תרגיל מספר 15 — EXERCISE 15

Complete the sentences with the appropriate time adverbs.

תמיד או אף פעם לא?

1. דן אף פעם לא עובד בשבת, כי בשבת לא עובדים.
2. דליה ______ עובדת קשה, כי היא בחורה חרוצה.
3. אנחנו ______ קוראים עיתון בבוקר מפני שאין לנו זמן.
4. אורלי ______ לומדת, כי היא רוצה ציונים טובים.
5. אורי ______ עובד קשה. הוא רוצה חיים טובים.
6. לאורי ______ יש מספיק זמן, אז הוא יושב בבית קפה.
7. לאורלי ______ מספיק כסף, אז היא לא נוסעת הביתה.
8. ______ לנו אורחים בבית, אז ______ אוכל בבית.
9. ______ אוכל בבית, כי ______ אנחנו אוכלות במסעדה.
10. החיים קשים ______. הם ______ פיקניק!

ADVERBS OF INTENSITY תאר פועל

SPEECH PATTERNS תבניות לשון

דן בחור *חכם מאוד*.
הלימודים שלו *מעניינים* אותו *מאוד*.
הוא רוצה *מאוד* להיות רופא.

The adverb מְאוֹד is translated as "very" and has the same function as it does in English. It intensifies adjectives and certain verbs.

In Hebrew, there is a clear distinction between הרבה and מאוד.
מאוד, "very", is used to express intensity. *הרבה מאוד* "very much." *הרבה* is used to describe quantity or frequency or duration of action.
In English, "a lot" can describe both quantity and intensity. English speakers sometimes do not make the necessary distinction in Hebrew.

אני אוהבת אותו *מאוד*.

I like him *a lot*, or I like him *very much*.

אתם שוחים הרבה כי אתם אוהבים *מאוד* לשחות.

You swim *a lot* because you like swimming *very much*.

The adverb מאוד is used to intensify the verb that precedes it. The verb usually expresses feelings.

יאיר *רוצה מאוד* ללכת לקולנוע.
יאיר *אוהב מאוד* לאכול במסעדות סיניות.
יאיר *אוהב מאוד* לשתות בירה "מכבי".

The adverb מאוד is also used to intensify adjectives.

יאיר בחור *נחמד מאוד*.
אורלי תלמידה *חרוצה מאוד*.

The adverbs *קצת* and *הרבה* can be used to describe quantity of objects.
Notice that the quantifier *precedes* the noun.

יש *הרבה אנשים* בפארק.
יש *קצת* אוכל בבית.

When these adverbs follow verbs, they describe either quantity or duration of occurrence.
Notice that the quantifier *follows* the verb.

אני *כותב הרבה* ואני *לומד קצת*.
אני קורא *הרבה* ואני *חושב קצת*.
איש חכם *שומע הרבה* ואומר *מעט*.

EXERCISE 16 — תרגיל מספר 16

Write sentences. Use the adjectives or verbs in column 1 with the adverb מאוד.
Use the verbs in column 2 with the adverbs הרבה קצת/מעט.

כתוב משפטים עם תארים ופעלים מעמודה 1 עם מאוד ועם פעלים מעמודה 2 עם הרבה, קצת או מעט.

1		2	
מפונק	מאוד		
נחמד		עובד	הרבה-קצת/מעט
אוהבים		קורא	
מעניינת		כותב	
משעממים		שותה	
עשירות		אוכל	
רוצות		הולך ברגל	

EXERCISE 17 — תרגיל מספר 17

Add one of the adverbs to complete each sentence. הרבה/קצת או מאוד?

1. יאיר חושב *הרבה* על אורלי.
2. דליה בחורה טובה ______.
3. שכר הלימודים יקר ______. באוניברסיטה שלנו.
4. יש כאן ______ אנשים מתל אביב.
5. יאיר אוהב ______. את דליה, אבל היא אוהבת את יובל.
6. יאיר חושב ______ על דליה, אבל הוא חושב רק ______ על תמר.
7. תמר עובדת ______. בבית ורק ______. בספריה.
8. יש בכיתה. ______ בנות ו______. בנים.
9. המשפחה של דני גרה בבית יפה ______.
10. מרים גמזו מורה טובה ______ והיא גם יועצת טובה.

EXERCISE 18 — תרגיל מספר 18

Complete the passage with the following:
הרבה/קצת/מאוד/בכלל (לא)/תמיד/אף פעם?

פגשנו את רון בטיול לטאהיטי. מה עושה ישראלי בטאהיטי?
זה הסיפור של רון:
"גרתי בעיר קטנה *מאוד*. ______ עבדתי קשה. העבודה שלי היתה משעממת ______.
לא אהבתי את העבודה שלי ______.

_____ לא הייתי מחוץ לעיר. _____ עבדתי עם אבא שלי. יום אחד קמתי בבוקר
ואמרתי: 'זהו זה! אני לא רוצה לעבוד כל החיים שלי. אני רוצה לנסוע ולראות _____
מקומות חדשים. אני _____ לא אוהב את העיר הקטנה הזאת, ונמאס לי _____
להיות כאן. כל אחד צריך משהו חדש בחיים!'
אז נסעתי ל_____ מקומות בעולם. באתי לטאהיטי. אני אוהב _____ את החיים
שלי כאן. אני פוגש אנשים מעניינים _____ ויש לי _____ חברים וחברות. אני לא
רוצה לגור כאן _____ ו_____ לא לחזור הביתה. אני רוצה לגור כאן עוד שנה –
ואחר כך – הביתה!"
לאן אתם רוצים לנסוע? לטאהיטי? להוואי? לברמודה?

תרגיל מספר 19   **EXERCISE 19**

שאלון לסטודנט   *A Student Questionnaire*
Interview one of the students in your class. Then add five questions of your own.

1. איפה את/ה גר/ה במשך שנת הלימודים?
2. את/ה אוהב/ת לגור במעונות, בבית או בדירה?
3. איפה את/ה אוכל/ת? (בוקר, צהריים וערב)
4. עם מי את/ה אוכל/ת?
5. מה הקורסים המעניינים שלך ומה הקורסים המשעממים?
6. יש לך יועץ או יועצת?
7. פגשת אנשים מעניינים השנה?
8. מה את/ה רוצה לעשות אחרי הלימודים?
9. את/ה הולך/כת למרכז הספורט במשך השבוע?
10. לאיזה מקומות מעניינים את/ה הולך/כת בערב?
11. מה את/ה אוהב/ת לעשות בשבתות ובחגים?
12. יש מסעדות טובות בעיר? איפה?
13. איזה ספרים מעניינים קראת השנה?
14. איזה סרטים מעניינים ראית החודש?
15. לאן אתה רוצה לנסוע לבקר? לאיזו ארץ ולמה?
16. אתה רוצה לחזור לגור בעיר שלך?

LESSON 12 SUMMARY

שיעור 12: סיכום

Communicative Skills Introduced in This Lesson

1. How to leave written and phone messages
2. How to express obligation
3. How to express need
4. How to give orders

Grammatical Information Introduced in This Lesson

1. Past and present tenses of שלמים verbs in Pa'al
   to write לכתוב

כותב, כותבת, כותבים, כותבות

כתבתי, כתבת, כתבת, הוא כתב, היא כתבה

כתבנו, כתבתם, כתבתן, הם כתבו, הן כתבו

2. Past and present tenses of ל"א verbs in Pa'al
   to read לקרוא

קורא, קוראת, קוראים, קוראות

קראתי, קראת, קראת, הוא קרא, היא קראה

קראנו, קראתם, קראתן, הם קראו, הן קראו

3. Modal verbs

צריך ויכול

צריך, צריכה, צריכים, צריכות

יכול, יכולה, יכולים, יכולות

4. New adjectives   חרוץ, חרוצה   מפונק-מפונקת   עשיר, עשירה

5. Adverbs of quantity and degree

הרבה, מעט, קצת, מפסיק, לא מספיק, בכלל לא

6. Adverbs of time   תמיד, אף פעם לא, פעם

7. Adverb of intensity   מאוד הרבה מאוד, עשיר מאוד

WORD LIST FOR LESSON 12 — אוצר מילים לשיעור 12

Nouns — שמות

	רבים	יחיד/ה
announcement	הוֹדָעוֹת	הוֹדָעָה (נ)
writing		כְּתִיבָה (נ)
summary	סִיכּוּמִים	סִיכּוּם (ז)
meeting	פְּגִישׁוֹת	פְּגִישָׁה (נ)
note	פְּתָקִים	פֶּתֶק (ז)
grade	צִיּוּנִים	צִיּוּן (ז)
beep	צִפְצוּפִים	צִפְצוּף (ז)
line		קַו (ז)
reading		קְרִיאָה (נ)
conversation	שִׂיחוֹת	שִׂיחָה (נ)
phone conversation		שִׂיחַת טֶלֶפוֹן (נ)
the beach		שְׂפַת הַיָּם (נ)
mail box		תָּא דוֹאַר (ז)

Adjectives — תארים

	יחידה	יחיד
illiterate	אַנְאַלְפַבֵּיתִית	אַנְאַלְפַבִּיתִי
urgent	דְּחוּפָה	דָּחוּף
wise/smart	חֲכָמָה	חָכָם
diligent/hard-working	חֲרוּצָה	חָרוּץ
deaf	חֵרֶשֶׁת	חֵרֵשׁ
spoiled	מְפוּנֶקֶת	מְפוּנָק
rich	עֲשִׁירָה	עָשִׁיר

Verbs — פעלים

to cry	בָּכָה-בָּכְתָה	לִבְכּוֹת
to worry	דָּאַג-דּוֹאֵג	לִדְאוֹג
to sleep	יָשֵׁן-יָשֵׁן	לִישׁוֹן
to put	שָׂם-שָׂמָה	לָשִׂים
to interest	עִנְיֵין-מְעַנְיֵין	לְעַנְיֵין את
to bore	שִׁיעֲמֵם-מְשַׁעֲמֵם	לְשַׁעֲמֵם את
to leave	הִשְׁאִיר-מַשְׁאִיר	לְהַשְׁאִיר

Modal Verbs	**פעלים מודאליים**
need/have to	צָרִיךְ-צְרִיכָה
can/is able	יָכוֹל-יְכוֹלָה
Modal Expressions	**ביטויים מודאליים**
it is possible	אֶפְשָׁר
it is impossible	אִי אֶפְשָׁר
Particles, Prepositions, and Adverbs	**מילות ותארי פועל**
how?	אֵיךְ?
never	אַף פַּעַם לֹא
not at all	בִּכְלָל לֹא
a little	מְעַט
a little	קְצָת
difficult	קָשֶׁה
Expressions and Phrases	**ביטויים וצירופים**
I don't have a choice	אֵין לִי בְּרֵירָה
it depends	זֶה תָּלוּי!
that's it!	זֶהוּ זֶה!
a difficult life	חַיִּים קָשִׁים
out of town	מִחוּץ לָעִיר
the sports center	מֶרְכַּז הַסְּפּוֹרְט (ז)
"am dying" to see	"מֵת" לִרְאוֹת
on the phone	עַל הַקַּו
academic year	שְׁנַת לִימוּדִים (נ)

LESSON 13   שיעור מספר 13

PART A

חלק א'

READING A: ZEHAVA'S DAILY SCHEDULE   קטע קריאה א: סדר היום של זהבה

בבוקר

ב   7:00   קמה, מתרחצת ומתלבשת.

7:30   אוכלת ארוחת בוקר.

7:45   שומעת חדשות.

8:15   יוצאת מהבית ונוסעת לעבודה.

8:30   מתחילה לעבוד.

10:15 הפסקה.

בצהריים

ב   12:30 חוזרת הביתה.

1:00   אוכלת ארוחת צהריים.

מ   1:30   עד 3:00 נחה.

אחרי הצהריים

ב   3:15   יוצאת מהבית.

3:30   מתחילה לעבוד.

מ   3:30   עד 7:00 עובדת במשרד.

בערב

ב   7:00   הולכת לבית קפה "המפגש".

8:00   הולכת עם חברים למסעדה, לקולנוע או למסיבה.

ב   10:00 חוזרת הביתה.

בלילה

ב   12:00 הולכת לישון.

Answer the questions.   ענו על השאלות

מה זהבה עושה בבוקר?

מה היא עושה בצהריים?

מה היא עושה אחרי הצהריים?

מה היא עושה בערב?

מה היא עושה בלילה?

WHAT TIME IS IT?   ## מה השעה?

	7:00 השעה שבע.
או שבע וחמש עשרה דקות.	7:15 השעה שבע ורבע
או שבע ושלושים.	7:30 השעה שבע וחצי
או שבע ארבעים וחמש.	7:45 השעה רבע לשמונה

	חֲצִי 1/2		*רֶבַע 1/4*
half an hour	חֲצִי שָׁעָה	a quarter of an hour	רֶבַע שָׁעָה
and a half	וְחֵצִי	and a quarter	וָרֶבַע
		a quarter to	רבע לְ..

EXERCISE 1   ## תרגיל מספר 1

Answer the questions.   ענו על השאלות

מה אתם עושים היום?

	4:00	אחרי הצהריים:		7:45	בבוקר:
	5:00			9:00	
	6:15			10:30	
				11:00	
	7:00	בערב:		12:00	בצהריים:
	8:30			1:15	
	9:00			2:45	
	10:15				
	11:00	בלילה:			
	12:00	בחצות:			

מה אתם עושים בשבת?
בבוקר? בצהריים? אחרי הצהריים? בערב?

MORE VERBS IN PRESENT TENSE   ## עוד פעלים בהווה

to get up	ק.ו.מ.	קָמוֹת	קָמִים	קָמָה	קָם	לָקוּם
to rest	נ.ו.ח.	נָחוֹת	נָחִים	נָחָה	נָח	לָנוּחַ
to get out	י.צ.א.	יוֹצְאוֹת	יוֹצְאִים	יוֹצֵאת	יוֹצֵא	לָצֵאת
to sleep	י.ש.נ.	יְשֵׁנוֹת	יְשֵׁנִים	יְשֵׁנָה	יָשֵׁן	לִישׁוֹן
to wash/bathe	ר.ח.צ.	מִתְרַחֲצוֹת	מִתְרַחֲצִים	מִתְרַחֶצֶת	מִתְרַחֵץ	לְהִתְרַחֵץ
to get dressed	ל.ב.ש.	מִתְלַבְּשׁוֹת	מִתְלַבְּשִׁים	מִתְלַבֶּשֶׁת	מִתְלַבֵּשׁ	לְהִתְלַבֵּשׁ

EXERCISE 2 — תרגיל מספר 2

Conjugate the verbs in parentheses to complete the sentences.

1. דוד, מתי אתה ____________ בבוקר? (לקום)
2. ילדים, למה אתם ____________ כל כך מאוחר? (לישון)
3. רינה ____________ ורק אחר כך ____________ (להתרחץ) (להתלבש)
4. רינה ודליה לא ____________ בלילה לבד. (לצאת)
5. אני ____________ מוקדם בבוקר ו____________ מאוחר בערב. (לצאת, לחזור)
6. הם לא ____________ אחרי הצהריים. (לנוח)
7. כולם ____________ בשש בבוקר. (לקום)
8. הוא ____________ יפה, כי הוא אוהב ____________. (להתלבש)
9. רינה, למה את ____________ בעשר בבוקר? (לקום)
10. אנשים ____________ מבית הקפה והולכים הביתה. (לצאת)
11. רינה, מה את ____________ מההורים שלך? (לשמוע)
12. ההורים שלך ____________ לאמריקה? (לנסוע)
13. את גם ____________ איתנו לקולנוע? (ללכת)
14. אנחנו ____________ לעבוד בשמונה. (להתחיל)
15. אתה ____________ שמונה שעות? (לישון)

TIME EXPRESSIONS — ביטויי זמן

The definite article *-ה* precedes the time noun when the present or near future time is designated.

	This -ה	during the/on -ב
today	הַיּוֹם	בַּיּוֹם
this morning	הַבּוֹקֶר	בַּבּוֹקֶר
this noon	הַיּוֹם בַּצָּהֳרַיִים	בַּצהריים
this evening	הָעֶרֶב	בָּערב
tonight	הַלַּיְלָה	בַּלַּיְלָה
this week	הַשָּׁבוּעַ	בַּשָּׁבוּעַ
this month	הַחוֹדֶשׁ	בַּחוֹדֶשׁ
this year	הַשָּׁנָה	בַּשָּׁנָה

EXERCISE 3 — תרגיל מספר 3

Fill in the missing verbs or time expressions.

מה אתם עושים ומתי?

1. ____________ (this morning) אנחנו ____________ (go out) מהבית בשבע בבוקר.
2. ____________ (in the morning) אורלי ____________ (washes) ו____________ (gets dressed) ואוכלת ארוחת בוקר.
3. ____________ (this noon) אתם ____________ (rest) או הולכים לשיעור?

4. ______ (this afternoon) אני ______ (begin) לעבוד בארבע.

5. ______ (at noon) אני ______ (rest) מאחת עד שלוש. בשלוש אני ______ (get up)

6. ______ (this evening) כולם ______ (go out) מהבית מוקדם ו______ (return) הביתה מאוחר.

7. ______ (at noon) הסטודנטים ______ (get up) ו______ (get dressed) והולכים לאכול ארוחת בוקר.

8. ______ (in the afternoon) רינה לא ______ (rest) – אין לה זמן לנוח.

9. ______ (tonight) אנחנו לא ______ (return) הביתה – אנחנו נוסעים לחברים.

10. ______ (in the evening) אף אחד לא ______ (eat) במעונות – כולם ______ (go) למסעדות.

EXERCISE 4 — תרגיל מספר 4

Read the following segment and then, following this format, describe in writing what you did.

מה זהבה עשתה אתמול? מה אתם עשיתם אתמול?

אתמול בבוקר

6:30 השעון המעורר צלצל.
7:00 קמה, התרחצה והתלבשה.
7:30 אכלה ארוחת בוקר.
7:45 שמעה חדשות.
8:15 יצאה מהבית ונסעה לעבודה.
8:30 התחילה לעבוד.
10:15 עשתה הפסקה.

בצהריים

ב 12:30 חזרה הביתה.
1:00 אכלה ארוחת צהריים.
מ 1:30 עד 3:00 נחה.

אחרי הצהריים

ב 3:15 יצאה מהבית.
3:30 התחילה לעבוד.
מ 3:30 עד 7:00 עבדה במשרד.

בערב

ב 7:00 הלכה לבית קפה "המפגש".
8:00 הלכה עם חברים למסעדה, לקולנוע או למסיבה.
ב 10:00 חזרה הביתה.

בלילה ב 12:00 הלכה לישון.
היא ישנה כל הלילה – שמונה שעות.

Yesterday and the Day before Yesterday   אתמול/שלשום

שִׁלְשׁוֹם	אֶתְמוֹל
שלשום בבוקר	אתמול בבוקר
שלשום בצהריים	אתמול בצהריים
שלשום אחר הצהריים	אתמול אחר הצהריים
שלשום בערב	אתמול בערב
שלשום בלילה	אתמול בלילה

EXERCISE 5   תרגיל מספר 5

Fill in the missing verbs or time expressions.

מה עשיתם ומתי?

1. _____ (אנחנו) _____ מהבית בשבע בבוקר.
   yesterday morning   went out

2. _____ אורלי _____ ו_____ ואכלה ארוחת בוקר.
   in the morning   washed   got dressed

3. _____ (אתם) _____ או הלכתם לשיעור?
   yesterday noon   rested

4. _____ (אני) _____ לעבוד בארבע.
   yesterday afternoon   began

5. _____ (אני) _____ מאחת עד שלוש. בשלוש אני _____.
   at noon   rested   got up

6. _____ כולם _____ מהבית מוקדם ו_____ הביתה
   yesterday evening   went out   returned
   מאוחר.

7. _____ הסטודנטים _____ ו_____ והלכו לאכול ארוחת
   at noon   got up   got dressed
   בוקר.

8. _____ רינה לא _____ – לא היה מספיק זמן לנוח.
   in the afternoon   rested

9. _____ (אנחנו) לא _____ הביתה – נסענו לחברים.
   last night   returned

10. _____ אף אחד לא _____ במעונות – כולם _____
    in the evening   ate   went
    למסעדות.

SPEECH PATTERNS   תבניות לשון

סָגַרְתִּי את המשרד בשבע.
המשרד סָגוּר משבע עד תשע.
פָּתַחְתִּי את הדלת.
תִּיכָּנֵס! הדלת פְּתוּחָה.

ACTIVE AND PASSIVE PARTICIPLES — בינוני פועל ובינוני פעול

There are two sets of present tense forms in בניין פעל. One is a set of present tense forms that describe the active state of the verb. The other is a set of present tense forms that describe the passive state of the verb.

The active participle is known as בינוני פועל and the passive participle is known as בינוני פעול. The active participle describes an action and the passive participle describes a state, which is a result of the action.

Action:	I closed the door.	סגרתי את הדלת.	פעולה:
Result:	The door is closed.	הדלת סגוּרָה.	תוצאה:
Action:	I opened the door.	פתחתי את הדלת.	פעולה:
Result:	The door is open.	הדלת פְּתוּחָה.	תוצאה:

These participles function as predicates or as adjectives.

As predicates:

הדלת פְּתוּחָה?
לא. הדלת סגוּרָה.

המשרד היה פָּתוּחַ?
כן. הוא היה פָּתוּחַ עד שבע בערב.

החנויות פתוּחוֹת כל יום אחר הצהריים?
לא. כל יום שלישי אחר הצהריים – החנויות סגוּרוֹת.

As adjectives:

יש הרבה חנויות סגוּרוֹת. החנויות הסגוּרוֹת לא במרכז העיר – הן מחוץ לעיר.

Description of State: Open or Closed?

open	פתוּחוֹת	פְּתוּחִים	פְּתוּחָה	פָּתוּחַ
closed	סְגוּרוֹת	סְגוּרִים	סְגוּרָה	סָגוּר

Like other present tense verbs and adjectives, בינוני פעול has four forms, indicating the gender and number of the noun it modifies. Look at the examples.

כל יום שני החנות סגורה.
המשרד פתוח רק שבע שעות ביום.

The verb "to be" is used to put the sentences in the past tense.

החנות היתה סגורה.   המשרד היה סגור.

החנות היתה פתוחה.   המשרד היה פתוח.

How long?

כמה זמן?

כמה זמן המשרד פתוח?

כמה זמן הוא סגור בצהריים?

How many hours?

כמה שעות?

כמה שעות המשרד פתוח?

כמה שעות הוא סגור בצהריים?

EXERCISE 6

תרגיל מספר 6

תרגם את המשפטים

Translate the sentences.
1. How long is the restaurant closed?
2. How many hours is it open during the evening?
3. Our office was closed yesterday.
4. During the break the cafeteria is open.
5. The university is closed during the weekend.
6. This cafeteria was closed at noon.
7. The library was closed last night.
8. Was this store open the day before yesterday?

HITPA'EL CONJUGATION: PRESENT AND PAST   בניין התפעל: הווה ועבר

Verb Stem of the Past Tense

The verb stem of Hitpa'el in the past tense is characterized by an initial הת- /hit-/ prefix.

The verb לְהִתְלַבֵּשׁ, "to dress oneself," serves as an example.

עבר

		הִתְלַבַּשְׁתִּי	אני
הִתְלַבֵּשׁ	הוא	הִתְלַבַּשְׁתָּ	אתה
הִתְלַבְּשָׁה	היא	הִתְלַבַּשְׁתְּ	את
		הִתְלַבַּשְׁנוּ	אנחנו
הִתְלַבְּשׁוּ	הם	הִתְלַבַּשְׁתֶּם	אתם
הִתְלַבְּשׁוּ	הן	הִתְלַבַּשְׁתֶּן	אתן

Verb Stem of the Present Tense

The verb stem of Hitpa'el in present tense is characterized by an initial מת- /mit-/
prefix, which is part of the stem.

הווה

מִתְלַבֵּשׁ   מִתְלַבֶּשֶׁת   מִתְלַבְּשִׁים   מִתְלַבְּשׁוֹת

Verb Stem of the Infinitive Mood   שם הפועל

The verb stem of the infinitive in Hitpa'el conjugation is characterized by the /hit-/
prefix.   לְהִתְלַבֵּשׁ

REFLEXIVE MEANING OF HITPA'EL

Several verbs of the Hitpa'el conjugation have a reflexive meaning, i.e. the action
returns to the actor/doer. The following verbs are examples.

to dress oneself/get dressed   לְהִתְלַבֵּשׁ
to wash oneself/wash up   לְהִתְרַחֵץ

EXERCISE 7   **תרגיל מספר 7**

Fill in the missing verbs according to the example below. The verb may be in either
past or present tense.

קודם אני <u>מתרחצת</u> ואחר כך אני מתלבשת.

1. קודם דוד _____ ואחר כך הוא מתלבש.
2. קודם דוד _____ ואחר כך הוא התלבש.
3. קודם אני _____ ואחר כך התלבשתי.
4. קודם אנחנו _____ ורק אחר כך אנחנו מתלבשים.
5. קודם אתם _____ ואחר כך אתם מתלבשים?
6. קודם הן _____ ורק אחר כך הן התלבשו.
7. קודם הן _____ ואחר כך הן מתלבשות.
8. קודם אתה _____ ואחר כך אתה מתלבש?
9. קודם אתן _____ ורק אחר כך אתן מתלבשות.
10. קודם את רוצה _____ ואחר כך _____?

EXERCISE 8 **תרגיל מספר 8**

Complete the sentences with verbs in the present tense. Then change the sentences to past tense.
Verbs that can be used in the sentences are:

to get dressed לְהִתְלַבֵּשׁ	to wash up לְהִתְרַחֵץ
to take a shower לְהִתְקַלֵּחַ	to comb one's hair לְהִסְתָּרֵק

דן קם בשבע בבוקר.
הוא ______.
הוא ______.
הוא ______.
הוא ______.

אנחנו קמות בשמונה בבוקר.
אנחנו ______.
אנחנו ______.
אנחנו ______.
אנחנו ______.

גם אתמול
דן ______.
אנחנו ______.

RECIPROCAL MEANING OF HITPA'EL

Several verbs of the Hitpa'el conjugation have a reciprocal meaning, involving a reciprocal action between two parties. An example is the verb "to get in touch (with each other)", להתקשר (אל).
With singular subjects the prepositional object phrase has to follow the verb.

I got in touch with Dan. התקשרתי אל דן.
Dan got in touch with me. הוא גם התקשר אֵלַיי.

With plural subjects the prepositional object phrase can follow the verb.

We got in touch with Dan. התקשרנו אל דן.

With plural subjects If there is no such prepositional object phrase, the reciprocal meaning "with each other" is implied.

We got in touch (with each other). הִתְקַשַּׁרְנוּ.
We wrote (to each other)/corresponded. הִתְכַּתַּבְנוּ.
They kissed (each other). הם הִתְנַשְּׁקוּ.
They got married. הם הִתְחַתְּנוּ.

תרגיל מספר 9 EXERCISE 9

Complete the sentences with the appropriate verb form.

1. אני מתקשרת אל דן כל יום בצהריים, אבל אתמול __________ מאוחר בלילה.
2. אנחנו מתכתבים. התחלנו __________ לפני שנה.
3. אתמול __________ לענת. גם היום אני רוצה __________ אל ענת.
4. קודם אנחנו __________ ורק אחר כך אנחנו מתלבשים.
5. דן אוהב את דינה ודינה אוהבת את דן. כל יום הם __________ בטלפון.
6. כל השנה לא הייתי בעיר, אבל __________ עם חברים.
7. הם __________ לפני שבוע ועכשיו הם בעל ואשה.

READING B: A WORK DAY — קטע קריאה ב': יום עבודה

זהבה גוטמן עובדת בסוכנות הנסיעות "תבל". היא סוכנת נסיעות. כל בוקר זהבה קמה מוקדם בבוקר. היא מתרחצת, מתלבשת, שומעת חדשות ושותה כוס קפה. היא יוצאת מהבית בשמונה ורבע ונוסעת לעבודה באוטובוס מספר 4. כל רבע שעה יוצא אוטובוס מהתחנה למרכז העיר. היא מתחילה לעבוד בשמונה וחצי.

במשך יום העבודה שלה זהבה פוגשת הרבה אנשים, מתקשרת בטלפון לחברות תעופה ומזמינה מקומות נסיעה, עוזרת לתיירים למצוא מלון, כותבת מכתבים ועונה לטלפון. בבוקר היא הולכת גם לדואר וגם לבנק.

היא יוצאת לקפה בעשר ולהפסקת צהריים בשתיים עשרה וחצי. המשרד פתוח בבוקר מ 9:00 עד 12:30 ואחרי הצהריים מ 4:00 עד 7:00. המשרד סגור בצהריים וגם ביום ששי אחרי הצהריים. זהבה מתחילה לעבוד מוקדם וגומרת מאוחר.

זהבה עסוקה במשך היום, אבל בערב יש לה זמן לעשות הרבה דברים. לפעמים היא פוגשת חברים בבית קפה והם הולכים ביחד למסעדה או לראות סרט בקולנוע. לפעמים היא אוהבת לשבת בבית, לדבר עם חברות בטלפון, לקרוא ספר, לשמוע מוסיקה או לראות תוכנית מעניינת בטלויזיה.

במשך השבוע זהבה לא הולכת לישון מאוחר מאוד כי יש לה יום עבודה ארוך. בסוף השבוע היא לא אוהבת לקום מוקדם או ללכת לישון מוקדם.

ענו על השאלות על קטע הקריאה

1. מה המקצוע של זהבה?
2. היא קמה מוקדם או מאוחר?
3. מה היא עושה לפני שהיא יוצאת מהבית?
4. מה היא עושה במשרד במשך היום?
5. מתי משרד הנסיעות פתוח ומתי הוא סגור?
6. האם יש לזהבה זמן לצאת ולבלות עם החברים והחברות שלה?

TIME EXPRESSIONS — ביטויי זמן

Time Duration — משך זמן

SPEECH PATTERNS — תבניות לשון

בְּמֶשֶׁך שנת הלימודים אנחנו לומדים שמונה קורסים.
במשך השבוע אנחנו לא יוצאים מהבית בערב.
במשך שלוש שנים הוא לא עבד.

The expression בְּמֶשֶׁך, "during", can precede an indefinite or definite noun phrase. Anytime a duration of time is indicated, it is important to use this time expression.

EXERCISE 10 — תרגיל מספר 10

Complete the passage in the past tense.

אתמול בבוקר זהבה ______ מוקדם. היא ______, ______, ______ חדשות ו______ כוס קפה. היא ______ מהבית בשמונה ורבע ו______ לעבודה באוטובוס מספר 4. היא ______ לעבוד בשמונה וחצי.

במשך היום זהבה ______ הרבה אנשים, היא ______ בטלפון לחברות תעופה ו______ מקומות נסיעה, ______ לתיירים למצוא מלון, ______ מכתבים ו______ לטלפון. בבוקר היא ______ גם לדואר וגם לבנק.

היא ______ לקפה בעשר ולהפסקת צהריים בשתים עשרה וחצי. המשרד ______ פתוח בבוקר מ 9:00 עד 12:30 ואחרי הצהריים מ 4:00 עד 7:00. המשרד ______ סגור בצהריים. זהבה ______ לעבוד מוקדם ו______ מאוחר.

זהבה ______ עסוקה במשך היום, אבל בערב היא ______ הרבה דברים. היא ______ חברים בבית קפה והם ______ ביחד לקולנוע. לפעמים היא לא ______ בבית, לא ______ ספר, לא ______ מוסיקה ולא ______ תוכנית בטלויזיה. זהבה לא ______ לישון מאוחר. היא ______ לישון מוקדם.

EXERCISE 11 — תרגיל מספר 11

Describe what you do every day. Use time expressions from the columns below.

מה את/ה עושה כל יום?

בעבודה?	בבית?	בבית קפה?
in the -ב	*this* -ה	*every* כל
ביום	היום	כל יום
בבוקר	הבוקר	כל בוקר
בצהריים	היום בצהריים	כל יום בצהריים
אחרי הצהריים	היום אחרי הצהריים	כל יום אחרי הצהריים
בערב	הערב	כל ערב
בלילה	הלילה	כל לילה

EXERCISE 12 — תרגיל מספר 12

Change the sentences from present tense to past tense.

היום	*אתמול*	*גם שלשום*
אני קמה בשש.	______	גם ______
אני רצה לעבודה.	______	גם ______
אני עובדת הרבה.	______	גם ______
אני לא אוכלת.	______	גם ______
אני לא נחה.	______	גם ______
אני ישנה 8 שעות.	______	גם ______

החיים קשים!

EXERCISE 13 — תרגיל מספר 13

Translate the sentences into English. — תרגם את המשפטים לאנגלית

Every hour	כל שעה
	כל שעה מתחיל שיעור חדש.
Every five minutes	כל חמש דקות
	כל חמש דקות מישהו בא ודופק בדלת.
Every quarter of an hour	כל רבע שעה
	כל רבע שעה דן הולך לשתות מים.
Every half hour	כל חצי שעה
	כל חצי שעה בא אוטובוס מחיפה.
During the day/week	במשך היום/השבוע
	במשך השבוע דן לא הולך למסיבות.

Write ten sentences that include the following time expressions.

כל יום בשעה ארבע	בסוף כל חודש
כל ערב לפני החדשות	במשך השבוע
כל יום אחרי הצהריים	במשך הלילה
כל בוקר לפני העבודה	בסוף כל שבוע
כל לילה בחצות	במשך סוף השבוע

Review — חזרה

The Days of the Week		יְמֵי השבוע
Sunday	(יום א)	יום רִאשׁוֹן
Monday	(יום ב)	יום שֵׁנִי
Tuesday	(יום ג)	יום שְׁלִישִׁי
Wednesday	(יום ד)	יום רְבִיעִי
Thursday	(יום ה)	יום חֲמִישִׁי
Friday	(יום ו)	יום שִׁשִּׁי
Saturday		שַׁבָּת
Friday night		לֵיל/עֶרֶב שַׁבָּת
Saturday night		מוֹצָאֵי שַׁבָּת

In Israel, the week starts on a Sunday, the first work day, and the weekend starts on Friday afternoon.

On Friday night: Have a good Shabbat!	שַׁבָּת שָׁלוֹם!
On Saturday night: Have a good week!	שָׁבוּעַ טוֹב!

שָׁבוּעַ (ז) שָׁבוּעוֹת	week
חוֹדֶשׁ (ז) חוֹדָשִׁים	month
שָׁנָה (נ) שָׁנִים	year
שְׁנַת לִימוּדִים (נ)	school year

תרגיל מספר 14 EXERCISE 14

Write questions and answers following the example.

ביום שני בבוקר. את עובדת ביום שני בבוקר? ועבדת ביום שני בבוקר?

ביום שני בערב. לא. אני עובדת ביום שני בערב ועבדתי ביום שני בערב.

ביום ראשון. ______________________?

ביום חמישי בצהריים. ______________________.

במוצאי שבת. ______________________?

בערב שבת. ______________________.

ביום שלישי בחמש. ______________________?

ביום רביעי בשלוש. ______________________.

תרגיל מספר 15 EXERCISE 15

Write down your study and work schedule for the week.

מערכת הלימודים והעבודה

בבוקר:	יום א	יום ב	יום ג	יום ד	יום ה	יום ו
בשעה 9:00	______	______	______	______	______	______
בשעה 10:00	______	______	______	______	______	______
בשעה 11:00	______	______	______	______	______	______
בצהריים:						
בשעה 12:00	______	______	______	______	______	______
בשעה 1:00	______	______	______	______	______	______
בשעה 2:00	______	______	______	______	______	______
אחרי הצהריים:						
בשעה 3:00	______	______	______	______	______	______
בשעה 4:00	______	______	______	______	______	______
בשעה 5:00	______	______	______	______	______	______
בערב:						
בשעה 7:00	______	______	______	______	______	______
בשעה 8:00	______	______	______	______	______	______
בשעה 9:00	______	______	______	______	______	______

EXERCISE 16   תרגיל מספר 16

Answer the questions, completing the missing parts of the sentence.

מה אתה עושה בסוף השבוע?

כל יום _____, אבל בשבת _____

כל יום _____, אבל בשבת _____

כל בוקר _____, אבל בשבת בבוקר _____

כל ערב _____, אבל בשבת בערב _____

כל ערב _____, אבל בשבת בערב _____

כל לילה _____, אבל במוצאי שבת _____

מה עשית בסוף השבוע?

כל יום _____, אבל בשבת _____

כל יום _____, אבל בשבת _____

כל בוקר _____, אבל בשבת בבוקר _____

כל ערב _____, אבל בשבת בערב _____

כל ערב _____, אבל בשבת בערב _____

כל לילה _____, אבל במוצאי שבת _____

חלק ב׳ PART B

שיחון א: בסוכנות הנסיעות DIALOGUE A: AT THE TRAVEL AGENCY

(זהבה גוטמן, סוכנת הנסיעות.)
(סוזן ויושי באים למשרד של סוכנות הנסיעות, כי הם רוצים לנסוע לטיול בתורכיה.)

זהבה: אפשר לעזור לכם?
סוזן: אנחנו רוצים לנסוע לתורכיה.
זהבה: איך אתם רוצים לנסוע? באוניה? או במטוס?
יושי: באוניה? זה רעיון מעניין.
סוזן: אין לנו הרבה זמן – אני רוצה לטוס.
יושי: בסדר.
זהבה: טוב. שני כרטיסי טיסה לאיסטנבול.
(הטלפון מצלצל)
זהבה: סליחה. רק רגע.
זהבה: – משרד הנסיעות "תבל", שלום! מדברת זהבה גוטמן.
– ...אדוני, יש לנו טיול של שלושה שבועות לארה"ב.
– ...כן. מתי התקשרת? אתמול? לא הייתי במשרד אתמול.
– ...כן. המדריך מדבר עברית.
– ...עוד לא טסתם לארצות הברית? זאת טיסה ארוכה!
– ...אני מצטערת – בתאריכים האלה כבר אין מקום.
סוזן: איפה אין מקום?
זהבה: אני מדברת בטלפון, גבירתי. רק רגע.
בטלפון: אתה יכול להתקשר למשרד אחר הצהריים?
בסדר. שלום!
זהבה: טוב, עכשיו, מתי אתם מתכוננים לנסוע?
סוזן: אני רוצה לנסוע בדצמבר.
יושי: אני חושב לנסוע בינואר.
זהבה: אז מה אתם אומרים, דצמבר או ינואר?
יושי: אין ברירה. דצמבר.
זהבה: איך אתם מתכוננים לשלם? במזומנים או בכרטיס אשראי?
יושי: אני מתכונן לשלם בצ׳יק.
סוזן: ולי יש כרטיס אשראי "אמריקן אקספרס".
(יושי וסוזן קונים כרטיסי טיסה.)
זהבה: נסיעה טובה!

VOCABULARY OF TRAVEL: VERBS

1. לִנְסוֹעַ — To travel/take a trip

לנסוע ל + מקום
לנסוע ב + אוטובוס.
לנסוע עם + חברים.

דוגמא: אנחנו נוסעים לחיפה באוטובוס עם ההורים שלנו.

שם פעולה: נְסִיעָה (נ) נְסִיעוֹת	Verbal noun: trip
כַּרְטִיס נְסִיעָה (ז) כַּרְטִיסֵי נְסִיעָה	Travel ticket
נְסִיעָה טוֹבָה!	Have a good trip!

2. לָטוּס — To fly/travel by air

לטוס ל + מקום.

לטוס ב + "אל על".

לטוס עם + חברים.

דוגמא: אנחנו טסים ללונדון ב"אל על" עם החברים שלנו.

שם פעולה: טִיסָה (נ) טִיסוֹת	Verbal noun: flight
כַּרְטִיס טִיסָה (ז) כַּרְטִיסֵי טִיסָה	air ticket
נְסִיעָה טוֹבָה!	Have a good flight!
	Related nouns:
מָטוֹס (ז) מְטוֹסִים	airplane
טַיָּס – טַיֶּסֶת	pilot

3. לָשׁוּט — To travel/sail by boat

לשוט ל + מקום.

לשוט ב + אוניה, ספינה, סירה, מפרשית

לשוט עם + חברים.

דוגמא: אנחנו שטים לקפריסין במפרשית עם החברים שלנו.

שם פעולה: שַׁיִט (ז) — Verbal noun: sailing

תרגיל מספר 17 — EXERCISE 17

Add personal pronoun subject suffixes to the past tense verb stems.

בניין פעל גזרה: שלמים

(אני)	נסע_____		
(אתה)	נסע_____	הוא	נסע
(את)	נסע_____	היא	נסע_____
(אנחנו)	נסע_____		
(אתם)	נסע_____	הם	נסע_____
(אתן)	נסע_____	הן	נסע_____

בניין פעל גזרת ע"ו

(אני)	טס____		
(אתה)	טס____	הוא	טס
(את)	טס____	היא	טס____
(אנחנו)	טס____		
(אתם)	טס____	הם	טס____
(אתן)	טס____	הן	טס____

(אני)	שט____		
(אתה)	שט____	הוא	שט
(את)	שט____	היא	שט____
(אנחנו)	שט____		
(אתם)	שט____	הם	שט____
(אתן)	שט____	הן	שט____

תרגיל מספר 18 **EXERCISE 18**

Change the tense of the verbs in the sentences from present to past tense.

אני נוסע לבאר שבע באוטובוס — *נסעתי לבאר שבע באוטובוס*
האוטובוסים נוסעים למצריים ____________
יוסי טס לניו יורק ב"אל על" ____________
כולם נוסעים לחיפה ____________
בספטמבר אנחנו טסים הביתה ____________
אשתו נוסעת לעבודה באוטובוס ____________
אני טס לאילת ____________
סוזן נוסעת במכונית ____________
אנו שטים במפרשית ליוון ____________

אמצעי תחבורה VOCABULARY OF TRAVEL: MEANS OF TRANSPORTAION

פועל	*כלי רכב*	
(לטוס ב)	מָטוֹס	airplane
(לנסוע ב)	רַכֶּבֶת	train
(לשוט ב)	אוֹנִיָּיה	boat
(לשוט ב)	מִפְרָשִׂית	sailboat
(לנסוע ב)	מְכוֹנִית	car
(לנסוע ב)	מוֹנִית	taxi
(לנסוע ב)	אוֹטוֹבּוּס	bus
(לרכב על)	אוֹפַנַּיִים	bicycle
(לרכב על)	אוֹפְנוֹעַ	motorcycle

EXERCISE 19 — תרגיל מספר 19

Choose an appropriate verb and means of transportation to complete the sentences.

In the Present Tense — בזמן הווה

מלונדון למדריד אנחנו ______________________.

מירושלים לאילת אני ______________________.

מתל אביב לניו יורק גד ______________________.

מהבית לחנות אתם ______________________?

In the Past Tense — בזמן עבר

מירושלים לחיפה אני ______________________.

מהבית לעבודה היא ______________________.

מישראל לברזיל גד ______________________.

מהבית לשפת הים אתם ______________________?

שיחון ב׳: במשרד הנסיעות — DIALOGUE B: AT THE TRAVEL AGENCY (CONTINUED)

(סוזן חוזרת למשרד כי היא רוצה לשכור מכונית.)

זהבה: כן?!?

סוזן: הייתי כאן לפני שעה וקניתי כרטיס טיסה לתורכיה.

זהבה: כן. אני זוכרת.

סוזן: באתי לראות אם אפשר לשכור מכונית לטיול בתורכיה.

זהבה: כן. אני יכולה לסדר לך מכונית באיסטנבול.

סוזן: אבל מכונית לא יקרה.

זהבה: טוב. יש מכוניות קטנות. יש לך רשיון נהיגה?

סוזן: כן. יש לי רשיון נהיגה אמריקאי.

זהבה: זה לא מספיק. את צריכה לסדר רשיון נהיגה בינלאומי.

סוזן: בסדר. מה עוד אני צריכה?

זהבה: יש לך ביטוח?

סוזן: אני לא יודעת.

זהבה: את צריכה ביטוח.

סוזן: אני מתכוננת לטייל ולראות את כל האתרים המעניינים בתורכיה. יש לכם מידע ומפות?

זהבה: בטח. טוב מאוד שאת מתכוננת לנסיעה. יש אנשים שנוסעים בלי להתכונן ואז הם לא מבקרים במקומות המעניינים.

סוזן: אני תמיד מוכנה.

ענו על השאלות

1. למה סוזן חזרה למשרד הנסיעות?
2. איזו מכונית היא רוצה לשכור?
3. זהבה עוזרת לה?
4. מה סוזן מתכוננת לעשות בתורכיה?
5. למה טוב להתכונן לפני הנסיעה?
6. מה צריך לדעת לפני הנסיעה?
7. יש אתרים מעניינים בעיר שלך?

תבניות לשון — SPEECH PATTERNS

מתי אתה מתכונן לטוס?

איך אתם מתכוננים לשלם?

את מתכוננת לנסיעה?

אתה מוכן לנסיעה?

ON PLANNING AND BEING READY

להתכונן ולהיות מוכן

To Plan/To Get Ready

להתכונן

The verb להתכונן has the same medial and final letter. Such verbs have a special
Hitpa'el stem as the vowel of the stem changes from /a/ to /o/.

to plan

שם הפועל: לְהִתְכּוֹנֵן   שרש: כ.נ.נ.   בניין: התפעל   גזרה: כפולים

הווה

מִתְכּוֹנֵן   מִתְכּוֹנֶנֶת   מִתְכּוֹנְנִים   מִתְכּוֹנְנוֹת

This verb has two related meanings depending on whether it is followed by an
infinitive verb or by a noun.

I plan to travel.	<div dir="rtl">אני מתכונן לנסוע.</div>
I am getting ready for a trip.	<div dir="rtl">אני מתכונן לנסיעה.</div>

To Be Ready

להיות מוכן

שם הפועל: לְהְיוֹת מוּכָן   שרש: כ.ו.נ.   בניין: הופעל

הווה

מוּכָן   מוּכָנָה   מוּכָנִים   מוּכָנוֹת

I am ready for the trip.

אני מוכן לנסיעה.

To Make Plans

לעשות תוכניות

A related noun is "plan/program"

תּוֹכְנִית (ב.) תּוֹכְנִיּוֹת

I am making plans for a trip.

אני עושה תוכניות לנסיעה.

EXERCISE 20

תרגיל מספר 20

Add להתכונן to the sentences.

אני _____ לרוץ לעבודה.

אנחנו _____ לשכור אופניים.

אתה _____ לנסוע באוטובוס או ברכבת?

אתם _____ לטוס לסין?

אתן לא _____ ללכת ברגל?

הוא _____ לבוא איתנו.

היא לא _____ לחזור מוקדם.

הם _____ לנסוע לשם במונית.

EXERCISE 21 תרגיל מספר 21

Add להתכונן, להיות מוכן, לעשות תוכניות to the sentences.

אני ________ עם חברים לנסוע לאילת.
אנחנו ________ לשכור מפרשית באילת.
אתה ________ לנסיעה? כבר יש לך כרטיסים?
אתם ________ לטייל עם חברים?
אתן לא ________? כבר מאוחר!
הם לא ________ לבוא איתנו. הם עסוקים מאוד.
היא לא ________ לשבת.
דן ________ לרכב על האופנוע החדש שלו.

LESSON 13 SUMMARY   שיעור 13: סיכום

Communicative Skills Introduced in This Lesson

1. How to describe your daily schedule
2. How to tell time
3. How to order tickets
4. How to find information about renting a car

Grammatical Information Introduced in This Lesson

1. What time is it?

מה השעה? השעה שמונה בדיוק, שמונה ורבע, שמונה וחצי, רבע לתשע

2. New verbs in present tense

נח נחה נחים נחות   קם קמה קמים קמות

גומר גומרת גומרים גומרות   סוגר סוגרת סוגרים סוגרות

יוצא יוצאת יוצאים יוצאות   ישן ישנה ישנים ישנות

מתחיל מתחילה מתחילים מתחילות

3. New verbs of travel

לנסוע נוסע, נוסעת, נוסעים, נוסעות

לרכב רוכב, רוכבת, רוכבים, רוכבות

לטוס טס, טסה, טסים, טסות

לשוט שט, שטה, שטים שטות

4. Active and passive participles of present tense in Pa'al

בינוני פועל: סוגר, סוגרת, סוגרים, סוגרות

בינוני פעול: סגור, סגורה, סגורים, סגורות

5. Past and present tenses of שלמים verbs in Hitpa'el

   to get dressed   להתלבש, מתלבש, מתלבשת, מתלבשים, מתלבשות

התלבשתי, התלבשת, התלבשת, הוא התלבש, היא התלבשה

התלבשנו, התלבשתם, התלבשתן, הם התלבשו, הן התלבשו

6. Expressions of time   היום, אתמול, שלשום

במשך השבוע, בסוף השבוע

כל יום, כל שעה, כל שבוע, כל שנה

7. Making plans   מתכונן, מוכן, עושה תוכניות

WORD LIST FOR LESSON 13 אוצר מילים לשיעור 13

Nouns שמות

Singular and plural	*רבים*	*יחיד/ה*
ship, liner	אוֹנִיּוֹת	אוֹנִיָּה (נ)
motorcycle	אוֹפְנוֹעִים	אוֹפְנוֹעַ (ז)
bicycle	אוֹפַנַּיִם (ז)	
tourist site	אֲתָרִים	אֲתָר (ז)
insurance		בִּיטוּחַ (ז)
thing/matter	דְבָרִים	דָּבָר (ז)
door	דְּלָתוֹת	דֶּלֶת (נ)
recess, break	הַפְסָקוֹת	הַפְסָקָה (נ)
month	חוֹדָשִׁים	חוֹדֶשׁ (ז),
two months		חוֹדְשַׁיִים
half	חֲצָאִים	חֵצִי (ז)
flight	טִיסוֹת	טִיסָה (נ)
day	יָמִים	יוֹם (ז)
two days		יוֹמַיִים
vehicle	כְּלֵי רֶכֶב	כְּלִי רֶכֶב (ז)
ticket	כַּרְטִיסִים	כַּרְטִיס (ז)
airplane	מְטוֹסִים	מָטוֹס (ז)
information		מֵידַע (ז)
letter	מִכְתָּבִים	מִכְתָּב (ז)
map	מַפּוֹת	מַפָּה (נ)
sailboat	מִפְרָשִׂיּוֹת	מִפְרָשִׂית (נ)
weekend	סוֹפֵי שָׁבוּעַ	סוֹף שָׁבוּעַ (ז)
boat	סִירוֹת	סִירָה (מ)
ship	סְפִינוֹת	סְפִינָה (נ)
check	צֶ׳קִים	צֶ׳ק (ז)
quarter	רְבָעִים	רֶבַע (ז)
train	רַכָּבוֹת	רַכֶּבֶת (נ)
driver's license		רִשְׁיוֹן נְהִיגָה (ז)
week	שָׁבוּעוֹת	שָׁבוּעַ (ז)
two weeks		שְׁבוּעַיִים
date	תַּאֲרִיכִים	תַּאֲרִיך (ז)
Turkey		תּוּרְכִּיָּה (נ)
station	תַּחֲנוֹת	תַּחֲנָה

Adjectives / תארים

	יחיד	יחידה
long	אָרוֹךְ	אֲרוּכָּה
international	בֵּינלְאוּמִי	בֵּינלְאוּמִית
interesting	מְעַנְיֵין	מְעַנְיֶינֶת

Verbs-Adjectives / פעלים-תארים

ready	מוּכָן	מוּכָנָה
open	פָּתוּחַ	פְּתוּחָה
closed	סָגוּר	סְגוּרָה

Verbs / פעלים

to invite/order	לְהַזְמִין	הִזְמִין, מַזְמִין
to comb	לְהִסְתָּרֵק	הִסְתָּרֵק, מִסְתָּרֵק
to shave	לְהִתְגַּלֵּחַ	הִתְגַּלַּח, מִתְגַּלֵּחַ
to get ready/plan	לְהִתְכּוֹנֵן	הִתְכּוֹנֵן, מִתְכּוֹנֵן
to correspond	לְהִתְכַּתֵּב	הִתְכַּתֵּב, מִתְכַּתֵּב
to get dressed	לְהִתְלַבֵּשׁ	הִתְלַבֵּשׁ, מִתְלַבֵּשׁ
to take a shower	לְהִתְקַלֵּחַ	הִתְקַלַּח, מִתְקַלֵּחַ
to wash (self)	לְהִתְרַחֵץ	הִתְרַחֵץ, מִתְרַחֵץ
to fly (by plane)	לָטוּס	טָס, טָס
to find	לִמְצוֹא	מָצָא, מוֹצֵא
to rest	לָנוּחַ	נָח, נָח
to close	לִסְגּוֹר	סָגַר, סוֹגֵר
to open	לִפְתּוֹחַ	פָּתַח, פּוֹתֵחַ-פָּתוּחַ
to sail	לָשׁוּט	שָׁט, שָׁט
to rent	לִשְׂכּוֹר	שָׂכַר, שׂוֹכֵר

Particles, Prepositions, and Adverbs / מילות ותארי פועל

during	בְּמֶשֶׁךְ
sometimes	לִפְעָמִים

Expressions and Phrases / ביטויים וצירופים

there is no choice	אֵין בְּרֵירָה
means of transportation	אֶמְצְעֵי תַּחְבּוּרָה (ז.ר.)
airline company	חֶבְרַת תְּעוּפָה (נ)
What a difficult life!	חַיִּים קָשִׁים!

Have a pleasant flight!	טִיסָה נְעִימָה (נ)
Friday night	לֵיל/עֶרֶב שַׁבָּת (ז)
Saturday night	מוֹצָאֵי שַׁבָּת (ז.ר.)
downtown/city center	מֶרְכַּז הָעִיר (ז)
daily schedule	סֵדֶר יוֹם (ז)
Have a good week!	שָׁבוּעַ טוֹב!
greeting on the eve of Shabbat	שַׁבָּת שָׁלוֹם!

LESSON 14 שיעור מספר 14

PART A חלק א'

DIALOGUE A: BIRTHDAY GIFTS שיחון א': מתנות ליום הולדת

בחנות הספרים "עולם הספר"

רונית: אני רוצה לקנות מַתָּנָה ליום הוּלֶדֶת של חברה טובה שלי.

המוכר: בַּת כַּמָּה היא?

רונית: היא בת עשרים ואחת.

המוכר: מתי יום ההולדת שלה?

רונית: בשבת.

המוכר: מה היא אוהבת לעשות?

רונית: היא אוהבת לקרוא. אני רוצה לקנות לה ספר.

המוכר: היא אוהבת לבשל? יש לנו הרבה סִפְרֵי בִּישוּל.

רונית: לא. היא לא אוהבת לבַשֵּׁל.

המוכר: היא היתה באירופה?

רונית: היא היתה באירופה – היא סוֹכֶנֶת נסִיעוֹת.

המוכר: אם היא סוכנת נסיעות, אולי את רוצה לקנות לה מַדְרִיךְ ליפן.

רונית: היא לא צריכה מדריך ליפן.

המוכר: חבל!

המוכר: דינה. יש לך רגע זמן?

דינה: כן.

המוכר: הבחורה הזאת רוצה לקנות ספר לחברה שלה. את יודעת איזה ספרים חדשים יש לנו?

דינה: יש לנו ספר חדש יוֹצֵא מִן הכְּלָל. הרבה אנשים קונים את הספר הזה!

רונית: איזה ספר זה?

דינה: זה רוֹמָן חדש.

רונית: איזה רומן?

דינה: "סיפּוּר אַהֲבָה".

רונית: זה בדיוק בשביל זהבה. היא בחורה רוֹמַנטִית.

בחנות הצעצועים "עולם הילד"

מוכרת: יש לנו בּוּבּוֹת חדשות.

דורית: אבל אני רוצה לקנות מתנה לַבֵּן שלי. הבן שלי לא אוהב בובות.

מוכרת: מתי יום ההולדת שלו?

דורית: כבר היה לו יום הולדת לפני חודש.

מוכרת: בן כמה הוא?

דורית: הוא בן שמונה.

מוכרת: יש לו אוֹפַנַיים?

דורית: בטח. לאיזה ילד אין אופניים?

מוכרת: מה הוא אוהב?

דורית: הוא אוהב מכוניות, רובוטים . . .

מוכרת: יש לו מחשב? יש לנו משחקי מחשב.

דורית: אין לו מחשב.

מוכרת: לכל ילד יש מחשב היום!

דורית: אנחנו לא מליונרים.

מוכרת: משחקי המחשב במכירה.

דורית: את רוצה למכור לי משחקי מחשב, אבל אין לנו מחשב. הילד שלי אוהב מכוניות. יש לכם מודלים
         של מכוניות?

EXERCISE 1   תרגיל מספר 1

איפה אתם קונים?

חנות צעצועים	כוס קפה
חנות ספרים	בובות
חנות פרחים	שוקולד
חנות ספורט	ספרי בישול
סופרמרקט (מרכול)	פרחים ליום הולדת
בית קפה	כדורי טניס

SPEECH PATTERNS   תבניות לשון

איפה קנית את ספרי הלימוד?

קניתי אותם בחנות הספרים של האוניברסיטה.

בשביל מי קנית את הפרחים?

קניתי את הפרחים בשביל אמא שלי.

אתם קונים צעצועים ליום ההולדת של זיוי?

לא. אנחנו קונים צעצועים ליום ההולדת של גילי.

אתן תמיד קונות כאן?

כן. אנחנו אוהבות לקנות כאן.

VERBS IN PRESENT AND PAST TENSE: "TO BUY" AND "TO SELL"

Here are the present and past tense forms of the verb לקנות "to buy."

לקנות "to buy" שורש: ק.נ.ה. גזרה: ל"ה בניין: פעל

הווה: קוֹנֶה, קוֹנָה, קוֹנִים, קוֹנוֹת

עבר:

(אני)	קָנִיתִי		
(אתה)	קָנִיתָ	הוא	קָנָה
(את)	קָנִית	היא	קָנְתָה
(אנחנו)	קָנִינוּ		
(אתם)	קְנִיתֶם	הם	קָנוּ
(אתן)	קְנִיתֶן	הן	קָנוּ

Related nouns are לָלֶכֶת לִקְנִיוֹת "to go shopping" and קוֹנֶה-קוֹנָה "customer."

EXERCISE 2 — תרגיל מספר 2

Write complete sentences in present and past tense.
Write both positive and negative sentences, combining לקנות with items from the columns below.

אני	מתנה בשביל דליה
אתם	עיתון בוקר
מי	שוקולד בקיוסק
דליה	צעצועים לילדים
הן	ספר בישול טוב
אתן	מחשב יקר
אורי	אופניים חדשים

SPEECH PATTERNS — תבניות לשון

מכרת הרבה ספרי בישול היום?

כן. היום מכרתי הרבה ספרי בישול.

מי מוכר פרחים כאן?

אני מוכר פרחים. אני בעל החנות.

אתמול מכרתם את המחשבים בזול, היתה מכירה?

לא. לא היתה מכירה. המחשבים לא יקרים.

Here are the present and past tense forms of the verb לִמכּוֹר "to sell".

לִמכּוֹר "to sell" שורש: מ.כ.ר. גזרה: שלמים בניין: פעל

הווה: מוֹכֵר, מוֹכֶרֶת, מוֹכְרִים, מוֹכְרוֹת

עבר:

(אני)	מָכַרתִי		
(אתה)	מָכַרתָ	הוא	מָכַר
(את)	מָכַרתְ	היא	מָכְרָה
(אנחנו)	מָכַרנוּ		
(אתם)	מכַרתֶם	הם	מָכרוּ
(אתן)	מכַרתֶן	הן	מָכְרוּ

Related nouns are מְכִירָה "sale" and מוֹכֵר/ת "a salesperson."

The medial letter of the root כ is pronounced /k/ in the infinitive: לִמכּוֹר.
It is pronounced /kh/ in the present and past tense forms of the verb: מוֹכֵר.

EXERCISE 3 **תרגיל מספר 3**

Write complete sentences in present and past tense. Write both positive and negative sentences, combining למכור with items from the columns below.

אנחנו	צעצועים לילדים.
אתם	קוקה קולה כאן?
מי	עיתונים?
דליה	פרחים.
הן	ספרי לימוד.
אתן	את הבית?

EXERCISE 4 **תרגיל מספר 4**

Complete the sentences according to the example. Use both the verbs לקנות and למכור. The subject in the first half of the sentence is impersonal and the subject of the second half of the sentence is specified.

Example: דוגמא:

בחנות הספרים *מוכרים ספרים ועיתונים* ואנחנו *קונים שם עיתונים*.

מה מוכרים ומה קונים?

בחנות הספורט ______________ וזהבה ______________.

בחנות הפרחים ______________ ודן ______________.

בחנות המכולת ______________ והן ______________.

בקפיטריה ______________ אתם ______________?

בקיוסק ______________ את ______________?

EXERCISE 5 — תרגיל מספר 5

Use both לקנות and למכור in past tense to complete the sentences.

מה המוכר מכר לך ומה קנית מהמוכר?

בחנות הספרים המוכר מכר לי שני ספרים – קניתי מהמוכר שני ספרים.

בחנות המכולת המוכרת ______ לנו ______________________

בסופרמרקט המוכרות ______ לדן ______________________

בסוכנות המכוניות הם ______ לרינה ______________________

בחנות הצעצועים ______ לדן ______________________

בחנות הפרחים ______ לרינה ______________________

EXERCISE 6: Going Shopping — תרגיל מספר 6: ללכת לקניות

Complete the passage with words from this list. (They are not listed in the order in which they appear.)

אוהבת, מוכר, צעירים, אוכלות, אוכל, טלוויזיה, מכולת, חברות, השכונה, ספרים, לקרוא, חדשים, קניות, קונה

Alex from the bookstore tells us: — *אלכס מחנות הספרים מספר לנו:*

כל יום אחרי העבודה אני הולך ל __________. אני הולך לחנות __________
לקנות אוכל. יש לי רשימה ארוכה שאשתי נותנת לי ואני הולך לחנות בדרך הביתה.
כל היום אני עובד בחנות הספרים שלי ואני __________ ספרים. אני מוכר
__________ לילדים ולמבוגרים. אני מוכר ספרים __________ וגם ספרים ישנים.
לחנות שלי באות הרבה משפחות והרבה אנשים מבוגרים, אבל לא באים לשם הרבה
__________. אני חושב שהצעירים היום לא אוהבים __________!

בערב אני הולך עם הרשימה שלי לחנות המכולת של חיים. שם אני __________
הרבה __________. מי אוכל את הכל? תודה לאל, יש לי משפחה גדולה ויש לנו
הרבה שכנים. אשתי וה __________ שלה כל היום שותות קפה ו__________
עוגות. הילדים שלנו באים עם כל החברים שלהם לאכול ולשתות. כל __________
באה לבית שלנו! אשתי לא __________ ללכת לחנות המכולת, היא אוהבת ללכת
למרכזי הקניות החדשים ולבתי הקפה מישהו צריך ללכת לקנות אוכל! – אז אני הולך.

אחרי הקניות אני בא הביתה, נח וקורא את העיתון. אחרי ארוחת הערב אני רואה את
החדשות ב __________ והולך לישון. אלה החיים שלי. קניות ומכירות!

מה יש ברשימה של אֲלֶכְּס?

SPEECH PATTERNS **תבניות לשון**

אֵיתָן וגִילָה אח ואחות. הם הילדים של דָן ודַפְנָה. היום ה-1 באפריל.
היום יום ההולדת של גילה. היא בת שלוש. הגַנֶּנֶת והילדים בַּגַן חוֹגְגִים את יום
ההולדת שלה. כולם קנו לה הרבה מתנות ואמא של גילה אפתה לה עוגה. אתם רוצים
לבוא?

AGE: HOW OLD ARE YOU? גִיל

Addressing a man: בֶּן כַּמָה אתה?

אני בן עשרים.

Addressing a woman: בַּת כַּמָה את?

אני בת שמונה עשרה.

EXERCISE 7: Toward Free Expression תרגיל מספר 7

Years are counted in *feminine* numbers.

בן כמה אתה?
בת כמה את?
בן כמה אבא שלך?
בת כמה אמא שלך?
בן כמה האח שלך?
בת כמה האחות שלך?

MONTHS OF THE YEAR חדשים בשנה

July	יוּלִי	January	יָנוּאָר
August	אוגוסט	February	פֶבְּרוּאָר
September	סֶפְּטֶמְבֶּר	March	מֶרְץ
October	אוקטוֹבֶּר	April	אַפְּרִיל
November	נוֹבֶמְבֶּר	May	מַאי
December	דֶצֶמְבֶּר	June	יוּנִי

The Jewish calendar will be presented in another lesson.

EXERCISE 8 — תרגיל מספר 8

Review the Hebrew numbers and write in the correct number. Remember, days of the month are designated by *masculine* numbers!

באיזה יום יום ההולדת שלך?

ב-1 באפריל.	באחד באפריל.
ב-30 בספטמבר.	______________
ב-22 באוקטובר.	______________
ב-13 בדצמבר.	______________
ב-10 ביוני.	______________
ב-12 בנובמבר.	______________
ב-5 ביולי.	______________
ב-8 בינואר.	______________
ב-17 במאי.	______________
ב-26 בפברואר.	______________
ב-18 במרץ.	______________
ב-13 באוגוסט.	______________

SPEECH PATTERNS — תבניות לשון

השנה גילה בת שלוש.
בשנה שעברה היא היתה בת שנתיים.
בשנה הבאה היא תהיה בת ארבע.

הווה	*עבר*	*עתיד*
השנה *this year*	*בשנה שעברה* *last year*	*בשנה הבאה* *next year*
גיל בן ארבע.	גיל היה בן שלוש.	גיל יהיה בן חמש.
גילה בת שש.	גילה היתה בת חמש.	גילה תהיה בת שבע.
הם בני שמונה.	הם היו בני שבע.	הם יהיו בני תשע.
הן בנות עשר.	הן היו בנות תשע.	הן יהיו בנות אחת עשרה.

Notice the future tense forms for the verb "to be" in third person and in first person singular. Other future forms will be introduced later.

עבר *past*	**עתיד** *future*
הוא הָיָה	הוא יִהְיֶה
היא הָיְתָה	היא תִּהְיֶה
הם/הן הָיוּ	הם/הן יִהְיוּ
הָיִיתִי	אֶהְיֶה

EXERCISE 9 — תרגיל מספר 9

Change the verb from present to past and to future.

השנה	*בשנה שעברה*	*בשנה הבאה*
דן בן שלוש עשרה.	______	______
דליה בת עשרים.	______	______
הם בני שלושים.	______	______
הן בנות אחת עשרה.	______	______
אני בן ______	______	______
אני בת ______	______	______

NUMBERS: 11-100 — מספרים: 11 עד 100

Remember that there are two sets of numbers in Hebrew: a masculine set and a feminine set. The feminine set is used for counting. In combining numbers with nouns for counting objects, masculine numbers combine with masculine nouns, and feminine numbers combine with feminine nouns.
Examples:

זכר	*נקבה*
אַחַד עָשָׂר בנים	אַחַת עֶשְׂרֵה בנות

Here are both masculine and feminine number sets. (The numbers 1 through 10 were introduced in *Level One*, Lesson 7.)

	זכר	*נקבה*
11	אַחַד עָשָׂר	אַחַת עֶשְׂרֵה
12	שְׁנֵים עָשָׂר	שְׁתֵּים עֶשְׂרֵה
13	שְׁלוֹשָׁה עָשָׂר	שְׁלוֹשׁ עֶשְׂרֵה
14	אַרְבָּעָה עָשָׂר	אַרְבַּע עֶשְׂרֵה
15	חֲמִישָּׁה עָשָׂר	חֲמֵשׁ עֶשְׂרֵה
16	שִׁישָּׁה עָשָׂר	שֵׁשׁ עֶשְׂרֵה
17	שִׁבְעָה עָשָׂר	שְׁבַע עֶשְׂרֵה
18	שְׁמוֹנָה עָשָׂר	שְׁמוֹנֶה עֶשְׂרֵה
19	תִּשְׁעָה עָשָׂר	תְּשַׁע עֶשְׂרֵה
20	עֶשְׂרִים	
21	עֶשְׂרִים וְאֶחָד	עֶשְׂרִים וְאַחַת
22	עֶשְׂרִים וּשְׁנַיִים	עֶשְׂרִים וּשְׁתַּיִים
23	עֶשְׂרִים וּשְׁלוֹשָׁה	עֶשְׂרִים וְשָׁלוֹשׁ
24	עֶשְׂרִים וְאַרְבָּעָה	עֶשְׂרִים וְאַרְבַּע
25	עֶשְׂרִים וַחֲמִישָּׁה	עֶשְׂרִים וְחָמֵשׁ
26	עֶשְׂרִים וְשִׁישָּׁה	עֶשְׂרִים וְשֵׁשׁ

27	עֶשְׂרִים וּשְׁבְעָה	עֶשְׂרִים וְשֶׁבַע
28	עֶשְׂרִים וּשְׁמוֹנָה	עֶשְׂרִים וּשְׁמוֹנֶה
29	עֶשְׂרִים וְתִשְׁעָה	עֶשְׂרִים וְתֵשַׁע
30	שְׁלוֹשִׁים	
40	אַרְבָּעִים	
50	חֲמִישִּׁים	
60	שִׁשִּׁים	
70	שִׁבְעִים	
80	שְׁמוֹנִים	
90	תִּשְׁעִים	
100	מֵאָה	

The round numbers – 20, 30, 40, 50, 60, 70, 80, 90, 100, 1,000, 10,000, etc. – share a common form for both genders.

NUMERICAL PHRASES — צירופים: שמות ומספרים

Number nouns have gender features. The masculine set of numbers is used to count masculine count nouns, while the feminine set of numbers is used to count feminine count nouns.

זכר: חמישה עשר סטודנטים גרים בדירה.
נקבה: חמש עשרה סטודנטיות לומדות בכיתה.

EXERCISE 10 — תרגיל מספר 10

דוד, כמה כלבים יש בבנין שלכם?
יש ______ ______ בבניין שלנו

דני, כמה כוכבים אתה רואה?
אני רואה ______ ______

אדון גפני, כמה נשים נוסעות לטיול לאילת?
______ ______ נוסעות לטיול לאילת.

גברת, כמה שעונים יש לכם בחנות?
יש לנו ______ ______ שעונים.
כמה אתה צריך?

אילנה, כמה טלויזיות מכרתם השבוע?
מכרנו ______ ______

במסעדה של דוד: דוד כמה ביצים אתה מבשל כל בוקר?
אני לא סופר, אבל בערך ______ ______

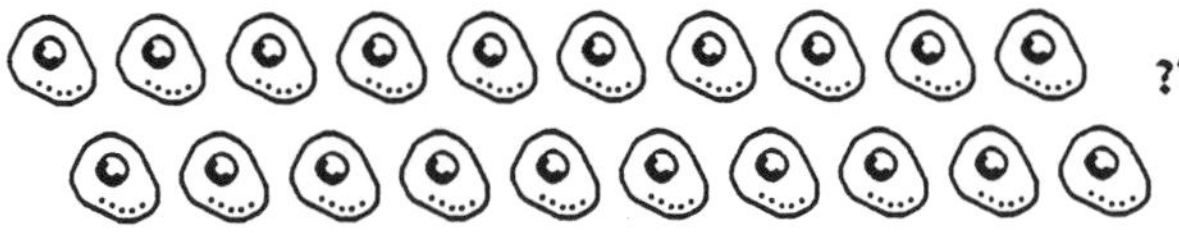

EXERCISE 11   תרגיל מספר 11

How well can you add and subtract in Hebrew?

1 + 1 = 2   אחת + (ועוד) אחת = (הם) שתיים
3 − 1 = 2   שלוש − (פחות) אחת = (הם) שתיים

Write the numbers as words.

_____	= 21 + 7	_____	= 9 + 6
_____	= 41 + 4	_____	= 30 + 5
_____	= 21 − 78	_____	= 9 − 100
_____	= 10 + 32	_____	= 1 − 36
_____	= 41 + 4	_____	= 30 + 5
_____	= 16 − 74	_____	= 13 − 89

EXERCISE 12   תרגיל מספר 12

Write out the numbers.   מספרים עם שמות בזכר.

_____	12 כיסאות	אחד עשר חברים	11 חברים
_____	24 חדרים	_____	36 שולחנות
_____	86 גברים	_____	55 רחובות
_____	98 בניינים	_____	37 בתים
_____	100 ספרים	_____	49 ילדים

Write out the numbers.   מספרים עם שמות בנקבה.

שתים עשרה כורסות	12 כורסות	_____	11 חברות
_____	44 כוסות	_____	23 ספות
_____	96 ערים	_____	55 צלחות
_____	38 עוגות	_____	47 בנות
_____	100 נשים	_____	39 מלצריות

PART B   חלק ב׳

READING A: AN EXCUSE FOR A PARTY   קטע קריאה א׳: סיבה למסיבה

אורלי מזמינה חברים וקרובים ליום ההולדת של זהבה. היא גם מזמינה את המנהל של זהבה, אהרון גפני. אורלי כותבת הזמנות למסיבה.

לאמנון ודפנה היקרים,
אני מכינה מסיבת הפתעה ליום ההולדת העשרים ואחת של זהבה. אני מזמינה את כל החברים הטובים שלה – מבית הספר, מהצבא ומהעבודה. המסיבה ביום ראשון הקרוב בערב בתשע. בואו בזמן! הקרובים של זהבה הזמינו אותה לארוחת ערב והם מתכוננים להביא אותה למסיבה בתשע וחצי.

להתראות אורלי

אורלי,
תודה על ההזמנה. זה רעיון טוב – מסיבת הפתעה לזהבה. אנחנו יכולים להביא משהו? יין? עוגה?

אמנון ודפנה

לאדון גפני היקר,
אני מכינה מסיבת הפתעה ליום ההולת העשרים ואחת של זהבה. אני מזמינה חברים שלה, קרובים וגם אנשים מהעבודה. המסיבה ביום ראשון הקרוב בערב בתשע בדירה שלנו. אני מקווה שאתה יכול לבוא.

בכבוד רב אורלי דביר

לאורלי,
תודה על ההזמנה היפה. אני מצטער, אבל אני לא יכול לבוא. אני נוסע לירושלים ביום ראשון ואני לא חוזר עד יום שני.

אהרון גפני

Writing an Invitation — איך לכתוב הזמנות

Opener	*פתיח*
Informal: "Dear . . ."	דני היקר/לדני היָקָר שלום
	דליה היקרה/לדליה היקָרָה שלום
	הורים יקרים
	חברות יקרות
Formal: "Dear Sir"	אדון יקר/אדון נִכבָּד
"Dear Madam"	גברת יקרה/גברת נִכבָּדָה
Signature/Closing	
Informal: Yours, Dalia	שלך, דליה
Formal: Respectfully yours, Dvir Orli	בְּכָבוֹד רַב, דביר אורלי

Occasions for Invitations

Events	*אירועים*
party	מסִיבָּה (נ) מסיבות
birthday	יום הוּלֶדֶת (ז) ימֵי הולדת
Bar-Mitzva/Bat-Mitzva	בַּר מִצוָוה/בַּת מִצוָוה
wedding	חֲתוּנָה (נ) חֲתוּנוֹת
Holidays	*חג (ז) חגים*
Shabbat	שַׁבָּת
Rosh-Hashana	ראש הַשָּׁנָה
Yom Kippur	יום כיפור
Sukkot	סוּכּוֹת
Hanukka	חֲנוּכָּה
Passover	פֶּסַח
Shavuot	שָׁבוּעוֹת

PRESENT AND PAST IN HIF'IL CONJUGATION — הווה ועבר בבניין הפעיל

The verb stem of past and present tense verb forms in Hif'il conjugation is characterized by a medial 'י that follows the second radical and is part of the verb stem in most forms.

The verb (את) להזמין "to invite/order" serves as an example.
In present tense, the root combines with the pattern: /ma + i/, the verb stem in the present tense is /ma + zmin/ מזמין.

שם הפועל: להזמין (את)   שורש: ז.מ.נ.   גזרה: שלמים   בניין: הפעיל

זמן הווה

יחיד		יחידה	
אני	מַזְמִין	אני	מַזְמִינָה
אתה		את	
הוא		היא	
רבים		*רבות*	
אנחנו	מַזְמִינִים	אנחנו	מַזְמִינוֹת
אתם		אתן	
הם		הן	

There are two verb stems in the past tense: The third person pattern is = הִ××ְי× /hizmin/. The first and second person pattern is = הִ××ַ× /hizman-/.

זמן עבר

(אני)	הִזְמַנְתִּי		
(אתה)	הִזְמַנְתָּ	הוא	הִזְמִין
(את)	הִזְמַנְתְּ	היא	הִזְמִינָה
(אנחנו)	הִזְמַנּוּ		
(אתם)	הִזְמַנְתֶּם	הם	הִזְמִינוּ
(אתן)	הִזְמַנְתֶּן	הן	הִזְמִינוּ

שם הפועל *Infinitive*

לה××י×   לְהַזְמִין /le + hazmin/

שם הפעולה *Verbal Noun (noun derived from the root and binyan)*

הַ××ְ×ָה   הַזְמָנָה

להזמין has two meanings: "to invite + somebody" and "to order + item (tickets/food)."

להזמין אֶת + רינה למסיבה   to invite Rina to a pary

להזמין + כרטיסים בשביל רינה   to order tickets for Rina

SPEECH PATTERNS   **תבניות לשון**

דן ואילן, אנחנו מַזְמִינִים אתכם לבוא איתנו למסעדה.
החבר של אורלי הִזְמִין אותה לקונצרט.
אורלי וזהבה הִזְמִינוּ לכם כרטיסים לקונצרט.

תרגיל מספר 13 EXERCISE 13

Change the sentences from present to past tense.

1. אנחנו מזמינים את כולם למסיבה.
עבר: ______________________.
2. הן מזמינות אותנו לארוחה.
עבר: ______________________.
3. למתי אתם מזמינים את כולם?
עבר: ______________________?
4. מי מזמין אתכם לשבת?
עבר: ______________________?
5. דוד מזמין את הילדים בבית הספר ליום ההולדת שלו.
עבר: ______________________.
6. דליה מזמינה אותי לקונצרט שלה.
עבר: ______________________.
7. את מי אתן מזמינות למסיבה?
עבר: ______________________?
8. אתה לא מזמין את אשתו של דוד?
עבר: ______________________?

תרגיל מספר 14 EXERCISE 14

Change the sentences from past to present tense.

1. הזמנתי כרטיסים לקונצרט.
הווה: ______________________.
2. דליה הזמינה ארוחה במסעדה.
הווה: ______________________.
3. דוד לא הזמין יין.
הווה: ______________________.
4. מישהו הזמין מקום במסעדה?
הווה: ______________________.
5. כולם הזמינו שניצל.
הווה: ______________________.
6. את לא הזמנת כרטיסים בשבילי?
הווה: ______________________?

EXERCISE 15   תרגיל מספר 15

Complete the direct object את + pronoun suffix. The pronoun will either be indicated in parentheses or understood from the context.

1.   הם מזמינים אותנו (אנחנו) לארוחה.

אנחנו פוגשים _____ (הם) במסיבה.

2.   אביבה אוהבת את אורי. היא אוהבת _____ מאוד. היא תמיד מזמינה _____ לבוא ללמוד איתה.

אורי לא אוהב את אביבה. הוא לא אוהב _____ – הוא אוהב את אורלי, והוא מזמין _____ ללכת איתו לסרט.

3.   אנחנו רואים את דן באוניברסיטה. אנחנו רואים _____ בבוקר ואנחנו רואים _____ בערב. הוא מזמין _____ לכוס קפה בבוקר ואנחנו מזמינים _____ לכוס קפה בערב.

4.   בערב עליזה רואה את התוכנית "לילה טוב, ישראל" בטלויזיה. גם אתם רואים _____ בערב? אם לא, עליזה רוצה להזמין _____ לבוא לראות את התוכנית.

5.   אנחנו אוכלים בבית בזבת. אנחנו אוכלים _____ מוקדם. אנחנו מזמינים אורחים. אנחנו מזמינים _____ לשתיים בצהריים.

6.   דוד אוהב עוגות. הוא אוכל עוגות גם בארוחת בוקר וגם בארוחת ערב. הוא תמיד מזמין עוגות ב"קפולסקי". אתמול הוא הזמין גם _____ לבוא לאכול איתו עוגות, אבל אנחנו לא באנו.

7.   אורלי וזהבה מזמינות _____ למסיבה שלהן. אתן הולכות?

8.   עוזי ודורית מזמינים _____ לארוחת שבת. אתה בא?

EXERCISE 16   תרגיל מספר 16

Write invitations (both formal and informal). Then write responses for each invitation.

כתוב הזמנות. כתוב תשובות לכל הזמנה.

1.   הזמנה לארוחת ערב.
2.   הזמנה למסיבה.
3.   הזמנה לבר מצווה.
4.   הזמנה לחתונה.

SPEECH PATTERNS   תבניות לשון

דן ואילן, אנחנו מביאים עוגה למסיבה.

רינה ואורלי, אתן מביאות משהו למסיבה?

החבר של אורלי הביא לה פרחים.

ההורים שלי רוצים להביא את כל המשפחה לארוחה.

The Verb (את) להביא "To Bring"

This verb in the Hif'il conjugation belongs to two root classifications לא and ע"ו. It has only two root letters. Notice that the vowel of the initial -מ changes from /a/ typical of Hif'il to /e/.

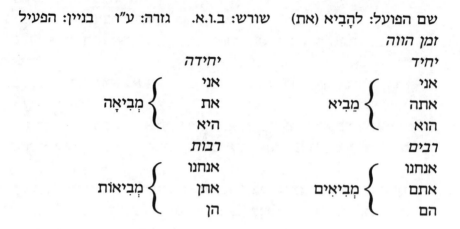

שם הפועל: להָבִיא (את)　שורש: ב.ו.א.　גזרה: ע"ו　בניין: הפעיל

זמן הווה

יחיד		*יחידה*	
אני	מֵבִיא	אני	מְבִיאָה
אתה		את	
הוא		היא	
רבים		*רבות*	
אנחנו	מְבִיאִים	אנחנו	מְבִיאוֹת
אתם		אתן	
הם		הן	

Notice that in the past tense the second vowel of the stem in first and second person changes from /a/ to /e/. This change occurs whenever the last letter of the root is א.

זמן עבר

הבא- /heve-/		הביא- /hevi-/	
(אני)	הֵבֵאתִי		
(אתה)	הֵבֵאתָ	הוא	הֵבִיא
(את)	הֵבֵאת	היא	הֵבִיאָה
(אנחנו)	הֵבֵאנוּ		
(אתם)	הֵבֵאתֶם	הם	הֵבִיאוּ
(אתן)	הֵבֵאתֶן	הן	הֵבִיאוּ

Note how the root relates similar meanings.

שרש: ב.ו.א.　גזרה: ע"ו, ל"א

לָבוֹא (בניין פעל)	to come
להָבִיא (בניין הפעיל)	to bring

EXERCISE 17 **תרגיל מספר 17**

In the first part of each sentence, the verb לבוא occurs. Complete the sentence with the verb להביא. The verb form you add should be in the same tense as the first verb in the sentence.

1. אנחנו באים למסיבה ומביאים יין.
2. הן באו למסיבה שלנו ו________.
3. מתי אתם באים ואת מי אתם ________?
4. מי בא מוקדם ו________ את המתנות היפות האלה?
5. באנו עם הילדים ו________ לכולם גלידה.
6. ההורים שלנו באים ו ________ מתנות לכולם.
7. דן, באת ולא ________ לי את הספר שלי?
8. לא באתי ולא ________ שום דבר.
9. הן באות מאוחר ולא ________ איתן את דן.
10. מתי אתה בא? מה אתה ________ לנו?

SPEECH PATTERNS **תבניות לשון**

דן ואילן מכינים הפתעה לאורלי.
רינה ואורלי, אתן מכינות שיעורים?
החבר של אורלי הכין את הארוחה.

The Verb לְהָכִין "To Prepare"

Here are the present and past tense forms of the verb להכין "to prepare/make preparations."

שם הפועל: להכין   שרש: כ.ו.נ.   גזרה: ע״ו   בניין: הפעיל

זמן הווה

יחיד		*יחידה*	
אני		אני	
אתה	מֵכִין	את	מְכִינָה
הוא		היא	
רבים		*רבות*	
אנחנו		אנחנו	
אתם	מְכִינִים	אתן	מְכִינוֹת
הם		הן	

זמן עבר

(אני)	הֵכַנְתִּי		
(אתה)	הֵכַנְתָּ	הוא	הֵכִין
(את)	הֵכַנְתְּ	היא	הֵכִינָה
(אנחנו)	הֵכַנּוּ		
(אתם)	הֵכַנְתֶּם	הם	הֵכִינוּ
(אתן)	הֵכַנְתֶּן	הן	הֵכִינוּ

A related noun is הֲכָנָה (נ) הֲכָנוֹת "preparation."

EXERCISE 18 **תרגיל מספר 18**

Change the sentences from present to past tense.

1. אנחנו מכינים אוכל למסיבה.
2. הן מכינות את השיעורים ליום שלישי.
3. מתי אתם באים ומה אתם מכינים?
4. מי מכין אתכם לעבודה הזאת?
5. אני עושה את כל ההכנות בערב: אני מכינה את הספרים שלי, את הסנדויץ' והפירות לארוחת צהריים.
6. הוא מכין לנו הפתעה גדולה.

EXERCISE 19: A Surprise Party **תרגיל מספר 19: מסיבת הפתעה**

Add a form of להביא, להכין, or להזמין with the appropriate prepositions.

אתמול בערב אשתו של דוד, דניאלה, ________ לו מסיבת הפתעה ליום ההולדת שלו. היא ____ כל החברים שלו מהעבודה והיא גם ________ ____ כל השכנים למסיבת ההפתעה. כולם באו ו______ לדוד מתנות יפות.

דניאלה עובדת ואין לה הרבה זמן ________ אוכל למסיבות. אין לה מספיק זמן ללכת לקניות בסופרמרקט.

אז מה היא עשתה? היא ________ אוכל מהמסעדה של חברים שלה. החברים מהמסעדה ________ את האוכל לבית של דוד אחרי הצהריים בזמן שהוא היה בעבודה. השכנים והחברים של דוד ________ משקאות ושכנה אחת ________ עוגת יום הולדת.

זאת היתה באמת הפתעה!

DIALOGUE B: AT THE PARTY: YOUNG GUESTS

שיחון ב׳: במסיבה – אורחים צעירים

(אורי בא למסיבה. גם אמנון, רונית, תמר וגיל באים.)

אורי: מסיבה משַעֲמֶמֶת!
אמנון: כן. אין מוסיקה טובה.
רונית: ואין אנשים מעַנְיְינִים.
תמר: ואַף אֶחָד עוד לא הִתחִיל לרקוד.
רונית: כל הקרובים של זהבה עוד יושבים פה.
אורי: הם עוד מעַט הולכים הבַּיתָה.
אמנון: ואז נִגמֶרֶת המסיבה המשעממת ומַתחִילה המסיבה שלנו!
גיל: יש לאורלי וזהבה סטריאו?
רונית: בטח.
אורי: אני הבאתי גִיטָרה.
גיל: ואני הבאתי סקסופון.
אמנון: ואני הבאתי תוּפִּים.
רונית: ואני שרה!
תמר: ואני הבאתי קַלָטוֹת חדשות עם הלהִיטִים של השבוע!
זהבה: אז אין בעיה!
אורלי: כל המסיבות הטובות מַתחִילוֹת מאוחר!
זהבה: ונִגמָרוֹת מוקדם בבוקר.

אורי, תמר, גיל, אמנון ורונית באים למסיבה. המסיבה משעממת. אין מוסיקה. אף אחד לא רוקד. ההורים של רונית ואמנון ושל אורי ותמר עוד במסיבה. אבל עוד מעט הם הולכים הביתה ואז מתחילה המסיבה! לאורי יש גיטרה, לאמנון יש תופים, לגיל יש סקסופון, לתמר יש כל הלהיטים החדשים של השבוע ורונית שרה! אז אין בעיה. עוד מעט המסיבה הטובה מתחילה. אתם גם רוצים לבוא?

המסיבה של אורלי משעממת.
למה?
כי 1. ____________
2. ____________
3. ____________
4. ____________
מה אפשר להתחיל לעשות?

ADDITIONAL VERBS: "TO START" AND "TO FINISH", "TO BEGIN" AND "TO END"

עוד פעלים: להתחיל ולגמור
להתחיל ולהיגמר

להתחיל ולגמור

The verbs להתחיל "to begin" and לגמור "to finish" are used to indicate the initiation and conclusion of an event, a process or an action by a person or another living being.

אנחנו מתחילים לעבוד בשבע בבוקר וגומרים בשמונה בערב.	"We begin working at seven in the morning and finish work at eight in the evening".
התחלנו את הלימודים בספטמבר וגמרנו ביוני.	"We began our studies in September and we finished in June."

The following table includes the verb להתחיל in present tense and past tense:

להתחיל שרש: ת.ח.ל. בניין: הפעיל

זמן הווה

מַתחִיל, מַתחִילָה, מַתחִילִים, מַתחִילוֹת.

זמן עבר

(אני)	הִתחַלתִּי		
(אתה)	הִתחַלתָּ	הוא	הִתחִיל
(את)	הִתחַלתְּ	היא	הִתחִילָה
(אנחנו)	הִתחַלנוּ		
(אתם)	הִתחַלתֶּם	הם	הִתחִילוּ
(אתן)	הִתחַלתֶּן	הן	הִתחִילוּ

The following table includes the verb לגמור in present tense and past tense:

לגמור שרש: ג.מ.ר. בניין: פעל

זמן הווה

גוֹמֵר, גוֹמֶרֶת, גוֹמְרִים, גוֹמְרוֹת

זמן עבר

(אני)	גָּמַרתִּי		
(אתה)	גָּמַרתָּ	הוא	גָּמַר
(את)	גָּמַרְתְּ	היא	גָּמְרָה
(אנחנו)	גָּמַרְנוּ		
(אתם)	גמַרתֶּם	הם	גָּמרוּ
(אתן)	גמַרתֶּן	הן	גָּמרוּ

להתחיל ולהיגמר

The verbs להתחיל "to start" and להיגמר "to end" are used to indicate the beginning and the ending of an event, a process or an action, without mention of who began or started them.

המסיבה מתחילה בתשע ונגמרת אחרי חצות.	"The party starts at nine and ends after midnight".
השיעור מתחיל בשמונה בדיוק ונגמר בתשע ושלושים.	"The class starts at eight exactly and ends at nine thirty."

The verb להיגמר is in the Nif'al conjugation. Only third person is used, since the subject is an event, process or activity. Here are the present and past tense of this verb in the third person:

להִיגָמֵר   שורש: ג.מ.ר.   בניין: נפעל

זמן הווה

נִגְמָר,   נִגְמֶרֶת,   נִגְמָרִים,   נִגְמָרוֹת

זמן עבר

הוא נִגְמַר, היא נִגְמְרָה, הם והן נִגְמרוּ

EXERCISE 20 **תרגיל מספר 20**

Change the sentences from singular to plural.

דן, מתי אתה מתחיל ללמוד?
מתי התוכנית החדשה מתחילה בטלוויזיה?
אני מתחילה לעבוד בשלוש.
השיעור מתחיל בשמונה בבוקר.
מתי אתה גומר את הלימודים?
מתי נגמר השיעור היום?
הוא מדבר ומדבר ולא גומר.
ההרצאה נגמרת בשמונה.

READING B:
PREPARATIONS FOR A PARTY

קטע קריאה ב':
הכנות למסיבה

Orli makes a list of things to do before the party.

הכנות למסיבה:
להזמין את:
אדון וגברת ענבר
אדון וגברת מזרחי
ד"ר וגברת ברנשטיין
אורי
אמנון
רינה
תמר
ההורים של זהבה
המורה שלי, ד"ר שכטר
הבוס של זהבה?
השכנים הנחמדים מקומה ד'.
לקנות:
עוגות, יין, בירה, קוקה קולה, קפה, תה, פירות וגלידה.
לקנות:
עוד כיסאות, כוסות, צלחות וספה גדולה.

Make your own preparations for a party.
1. Make a list of things to do before the party.
2. Call your friends and invite them.
3. Call your best friend and discuss the party with him/her.

LESSON 14 SUMMARY שיעור 14: סיכום

Communicative Skills Introduced in This Lesson

1. How to go shopping for a birthday present
2. How to find out someone's age and date of birth
3. How to count objects
4. How to write invitations to a party

Grammatical Information Introduced in This Lesson

1. Verbs of buying and selling
   Past and present tenses of the verb "to buy"

שם הפועל: לקנות, שורש: ק.נ.ה., בניין: פעל, גזרה: ל"ה
הווה: קונה, קונה, קונים, קונות
עבר: קניתי, קנית, קנית, הוא קנה, היא קנתה,
קנינו, קניתם, קניתן, הם קנו, הן קנו

   Past and present tenses of the verb "to sell"

שם הפועל: למכור, שורש: מ.כ.ר., בניין: פעל, גזרה: שלמים
הווה: מוכר, מוכרת, מוכרים, מוכרות
עבר: מכרתי, מכרת, מכרת, הוא מכר, היא מכרה,
מכרנו, מכרתם, מכרתן, הם מכרו, הן מכרו

2. Age and birthdays

בן כמה אתה? בת כמה את?
אני בן עשרים ואני בת עשרים ואחת.
מתי יום ההולדת שלך? שמונה עשר באפריל.

3. Present and past tenses of verbs in the Hif'il conjugation

שם הפועל: להזמין, שורש: ז.מ.נ., בניין: הפעיל, גזרה: שלמים
הווה: מזמין, מזמינה, מזמינים, מזמינות
עבר: הזמנתי, הזמנת, הזמנת, הוא הזמין, היא הזמינה
הזמנו, הזמנתם, הזמנתן, הם הזמינו, הן הזמינו
שם הפועל: להביא, שורש: ב.ו.א., בניין: הפעיל, גזרה: ע"ו, ל"א
הווה: מביא, מביאה, מביאים, מביאות
עבר: הבאתי, הבאת, הבאת, הוא הביא, היא הביאה
הבאנו, הבאתם, הבאתן, הם הביאו, הן הביאו

4. Verbs of starting and finishing, beginning and ending
   "to start" and "to finish": person initiating and cncluding an event, process, or action

להתחיל ולגמור
אנחנו מתחילים לשחות בשש וגומרים בשש ושלושים
הוא התחיל את ההרצאה בעשר וגמר באחת-עשרה

   "to begin" and "to end": the beginning and the conclusion of an event, process, or action

להתחיל ולהיגמר
הקונצרט מתחיל בתשע ונגמר באחת-עשרה
ההרצאה התחילה מוקדם ונגמרה מאוחר

WORD LIST FOR LESSON 14   אוצר מילים לשיעור 14

Nouns			שמות
	רבים		*יחיד/ה*
doll	בּוּבּוֹת		בּוּבָּה (נ)
guitar	גִּיטָרוֹת		גִּיטָרָה (נ)
invitation	הַזְמָנוֹת		הַזְמָנָה (נ)
preparation	הֲכָנוֹת		הֲכָנָה (נ)
surprise	הַפְתָּעוֹת		הַפְתָּעָה (נ)
holiday	חַגִּים		חַג (ז)
wedding	חֲתוּנוֹת		חֲתוּנָה (נ)
birthday	יְמֵי הוּלֶדֶת		יוֹם הוּלֶדֶת (ז)
hit tune	לְהִיטִים		לָהִיט (ז)
guidebook	מַדְרִיכִים		מַדְרִיךְ (ז)
model	מוֹדֶלִים		מוֹדֶל (ז)
sale	מְכִירוֹת		מְכִירָה (נ)
gift	מַתָּנוֹת		מַתָּנָה (נ)
reason/cause	סִיבּוֹת		סִיבָּה (נ)
story	סִיפּוּרִים		סִיפּוּר (ז)
flower	פְּרָחִים		פֶּרַח (ז)
army			צָבָא (ז)
dish/plate	צַלָּחוֹת		צַלַּחַת (נ)
toy	צַעֲצוּעִים		צַעֲצוּעַ (ז)
shopping	קְנִיּוֹת (נ.ר.)		
cassette	קַלָּטוֹת		קַלֶּטֶת (נ)
novel	רוֹמָנִים		רוֹמָן (ז)
idea	רַעֲיוֹנוֹת		רַעֲיוֹן (ז)
list	רְשִׁימוֹת		רְשִׁימָה (נ)
neighborhood	שְׁכוּנוֹת		שְׁכוּנָה (נ)
watch/clock	שְׁעוֹנִים		שָׁעוֹן (ז)
drum	תוּפִּים		תוֹף (ז)
nursery school teacher	גַּנֶּנֶת		גַּנָּן
millionaire	מִילְיוֹנֶרִית		מִילְיוֹנֶר
relative	קְרוֹבָה		קָרוֹב

Adjectives			תארים
	יחידה		*יחיד*
long	אֲרוּכָּה		אָרוֹךְ
outstanding	יוֹצֵאת מִן הַכְּלָל		יוֹצֵא מִן הַכְּלָל
dear	יְקָרָה		יָקָר

	יחידה	יחיד
adult/mature	מְבוּגֶרֶת	מְבוּגָר
boring	מְשַׁעֲמֶמֶת	מְשַׁעֲמֵם
honorable	נִכְבָּדָה	נִכְבָּד
near	קְרוֹבָה	קָרוֹב
romantic	רוֹמַנְטִית	רוֹמַנְטִי

Verbs: Infinitive, Past, and Present — פעלים

to finish	גָּמַר גוֹמֵר	לִגְמוֹר
to prepare	הֵכִין מֵכִין	לְהָכִין
to invite	הִזְמִין מַזְמִין	לְהַזְמִין את/ל
to celebrate	חָגַג חוֹגֵג	לַחֲגוֹג
to buy	מָכַר מוֹכֵר	לִמְכּוֹר
to hope	קִיוָּה מְקַוֶּה	לְקַווֹת
to begin	הִתְחִיל מַתְחִיל	לְהַתְחִיל
to end	נִגְמַר נִגְמָר	לְהִיגָּמֵר
to bring	הֵבִיא מֵבִיא	לְהָבִיא
to count	סָפַר סוֹפֵר	לִסְפּוֹר
to give	נָתַן נוֹתֵן	לָתֵת

Particles, Prepositions, and Adverbs — מילות ותארי פועל

so/then	אָז
exactly	בְּדִיּוּק
approximately	בְּעֵרֶך
before	לִפְנֵי
soon	עוֹד מְעַט
less	פָּחוֹת

Expressions and Phrases — ביטויים וצירופים

Dear Sir	אָדוֹן יָקָר, אָדוֹן נִכְבָּד
Respectfully yours	בְּכָבוֹד רַב
On sale	בִּמְכִירָה
How old are you? (m)	בֶּן כַּמָּה אַתָּה?
How old are you? (f)	בַּת כַּמָּה אַתְּ?
next year	בַּשָּׁנָה הַבָּאָה
last year	בַּשָּׁנָה שֶׁעָבְרָה
etc.	וְעוֹד
It is a pity	חֲבָל
grocery store	חֲנוּת מַכּוֹלֶת
to go shopping	לָלֶכֶת לִקְנִיּוֹת

מְסִיבַּת הַפְתָּעָה (נ) מְסִיבּוֹת הַפְתָּעָה	surprise party
מֶרְכַּז קְנִיּוֹת (ז)	shopping center
סִיפּוּר אַהֲבָה (ז)	love story
סֵפֶר בִּישׁוּל (ז) סִפְרֵי בִּישׁוּל	cookbook

שיעור מספר 15   LESSON 15

חלק א׳   **PART A**

שיחון א׳:
שכונה שֶׁטוֹב לגור בָּהּ

DIALOGUE A:
A GREAT NEIGHBORHOOD

(אבי, כתב תוכנית הטלוויזיה "לילה טוב, ישראל", בא לדבר עם אנשים בשכונה.)

אבי: העיר שלנו היא עיר גדולה, אבל יש בה שכונות קטנות ושקטות. באנו לראות את אחת השכונות
האלה. אנחנו נפגשים הבוקר עם אנשים שגרים בה. אנחנו נמצאים על יד תחנת האוטובוסים
ואני מדבר עם ד״ר נחום ברנשטיין. אתה מוכן לספר לנו על השכונה?

נחום: בְּרָצוֹן! השכונה שלנו נמצאת לא רָחוֹק מִמֶּרכז העיר. זאת שכונה שקֵטָה ויָפָה. אין בָּהּ הרבה
בניינים גבוהים והרחובות קטנים ויָפים. יש בה רחוב רָאשִׁי אחד ובָרחוב הזה יש חנויות קטנות,
משׂרַד דוֹאַר, בנק, בית קולנוע, ותַחֲנַת מִשטָרָה. בָּמֶרכז יש כִּיכָּר יפה ומסביב לכיכר מספר בתי
קפה וחנויות. יש לנו שני בָּתֵּי סֵפֶר: בית ספר יסוֹדי ובית ספר תִיכוֹן קָרוֹב לבית הספר התיכון
יש גם בֵּית כְּנֶסֶת, בְּקיצוּר, יש הכל!

אבי: ואיפה אתה גר?

נחום: אני גר ברחוב הרצל על יד הגן הגדול.

אבי: ואיפה אתה עובד?

נחום: אני עובד בבֵית חולים בָּעיר.

אבי: ואתה נוסע לעבודה כל יום?

נחום: כן. זאת לא בעייה. יש תַחבּוּרָה מצוּיֶינת. קרוב לבית שלי נמצאת תחנת אוטובוסים, וכל בוקר אני
נוסע העירה לעבודה באוטובוס וגם חוזר הביתה באוטובוס.

אבי: אתה חושב שהשכונה הזאת היא שכונה אִידֵאָלִית למשפחות עם ילדים?

נחום: אֵין סָפֵק! טוב לגור כאן.

אבי: פַּעַם כל העיר היתה עיר קטנה. פעם זאת היתה עיר שקטה, אבל עכשיו העיר שלנו היא עיר
גדולה וקָשֶׁה למשפחות עם ילדים לגור בה. השכונה הזאת היא שכונה קטנה ואנשים אוהבים
לגור בה.

שאלות

1. למה אבי בא לשכונה שלנו?
2. עם מי הוא נפגש ועם מי הוא מדבר?
3. מה נחום מספר על השכונה?
4. איפה מקום העבודה של נחום?
5. יש הרבה בניינים גבוהים בשכונה?
6. איפה נמצאים בתי הקפה, החנויות, הבנק והדואר?
7. מה יש במרכז השכונה?
8. האם יש בית כנסת בשכונה שלנו?
9. למה זה מקום טוב למשפחות עם ילדים?
10. מה אין בשכונה ויש בעיר?

There Is No Place Like Home!

home	הַבַּיִת
my home	הבית שלי נמצא ברחוב הרצל.
to home	אני באה הביתה בערב.
from home	אני יוצאת מהבית בשבע.
at home	הספרים נמצאים בבית.

the town	הָעִיר
(down)town	העיר היא מקום טוב לקניות.
to town	אני באה העירה לקניות.
from town	אני נוסעת מהעיר בלילה.
in town	מרכז הקניות נמצא בעיר.

The noun + directional suffix ָה can usually be found after directional verbs.

ל + הבית ⇐ הַבַּיְתָה   ל + העיר ⇐ הָעִירָה

to come home	לבוא הביתה
to return home	לחזור הביתה
to go home	ללכת הביתה
to travel home	לנסוע הביתה

to come to town	לבוא העירה
to return to town	לחזור העירה
to go to town	ללכת העירה
to travel to town	לנסוע העירה

EXERCISE 1 — תרגיל מספר 1

Write sentences with the following verbs and complete with הביתה/העירה.

זמן הווה: לחזור, לנסוע, לבוא, ללכת, לרוץ + הביתה/העירה

1. אנחנו נוסעים העירה לעבודה מוקדם בבוקר.
2. ______.
3. ______.
4. ______.
5. ______.
6. ______.

זמן עבר: לחזור, לנסוע, לבוא, ללכת, לרוץ + הביתה/העירה

7. חזרנו הביתה מהעבודה מאוחר בערב.
8. ______.
9. ______.
10. ______.
11. ______.
12. ______.
13. ______.
14. ______.

NIF'AL CONJUGATION: PRESENT TENSE — הווה בבניין נפעל

The verb stem of past and present tense verb forms in Nif'al conjugation is characterized by the prefix /ni-/; it precedes the first radical and is part of the verb stem.

An example is the verb להיפגש.

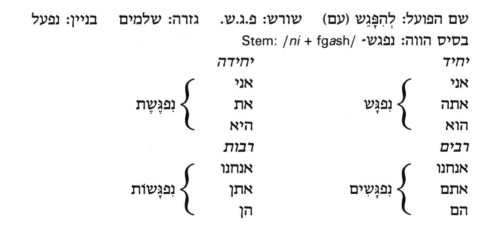

שם הפועל: לְהִפָּגֵשׁ (עם)   שורש: פ.ג.ש.   גזרה: שלמים   בניין: נפעל

בסיס הווה: נפגש- Stem: /*ni* + fg*a*sh/

יחיד		יחידה	
אני, אתה, הוא	נִפְגָּשׁ	אני, את, היא	נִפְגֶּשֶׁת
רבים		**רבות**	
אנחנו, אתם, הם	נִפְגָּשִׁים	אנחנו, אתן, הן	נִפְגָּשׁוֹת

Note: The verbs לְהִיפָּגֵשׁ and לִפְגּוֹשׁ are very close in meaning. The Pa'al לִפְגּוֹשׁ means "to meet/encounter" and is followed by a direct object.
The Nif'al לְהִיפָּגֵשׁ means "to get together/meet" and is followed by the preposition עִם "with".

Identical meanings

I am meeting Dalia in a coffeehouse.	אני פוגש את דליה בבית קפה.
I am meeting Dalia in a coffeehouse.	אני נפגש עם דליה בבית קפה.

Different meanings

I encountered (ran into) Dalia in the street.	פגשתי את דליה ברחוב.
We are getting together in a coffeehouse.	אנחנו נפגשים בבית קפה.

Here are two more verbs in Nif'al Conjugation.

to enter/come in	לְהִיכָּנֵס ל-
to stay/remain	לְהִישָּׁאֵר ב-

EXERCISE 2 **תרגיל מספר 2**

Derive the present tense forms of the following verbs.

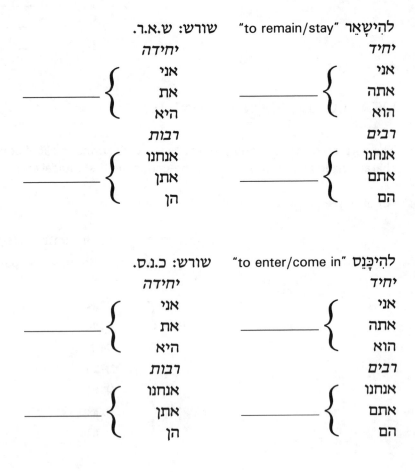

לְהִישָּׁאֵר "to remain/stay" שורש: ש.א.ר.

יחיד		*יחידה*	
אני / אתה / הוא	______	אני / את / היא	______
רבים		*רבות*	
אנחנו / אתם / הם	______	אנחנו / אתן / הן	______

לְהִיכָּנֵס "to enter/come in" שורש: כ.נ.ס.

יחיד		*יחידה*	
אני / אתה / הוא	______	אני / את / היא	______
רבים		*רבות*	
אנחנו / אתם / הם	______	אנחנו / אתן / הן	______

EXERCISE 3 — תרגיל מספר 3

Complete the sentences with the appropriate verbs and prepositions, if needed.

לְהִישָׁאֵר, לְהִיכָּנֵס, לְהִיפָּגֵש

1. אנחנו _______ _______ שיעור של ד"ר שכטר לשמוע הרצאה.
2. את _______ _______ דני לארוחת צהריים?
3. אתן _______ _______ בית או הולכים לשיעור?
4. משה ודוד לא _______ _______ בית של יוסי, כי הוא לא נמצא בבית.
5. למה אתה לא _______ לארוחת ערב?
6. אני לא _______ _______ דליה. היא לא באה לבית הקפה היום.
7. דן _______ _______ ההורים שלו במסעדה.
8. הן _______ _______ משרד בערב, כי יש להן הרבה עבודה.
9. דליה _______ _______ בבית קפה. הם תמיד _______ בבית קפה.
10. אתה _______ _______ שיעור, או _______ בחוץ?

Here are the present tense forms of the verb להימצא "to be (located/found) at."

שם הפועל: לְהִימָצֵא (ב)   שורש: מ.צ.א.   גזרה: ל"א   בניין: נפעל

בסיס הווה: נמצא-

יחיד		*יחידה*	
אני, אתה, הוא	נִמְצָא	אני, את, היא	נִמְצֵאת
רבים		*רבות*	
אנחנו, אתם, הם	נִמְצָאִים	אנחנו, אתן, הן	נִמְצָאוֹת

Note the absence of vowel under the 'א in the feminine forms.

ADVERBS OF PROXIMITY

איפה הבית נמצא?

רָחוֹק מ- far from
קָרוֹב ל- close to
עַל יָד next to

EXERCISE 4 תרגיל מספר 4

Answer the following questions using the three adverbial expressions and the verb נמצא. Use the noun in parentheses in your answer.

איפה נמצאת האוניברסיטה? (הבנק)
האוניברסיטה נמצאת קרוב לבנק.
האוניברסיטה נמצאת רחוק מהבנק.
האוניברסיטה נמצאת על יד הבנק.

1. איפה ______ הבנק? (הסופרמרקט)
2. איפה ______ הסופרמרקט? (הבית שלנו)
3. איפה ______ הבית שלנו? (הגן הגדול)
4. איפה ______ הגן הגדול? (המסעדה הסינית)
5. איפה ______ המסעדה הסינית? (החנויות היפות)
6. איפה ______ החנויות היפות? (הבניינים החדשים)
7. איפה ______ הבניינים החדשים? (הרחוב הראשי)
8. איפה ______ הרחוב הראשי? (תחנת האוטובוסים)
9. איפה ______ תחנת האוטובוסים? (הדואר)
10. איפה ______ הדואר? מספיק כבר!

SPEECH PATTERNS תבניות לשון

הם לומדים בבית הספר החדש. יש בו מורים טובים.
הסטודנטים גרים בחדרים קטנים. אין בהם הרבה מקום.
יש בארץ ערים יפות. יש בהן הרבה מה לראות.

The preposition -ב with an appropriate pronoun suffix is used to refer to a previously mentioned location phrase in the text.

בּוֹ/בָּהּ in it/in which
בָּהֶם/בָּהֶן in them/in which

There are several ways to translate this referential preposition.

אנחנו גרים בעיר גדולה. יש בה הרבה אנשים.

We live *in a large town. It has* many people.
We live *in a large town in which* there are many people.
We live *in a large town.* There are many people *in it.*

EXERCISE 5 — תרגיל מספר 5

Complete the sentences with the preposition -ב plus suffix.

1. השכונה שלנו היא שכונה נחמדה. אנחנו גרים ______ הרבה זמן.
2. הדירות של השכנים שלנו גדולות. יש ______ הרבה חדרים.
3. החדר של אורי בקומה ג׳. יש ______ טלפון ורדיו.
4. בתי הספר האלה חדשים. אין ______ הרבה תלמידים.
5. הגנים בעיר קטנים. אין ______ מגרשי טניס.

Not only preposition + third person suffixes are used in such references.
The location adverbs שָׁם/כָּאן (פֹּה) can be used as well.

In our neighborhood there are no big stores.	בשכונה שלנו אין חנויות גדולות.
There are only small stores *here*.	יש כאן רק חנויות קטנות.
In the dorms there are many students.	במעונות יש הרבה סטודנטים.
There is a lot of noise *there*.	יש שם הרבה רעש.

שיחון ב׳:
שכונה שטוב לגור בה (המשך)

DIALOGUE B:
A GREAT NEIGHBORHOOD (CONTINUED)

אבי: אנחנו נמצאים עכשיו קרוב לבית הספר ולגן גדול ויפה. אני מדבר עם בחורה צעירה, זהבה גוטמן. אני רוצה לדעת למה צעירים אוהבים לגור כאן. זהבה, את יכולה לספר לנו למה את גרה בשכונה הזאת?

זהבה: זה מקום שָקֵט ויפה ויש בו גנים נחמדים. יש פארק אחד לא רחוק מהבית שלי. יש בפארק מִגרשי טניס ובְרֵיכָה. הרבה צעירים באים לשם לשַחֵק כַּדּוּרסַל או טניס. אני נפגשת שם עם כל החברים שלי אחרי העבודה.

אבי: רק צְעִירִים באים לפארק?

זהבה: מה פתאום? הרבה משפחות עם ילדים אוהבות לבוא לשם. הילדים הקטנים אוהבים לבוא, כי יש שם קִיוֹסק ובו אפשר לקנות גלִידָה מצויינת. אנשים שרוצים מקום שָקֵט הולכים לגן הקטן. הגן הקטן נמצא רחוק מהרחוב הראשי ורחוק מהפארק הגדול. אין שם הרבה רעש – יש שם דֶשֶא, עֵצִים ופְרָחִים.

אבי: מי בא לשם?

זהבה: כּוּלָם. נעים לשבת שם. גם אני אוהבת ללכת לְשָם, לשבת על הדשא ולקרוא ספר.

אבי: טוב לשמוע על המקומות היפים האלה בשכונה שלכם. פעם היו הרבה מקומות שקטים אבל עכשיו קשה למצוא שכונות שקטות בעיר. צוֹפִים יקָרִים, אם אתם רוצים למצוא שֶקֶט ושַלְוָה – זה המקום!

סמן נכון/לא נכון.

	נכון	לא נכון
1. לזהבה גוטמן לא חשוב איפה היא גרה.	____	____
2. בגן הקטן אין רעש כי יש שם רק מגרשי טניס.	____	____
3. זהבה לא אוהבת ללכת לגן הקטן – רק לפארק הגדול.	____	____
4. לא רק אנשים זקנים הולכים לגן הקטן.	____	____
5. אין בריכה כי הים נמצא קרוב לשכונה.	____	____
6. זהבה חושבת שטוב לגור בשכונה.	____	____

ספר/י על השכונה שלך.

תבניות לשון
SPEECH PATTERNS

נָעִים פֹּה.
טוֹב לגור כאן.
קָשֶה לגור בעיר.
חָשוּב לגור במקום יפה.

GENERAL STATEMENTS WITH IMPERSONAL SUBJECTS נושאים סתמיים

There are several ways to express general statements with impersonal subjects. In English the pronoun "it" is often used for such statements.
There is no such pronoun in Hebrew; these statements are generally made without any subject pronouns at all.

"It Is" Statements in Hebrew

Sentences that usually start with "it is" + adjective in English start in Hebrew with the masculine singular form of the adjective.

טוֹב	it is good	לא טוב	it is not good
נָעִים	it is pleasant	לא נעים	it is unpleasant
קָשֶׁה	it is difficult	לא קשה	it is not difficult
חָשׁוּב	it is important	לא חשוב	it is not important
נֶחְמָד	it is nice	לא נחמד	it is not nice

This form of the adjective never changes – It is not affected by number of gender considerations.

The past tense forms of these expressions use the masculine singular form of the verb "to be." The expressions are fixed.

היה טוב	לא היה טוב
היה נעים	לא היה נעים
היה קשה	לא היה קשה
היה חשוב	לא היה חשוב
היה נחמד	לא היה נחמד

EXERCISE 6 תרגיל מספר 6

טוב לשחק טניס כל יום.
לא טוב ______________________

נעים לשבת בגן אחרי הצהריים.
לא נעים ______________________

קשה לעבוד אם רוצים ללכת לים.
לא קשה ______________________

חשוב למצוא זמן גם לספורט.
לא חשוב ______________________

EXERCISE 7	תרגיל מספר 7

Change the expressions to past tense.

לא טוב   רק לשבת בבית.

_____

נעים   לשבת בגן אחרי הצהריים.

_____

לא קשה   לעבוד הרבה אם רוצים לגמור את העבודה.

_____

נחמד   לפגוש אתכם כאן.

_____

חשוב   להיפגש עם חברים טובים.
לא חשוב
_____

General Statements

In Hebrew one often expresses general statements without using a subject. The subject is impersonal, and it is not overtly expressed. The verb has a third person, masculine, plural form. In English, the impersonal subject is often expressed by "one", "you", or "they," which do not refer to any specific individual.

Here one works hard.   כאן עובדים קָשֶׁה.
Here you work hard.
Here they work hard.

The general meaning of these sentences can also be stated with such a subject as כולם, אנשים "people" or "everybody."

People work hard here.   אנשים עובדים קשה כאן.
Everybody works hard here.   כולם עובדים קשה כאן.

EXERCISE 8	תרגיל מספר 8

Use the following verbs to complete the impersonal statements.
לשבת, ללכת, לרצות, לנסוע, לחזור, לבוא, לרוץ, לשחות, לקנות, לפגוש, לשתות

אם _____ לשחק טניס – _____ לפארק.

_____ לפארק לקנות גלידה.

_____ אנשים במגרשי הטניס.

אחרי המסיבה _____ הביתה מאוחר.

בימים יפים __________ בים.
מוקדם בבוקר __________ בפארק.
__________ לעבודה באוטובוס או במכונית.
__________ לחמניות בחנות.
ביום ששי אחרי הצהריים __________ בבית קפה.
אחרי הצהריים __________ קפה בפארק.

EXERCISE 9 — תרגיל מספר 9

Use the following verbs to complete the impersonal statements.

לשבת, ללכת, לרצות, לעשות, לנסוע, לחזור, לבוא, לרוץ, לקנות, להתרחץ, לקנות, לאכול, לשתות, לקרוא

מה עושים בשכונה שלנו?

בשכונה שלנו __________ העירה בבוקר לעבודה ו__________ הביתה בערב.
__________ גלידה בקיוסק שבפארק ו__________ בבתי הקפה במרכז השכונה.
__________ לפארק אם __________ לשחק טניס, ו__________ לגן הקטן,
אם __________ לשבת ולקרוא ספר או עיתון. __________ ספרים ועיתונים
בחנות של אלכס רוזן. לשם __________ הרבה אנשים לקנות ספרים. בערב
__________ למסעדה הקטנה של ישראל ושם __________ פיצה
ו__________ בירה.

בשכונה שלנו __________ הרבה ו__________ הרבה.

LINKING SUBJECT AND PREDICATE: THE אוגד

In present tense, the third person pronoun can be used as a link between subject and noun predicate. The Hebrew term for such a linking item is אוגד.

הגן הזה <u>הוא</u> גן יפה.
השכונה הזאת <u>היא</u> שכונה נחמדה.
הבתים האלה <u>הם</u> בתים חדשים.
הנשים האלה <u>הן</u> פקידות בבנק.

EXERCISE 10 — תרגיל מספר 10

Add the אוגד: הן, הם, היא, or הוא.

1. הילד הקטן ______ בן של חברים שלנו.
2. דליה לביא ______ השכנה שלי ברחוב הרצל.
3. רק התלמידים החדשים ______ תלמידים לעברית.
4. גם התלמידות שלי ______ סטודנטיות מאמריקה.
5. גם השכונה של דן ______ שכונה שקטה.
6. רק החנויות ברחוב הראשי ______ חנויות חדשות.
7. תוכנית הטלויזיה "לילה טוב, ישראל" ______ לא תוכנית חדשה.
8. האורחות מירושלים ______ האורחות שלי.
9. הבניין הזה ______ בניין של ארכיטקט ישראלי.
10. הסרטים השבוע ______ לא סרטים מעניינים.

The אוגד in Past Tense

In the past tense, the third person forms of the verb "to be" perform in the same linking function as the pronouns in the present tense. Since in English there is an identical use of the verb, this usage does not present particular problems. The Hebrew form has to match the number and gender of the subject.

הווה	*עבר*
הסרט הוא סרט חדש	הסרט היה סרט חדש
המסיבה היא מסיבה טובה	המסיבה היתה מסיבה טובה
האורחים הם אורחים מיפן	האורחים היו אורחים מיפן
השכנות שלנו הן פקידות בבנק	השכנות שלנו היו פקידות בבנק

EXERCISE 11 — תרגיל מספר 11

Add the אוגד: היו, היתה, or היה.

1. הילד הבלונדיני ______ התלמיד שלי.
2. הבחורה מצרפת ______ השכנה שלי ברחוב הרצל.
3. הסטודנטים האמריקאים ______ תלמידים לעברית.
4. כל התלמידות שלי ______ תלמידות מארגנטינה.
5. הרחובות בשכונה ______ רחובות שקטים.
6. החנויות הישנות ______ חנויות טובות.
7. תוכנית הטלויזיה ______ תוכנית משעממת.
8. האורחות מירושלים לא ______ האורחות שלי.
9. הבניין הגבוה במרכז העיר ______ פעם מלון יפה.
10. הספרים בספריה לא ______ ספרים חדשים.

Once upon a Time There Was...   ...פַּעַם הָיָה

$$
\text{יֵשׁ} \left\{\begin{array}{l}\text{הָיָה}\\ \text{הָיְתָה}\\ \text{הָיוּ}\end{array}\right. \qquad \text{אֵין} \qquad \left.\begin{array}{l}\text{לֹא הָיָה}\\ \text{לֹא הָיְתָה}\\ \text{לֹא הָיוּ}\end{array}\right\}
$$

The expression יֵשׁ in the present tense "there is/there are" and its negation אֵין
"there isn't/there aren't" consist of one word: יש or אין, regardless if the subject is
singular or plural, masculine or feminine. However, when these expressions are in the
past tense, the verb "to be" is used, and when the verb is used, there is an
agreement between the gender and number of the subject and the verb form. The
word order of the present and past tense sentences is identical.

עבר	הווה
היה בשכונה גן יפה.	יש בשכונה גן יפה.
היתה בגן בריכה גדולה.	יש בגן בריכה גדולה.
היו בגן ספסלים נוחים.	יש בגן ספסלים נוחים.
לא היה בגן הרבה רעש.	אין בגן הרבה רעש.
לא היתה בגן חנות גלידה.	אין בגן חנות גלידה.
לא היו בגן מוכרי עיתונים.	אין בגן מוכרי עיתונים.

ADDITIONAL TIME ADVERBS

once	פַּעַם
never	אַף פַּעַם (אֵין/לֹא)

Study the use of פעם and אף פעם in the following examples.

פעם היו כאן הרבה עצים ועכשיו יש הרבה בתים.

אף פעם לא היו כאן בניינים גבוהים גם עכשיו אין כאן בניינים גבוהים.

אף פעם אין מספיק זמן לכל!

EXERCISE 12	תרגיל מספר 12

Choose items from the five columns and combine them into positive and negative
sentences, following the example.

5	4	3	2	1
פארק	ב	ילדים קטנים	היה	פעם
עיר		הרבה אנשים	היתה	אף פעם לא
הרחוב שלנו		ספריה טובה	היו	
מרכז העיר		חנות פרחים		
השכונה שלנו		מרכזי קניות		
הרחוב הראשי		בריכה יפה		

פעם היתה בריכה יפה בפארק.
אף פעם לא היתה בריכה יפה בפארק.

Choose items from the five columns and combine them into positive and negative sentences, following the examples.

1	2	3	4	5
פעם	אני	ב	פארק	עם דן
אף פעם לא	אתם		עיר	בערב
	את		בית קפה	לבד
	דן		התיאטרון	עם דינה
	אנחנו		המעונות	לארוחת ערב
	אתה		השכונה	לכוס קפה
	אורלי		הבית שלכם	בבוקר

פעם היינו בבית שלכם לארוחת ערב.
אף פעם לא היינו בבית שלכם לארוחת ערב.

EXERCISE 13 — תרגיל מספר 13

Read the advertisements and answer them: by phone, by letter, or by visit.

מודעות לדירות ובתים בשכונה שלנו
Newspaper advertisements for apartments and houses in our neighborhood

דירות ובתים למכירה

שלושה חדרים
בית משותף
מעלית ושוֹמֵר בבניין
אידאלי לזוג צעיר
טלפון בבית 53-67-05
טלפון בעבודה 23-18-69

בית פרטי על יד בית ספר יסודי
מטבח מודרני. בריכה בסביבה.
אידאלי למשפחה עם ילדים.
סוכנות "בית וגן" בשעות היום
בשעות הערב – טל: 39-52-67

דירות ובתים לשכירה

דירה קרוב לשׂפת הים
בניין רַב-קוֹמוֹת
מעלית ושומר בבניין
בלי ילדים, בלי חתולים ובלי כלבים
טלפון בבית 42-16-47
רק בשעות הערב!

משפחה נוסעת לשבתון
וילה פרטית בכרמל על יד האוניברסיטה
ששה חדרים גדולים
דירה מרוהטת
טלפון: 31-40-98 גם ביום וגם בערב

חלק ב׳ PART B

שיחון ג׳: עולם הספורט של עוזי — DIALOGUE C: UZI'S SPORT WORLD

(המקום: חנות הספורט של עוזי ענבר.)
(המשתתפים: אבי מ"לילה טוב, ישראל.")
(עוזי ענבר, מנהל חנות הספורט.)

אבי: אנחנו עכשיו ברחוב הראשי. יש כאן הרבה חנויות. אני רואה חנות ספרים, חנות ספורט, סופרמרקט גדול וחנות מכולת קטנה. אנחנו הולכים עכשיו לחנות הספורט לדבר עם האנשים שנמצאים בחנות.

(בחנות הספורט)

אבי: שלום. מי אתה?
עוזי: מי רוצה לדעת?
אבי: אני כַּתַּב טֶלֶוִויזְיָה.
עוזי: שמי עוזי ענבר וזאת חנות הספורט שלי.
אבי: חנות נחמדה. בגדי ספורט, ציוד ספורט – הכל. איך העסקים?
עוזי: תודה לאל. העסקים טובים מאוד. אנשים אוהבים לעסוק בספורט והם קונים הרבה דברים.
אבי: מה אתם מוכרים?
עוזי: אנחנו מוכרים הכל – בִּגְדֵי טניס, נַעֲלֵי הִתעמלות, כַּדּוּרֵי טניס מִכָּל הצבָעִים: לָבָן, צָהוֹב, אָדוֹם, יָרוֹק... כל צֶבַע שאתה רק רוצה. בִּגְדֵי יָם, מִשקְפֵי שֶׁמֶשׁ, ציוד מַחֲנָאוּת.
אבי: פעם היתה כאן חנות ספרים. נכון?
עוזי: עבדתי בחנות ההיא. החנות נִסגְרָה אבל אני נִשְׁאַרְתִּי בשכונה ופתחתי חנות ספורט.
אבי: והבניין מִמּוּל?
עוזי: פעם היתה כאן חנות מַכּוֹלֶת קטנה ולפני שנה נִפְתַּח כאן סופרמרקט גדול וחדש. אנשים לא אוהבים חנויות קטנות וישנות.
אבי: אבל אדון ענבר, אני רואה הרבה חנויות קטנות בשכונה שלכם.
עוזי: כן, אבל אין הרבה קונים. כולם הולכים למרכזי הקניות החדשים.
אבי: אבל הם באים לחנות שלך. כל הכבוד לך, עוזי, ובהַצלָחָה!

תבניות לשון — SPEECH PATTERNS

אתמול נפגשנו בבית של דוד. היום נפגשנו ברחוב. אנחנו נפגשים כל יום במקום אחר.

עבר בבניין נפעל — NIF'AL CONJUGATION: PAST TENSE

The verb stem of past (and present) tense verb forms in Nif'al conjugation is characterized by an initial /ni-/; it precedes the first radical and is part of the verb stem.

An example is the verb להיפגש.

שם הפועל: לְהִיפָּגֵש שורש: פ.ג.ש. גזרה: שלמים בניין: נפעל

בסיס העבר: נפגש-

(אני)	נִפְגַּשְׁתִּי		
(אתה)	נִפְגַּשְׁתָּ	הוא	נִפְגַּש
(את)	נִפְגַּשְׁתְּ	היא	נִפְגְּשָׁה
(אנחנו)	נִפְגַּשְׁנוּ		
(אתם)	נִפְגַּשְׁתֶּם	הם	נִפְגְּשׁוּ
(אתן)	נִפְגַּשְׁתֶּן	הן	נִפְגְּשׁוּ

Notes on Meanings of Some Nif'al verbs

Some Nif'al verbs have a reciprocal meaning in the plural forms which includes the notion of "each other" or "one another".

להיפגש: נפגשנו באוניברסיטה. — We met (each other) at the university.
להיפרד: נפרדנו בשדה התעופה. — We parted (from each other) at the airport.

EXERCISE 14 **תרגיל מספר 14**

עבר: להישאר

אני _____ בבית עם הילדים שלי.

מישהו _____ בכיתה? לא. אף אחד לא _____ בכיתה.

עבר: להיפגש

דן, עם מי _____ אתמול בצהריים?

_____ עם חברים מבית הספר שלי.

עבר: להיכנס

הייתם בעיר. למה לא _____ לחנות שלנו?

לא _____ לחנות שלכם, כי היינו עסוקים מאוד.

עבר: להיפרד

דינה לא _____ מדן. היא לא אוהבת להיפרד מאנשים.

דן _____ מאשתו. הוא לא אוהב אותה.

EXERCISE 15 **תרגיל מספר 15**

Fill in the missing verbs according to the example. The verb is included in the present tense and should be completed in past tense.

קודם נפגשתי עם דוד ועכשיו אני נפגשת עם ההורים שלו.

1. קודם דוד _____ ממני ועכשיו הוא נפרד מההורים שלו.
2. קודם _____ לבניין ועכשיו אנחנו נכנסים לדירה שלנו.
3. פעם _____ לבד בבית אבל עכשיו אני לא נשארת לבד בבית.

4. קודם אנחנו _____ מדן ורק עכשיו אנחנו נפרדים מהילדים שלו.

5. פעם הספריה _____ בעשר אבל עכשיו היא נסגרת בחצות.

6. פעם המשרד _____ בבוקר ועכשיו הוא נפתח רק בצהריים.

7. קודם הן לא _____ הביתה ועכשיו הן נכנסות הביתה.

8. פעם הם לא _____ כל שבוע ועכשיו הם נפגשים כל יום.

9. פעם אתן _____ עם המורה שלכן ועכשיו אתן כבר לא נפגשות איתו.

10. קודם היא _____ מדוד ועכשיו היא נפרדת מאורי. כולם נוסעים לאילת – רק היא נשארת בעיר.

Some Nif'al verbs have a passive meaning. This passive function is used for the most part in the third person.

The shop was closed at 7:30.

The office was opened at 9:00.

להיסגר: החנות נסגרה ב-7:30.

להיפתח: המשרד נפתח ב-9:00.

EXERCISE 16   **תרגיל מספר 16**

Change the sentences from a Pa'al active verb to a Nif'al passive verb. Don't forget that the object of the Pa'al verb becomes the subject of the Nif'al verb.

החנות נסגרה בשבע.	סגרתי את החנות בשבע.
הספר	הוא פתח את הספר.
הדלת _____	הם סגרו את הדלת.
העבודה _____	גמרנו את העבודה בזמן.
הבריכה _____	סגרו את הבריכה לחורף.
בית הספר _____	פותחים את בית הספר כל בוקר.

"CONSTRUCT" PHRASES: REVIEW AND ADDITIONAL NOTES   סמיכות

Phrases that combine nouns are called "construct phrases," סמיכות in Hebrew. They are sequences of nouns: one constitutes the nucleus noun of the phrase, and the other modifies it.

Let's look at some examples.

bookstore	חנות ספרים
clothing store	חנות בגדים

The noun חנות "store" is the main noun in the phrase (the nucleus), while the second noun describes and defines it.

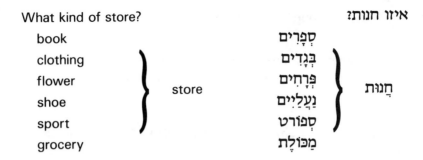

		What kind of store?	אֵיזוֹ חֲנוּת?
book		סְפָרִים	
clothing		בְּגָדִים	
flower	} store	פְּרָחִים	} חֲנוּת
shoe		נַעֲלַיִים	
sport		סְפּוֹרְט	
grocery		מַכֹּלֶת	

Word Order   סדר מילים

The first thing that can be noticed about the difference between Hebrew phrases and similar ones in English is the word order. In Hebrew the phrase begins with the nucleus noun while in English it begins with the modifying noun.

Noun 1 (modifier)	+ Noun 2 (nucleus)	Noun 2 (modifier) +	Noun 1 (nucleus)
basketball	+ court	כדורסל +	מגרש
tennis	+ court	טניס +	מגרש
badminton	+ court	בדמינטון +	מגרש

From Singular to Plural

When a construct phrase is changed from singular to plural, the first noun is changed to plural. The noun חנות "store" changes to חנויות "stores." The modifier noun does not undergo any change. This is true in both Hebrew and English.

book		ספרים	
clothing		בגדים	
flower	} stores	פרחים	} חֲנוּיוֹת
shoe		נעליים	
sport		ספורט	

Gender and Number Features

The gender and number of the phrase is determined by the nucleus noun.

רבים	יחיד
בָּתֵּי קפה (ז.ר.)	בֵּית קפה (ז) coffeehouse
מִגְרְשֵׁי טניס (ז.ר.)	מגרש טניס (ז) tennis court
חנויות ספרים (ז.ר.)	חנות ספרים (נ) bookstore
עוּגוֹת שוקולד (נ.ר.)	עוּגַת שוקולד (נ) chocolate cake

Shape Changes in the Nucleus Noun

The first noun of a סמיכות sometimes undergoes a change in shape.
The change may be in the vowel composition or in the change or loss of a consonant
at the end of the word.

1. In feminine nouns ending in /-ah/, /-ah/ changes to /-t/ (ה to ת). For example,
עוּגָה becomes עוּגַת שוקולד.

Independent form of the noun (literally "separate noun")	שם נפרד: עוגה
First noun of the phrase (literally "supported noun")	שם נסמך: עוגת-
Second noun of the phrase (literally "supporting noun")	שם סומך: שוקולד
Construct phrase: noun+noun phrase	צירוף סמיכות: עוגת שוקולד

EXERCISE 17   **תרגיל מספר 17**

Complete.

שם נפרד:	תלמידה
שם נסמך:	_____
שם סומך:	אוניברסיטה
סמיכות:	_____
שם נפרד:	תחנה
שם נסמך:	_____
שם סומך:	אוטובוסים
סמיכות:	_____
שם נפרד:	ארוחה
שם נסמך:	_____
שם סומך:	צהריים
סמיכות:	_____

2. Many plural nouns end with the suffix -im ים-. If that plural noun is the first noun of
a construct phrase, it changes its shape in the following way:

שם נפרד:	דָגִים
שם נסמך:	דְגֵי-
שם סומך:	יָם
צירוף סמיכות:	דְגֵי יָם

ocean/sea fish

3. Changes in vowel composition occur in several nouns. Both vowel changes and changes in stress occur in the following nouns:

	צירוף סמיכות	שם נסמך	שם נפרד
school	בית ספר	בית-	בית
	BET-SEfer	BET	BAyit
dining room	חדר-אוכל	חדר-	חדר
	chaDAR-Ochel	chaDAR-	CHEder
the Cohen family	משפחת כהן	משפחת-	משפחה
	mishPAchat COhen	mishPAchat-	mishpaCHA
swimming suits	בגדי-ים	בגדי-	בגדים
	bigDEY-YAM	bigDEY	bgaDIM

4. Many nouns, especially with feminine singular ending of /t/ and plural feminine endings do not change their shape when they are the first noun of the construct phrase.

	צירוף סמיכות	שם נסמך	שם נפרד
bookstore	חנות ספרים	חנות-	חנות
wine glasses	כוסות יין	כוסות-	כוסות
bottle of juice	בקבוק מיץ	בקבוק-	בקבוק
suspense movie	סרט מתח	סרט-	סרט

EXERCISE 18 **תרגיל מספר 18**

Complete, following the example:
Example:

דוגמא:
שם נפרד: סיפורים
שם נסמך: *סיפורי-*
שם סומך: אהבה
צירוף סמיכות: *סיפורי אהבה*
love stories

שם נפרד: ספרים
שם נסמך:
שם סומך: לימוד
צירוף סמיכות: ____________________
textbooks

שם נפרד: נעליים
שם נסמך:
שם סומך: התעמלות
צירוף סמיכות: ____________________
gym shoes

שם נפרד: חדרים
שם נסמך:
שם סומך: שינה
צירוף סמיכות: ________________ bedrooms

שם נפרד: תלמידים
שם נסמך:
שם סומך: תיכון
צירוף סמיכות: ________________ high school students

שם נפרד: שיעורים
שם נסמך:
שם סומך: בית
צירוף סמיכות: ________________ homework

EXERCISE 19 **תרגיל מספר 19**

Combine the sets of nouns into construct phrases:

	ָה ⇐ ת		ִם ⇐ י
	בוקר ארוחת בוקר		ספר בָּתֵּי ספר
ארוחה	ערב ________________	בָּתִים	כְּנֶסֶת ________________
	צהריים ________________		דירות ________________
	רדיו ________________		אוכל ________________
תחנה	טקסי ________________	חֲדָרִים	אורחים ________________
	אוטובוס ________________		ילדים ________________
	מזרחי ________________		כנסת ________________
משפחה	ענבר ________________	מִשְׂרָדִים	נסיעות ________________
	כהן ________________		בנק ________________

Adding the Definite Article to the Noun-Noun Phrase

When the סמיכות phrase is definite, the definite article is added to the second noun.

	Indefinite	Definite
בַּיִת ⇐	בֵּית קפה	בית הַקפה
בָּתִּים ⇐	בָּתֵּי קפה	בתי הַקפה
חָנוּת ⇐	חֲנוּת ספרים	חנות הַספרים
חֲנוּיוֹת ⇐	חֲנוּיוֹת ספורט	חנויות הַספורט
דִירוֹת ⇐	דִירוֹת סטודנטים	דירות הַסטודנטים

Note: The addition of the definite article to the second noun of the phrase is of some difficulty to learners who are used to initiating such phrases in English with the definite article. Since definiteness is the first feature indicated in English, learners tend to do the same for the Hebrew phrase.

EXERCISE 20 **תרגיל מספר 20**

Compose definite construct phrases.

תוכנית	רדיו	תוכניות הרדיו
	טלויזיה	________
	שיעור	________
סוכנות	נסיעות	________
	בִּיטוּחַ	________
	דירות	________
חנויות	ספרים	חנויות הספרים
	בגדים	________
	רהיטים	________
כוסות	בִּירָה	________
	יַיִן	________
	מַיִם	________

Paraphrasing the Construct Phrase

Construct phrases have a variety of underlying structures, as can be seen by paraphrasing them.

רחובות עיר	רחובות של עיר	streets *of* the city
חדר אורחים	חדר לאורחים	a room *for* guests
עוגת גבינה	עוגה מגבינה	a cake *made from* cheese
ארוחת צהריים	ארוחה שאוכלים בצהריים	a meal *eaten at* noon
כוס יין	כוס של יין	a glass of wine *(containing wine)*
כוס יין	כוס ליין	a wine glass (a special glass *for serving wine*)

EXERCISE 21 **תרגיל מספר 21**

	סמיכות	*אנגלית*
חנות של ספרים	חנות ספרים	
בניינים של משרדים	________	________
פקידים של בנק	________	________
בריכה לדגים	________	________
מגרשים לכדורסל	________	________
עוגה של שוקולד	________	________
בגדים של ילדים	________	________
תחנה של אוטובוסים	________	________
ציוד למחנאות	________	________

The Inseparable Construct Phrases

There are several construct combinations that are one semantic unit. They cannot be paraphrased, and their meaning is in their combination and not as separate word entities. Some have even combined into one word.

school	בֵּית סֵפֶר (ז) בָּתֵּי סֵפֶר
synagogue	בֵּית כְּנֶסֶת (ז) בָּתֵּי כְּנֶסֶת
café/coffee shop	בֵּית קָפֶה (ז) בָּתֵּי קָפֶה
basketball	כַּדּוּרסַל (ז)
lawyer	עוֹרֵךְ דִּין (ז) עוֹרְכֵי דִּין

Construct Phrases + Adjectives — סמיכות + תארים

Adding adjectives to **סמיכות** poses no particular problems. Since the first noun of the phrase determines features of gender and number, those features will be reflected in the adjectives that follow the phrase. If the phrase is definite, a definite article is added to the adjective.

Indefinite Phrases + Adjectives		*Definite Phrases + Adjectives*	
בית קפה	גדול	בית הכנסת	הגדול
חנות ספרים	גדולה	חנות הספרים	הגדולה
בתי כנסת	גדולים	בתי הכנסת	הגדולים
חנויות ספרים	גדולות	חנויות הספרים	הגדולות

ADJECTIVES: SIZES/VALUE/COLORS

Sizes	*מִידּוֹת*			
large	גָּדוֹל	גְּדוֹלָה	גְּדוֹלִים	גְּדוֹלוֹת
medium	בֵּינוֹנִי	בֵּינוֹנִית	בֵּינוֹנִיִּים	בֵּינוֹנִיּוֹת
small	קָטָן	קְטַנָּה	קְטַנִּים	קְטַנּוֹת
Value	*עֵרֶךְ*			
expensive	יָקָר	יְקָרָה	יְקָרִים	יְקָרוֹת
inexpensive	זוֹל	זוֹלָה	זוֹלִים	זוֹלוֹת
Colors	*צְבָעִים*			
white	לָבָן	לְבָנָה	לְבָנִים	לְבָנוֹת
yellow	צָהוֹב	צהוּבָּה	צהוּבִּים	צהוּבּוֹת
red	אָדוֹם	אֲדוּמָּה	אֲדוּמִּים	אֲדוּמּוֹת
blue	כָּחוֹל	כְּחוּלָּה	כחוּלִּים	כְּחוּלּוֹת
green	יָרוֹק	ירוּקָּה	ירוּקִּים	ירוּקּוֹת
black	שָׁחוֹר	שחוֹרָה	שחוֹרִים	שחוֹרוֹת
brown	חוּם	חוּמָּה	חוּמִּים	חוּמּוֹת

How Much Do Things Cost?

כמה עוֹלֶה בגד הים?
כמה עוֹלָה פיצה גדולה?
כמה עוֹלִים כַּרטיסים לַבְּרֵיכָה?
כמה עוֹלוֹת נעלי הטניס?

Things in the Sport Shop

tennis racquet	מַחבֵּט טניס (ז)/"רקטה" (נ)
tennis balls	כַּדּוּרֵי טניס (ז.ר.)
bathing suit	בֶּגֶד יָם (ז)
tennis shoes	נַעֲלֵי טניס (ז.ר.)
sunglasses	מִשקְפֵי שֶׁמֶשׁ (ז.ר.)

EXERCISE 22: Vocabulary Enhancement **תרגיל מספר 22: קניות ומכירות**

מכירות סוף השנה
בִּגדֵי יָם
צִיּוּד טניס: מחבטים, כדורים
צִיּוּד מַחֲנָאוּת
בִּגדֵי ספּוֹרט
נַעֲלֵי טֶנִיס
מִשְׁקְפֵי שֶׁמֶשׁ

Write advertisements for the end of the year sales:
Use the vocabulary items from pages 126-27.

1. כתוב מודעות למכירות סוף השנה.
2. כתוב מודעות בעיתון לסופרמרקט החדש בשכונה.
3. כתוב מודעות בעיתון לחנות הספרים של אלכס רוזן.
4. כתוב שיחות בין קונים שקראו את המודעות בעיתון ועוזי.

המקום: חנות הספורט של עוזי.
המשתתפים:
רינה באה לחנות של עוזי לקנות בגד ים.
זהבה באה לחנות של עוזי לקנות בגדי טניס.
אורי בא לחנות של עוזי לקנות משקפי שמש.

Join the customers in their conversation with Uzi and complete the dialogues.

שיחה 1

רינה: עוד איזה בגדי ים יש לכם? אין לכם עוד צבעים?

עוזי: _____

רינה: _____

עוזי: _____

רינה: _____

עוזי: _____

שיחה 2

עליזה: מה עוזי? חשבתי שיש לכם מכירה לסוף השנה. למה זה כל כך יקר?

עוזי: _____

עליזה: _____

עוזי: _____

עליזה: _____

עוזי: _____

שיחה 3

נחום: מה זה? זאת חנות לילדים? אין לכם מידות גדולות?

עוזי: אני מצטער, אבל אתה צריך מידה "סופר-גדולה".

נחום: _____

עוזי: _____

נחום: _____

עוזי: _____

DIALOGUE D: SORRY, WRONG NUMBER!

שיחון ד׳: סליחה, זאת טעות במספר!

מודעה בעיתון: חמישה חדרים. רחוב שקט.
בית פרטי על יד בית ספר.
מטבח כפרי. בריכה גדולה.
סוכנות "סילביה" בשעות היום
בשעות הערב טלפון: 29-03-65

(המקום: הבית של גברת לילי ברון. היא רוצה למכור אותו.)
(הזמן: עשר בערב.)
(המשתתפים: גיל, חבר של אורלי. הוא רוצה לטלפן לאורלי ב 29-03-56, אבל מחייג בטעות 29-03-65.
לילי עונה לטלפון.)

גיל: ערב טוב.
לילי: ערב טוב, אדוני. אתה לא צריך לשאול שום דבר. אני יודעת בדיוק מה אתה רוצה לשאול אותי.
הבית שלנו באמת בית גדול עם חמישה חדרי שינה גדולים מאוד...
גיל: יפה מאוד, אבל...
לילי: בלי אבל! יש מטבח חדש עם קרמיקה מאיטליה.
גיל: קרמיקה מאיטליה! שיגעון!
לילי: על יד הבית יש הרבה חנויות: חנויות ספרים, בגדים, רהיטים, ואפילו חנות ודיאו...
גיל: טוב מאוד, אבל...
לילי: אתה אוהב אוכל סיני? יש מסעדה סינית על יד הבית. אתה אוהב פיצה? יש פיצריה קרוב לבית.
אתה אוהב פלאפל? יש פלאפל מצויין על יד תחנות האוטובוס.
גיל: אני אוהב אוכל סיני, פיצה ופלאפל...
לילי: אז מה הבעייה? יש גם בריכה ובפארק על יד הבית שלנו יש מגרשי טניס... מה אתה עוד רוצה,
אדוני? יש הכל!
גיל: נכון. יש הכל, אבל...
לילי: איפה אתה עובד, אדוני?
גיל: אני לא עובד... אני...
לילי: לא עובד? אה... אתה מיליונר?
גיל: גברתי, אני לא רוצה בית.
לילי: אז מה אתה רוצה? אַרמון?
גיל: לא! אני לא רוצה ארמון, אני לא רוצה קרמיקה מאיטליה ואני לא מיליונר. אני רוצה לדבר עם
אורלי. אורלי בבית?
לילי: חוצפָּה! בעשר בלילה!

SPEECH VERBS

סיכום של פעלי דיבור

Here are the present and past tense forms of the verb (ל/ש) לומר "To say (to/that)/ to tell (somebody to do something)."

הווה

יחיד		*יחידה*	
אני אתה הוא	אוֹמֵר	אני את היא	אוֹמֶרֶת
רבים		***רבות***	
אנחנו אתם הם	אוֹמְרִים	אנחנו אתן הן	אוֹמְרוֹת

עבר

(אני)	אָמַרְתִּי		
(אתה)	אָמַרְתָּ	הוא	אָמַר
(את)	אָמַרְתְּ	היא	אָמְרָה
(אנחנו)	אָמַרְנוּ		
(אתם)	אֲמַרְתֶּם	הם	אָמְרוּ
(אתן)	אֲמַרְתֶּן	הן	אָמְרוּ

מה הוא אָמַר לָכֶם?	What did he say to you?
הוא אָמַר שֶׁהוא רוצה לבוא.	He said that he wants to come.
אָמַרְתִּי לוֹ לא לשבת על השולחן.	I told him not to sit on the table.

Here are the present and past tense forms of the verb לְדַבֵּר (עִם/עַל) "to speak (with/about)."

הווה

יחיד		*יחידה*	
אני אתה הוא	מְדַבֵּר	אני את היא	מְדַבֶּרֶת
רבים		***רבות***	
אנחנו אתם הם	מְדַבְּרִים	אנחנו אתן הן	מְדַבְּרוֹת

עבר

(אני)	דִּיבַּרְתִּי		
(אתה)	דִּיבַּרְתָּ	הוא	דִּיבֵּר
(את)	דִּיבַּרְתְּ	היא	דִּיבְּרָה

		(אנחנו)	דִּיבַּרְנוּ
דִּיבְּרוּ	הם	(אתם)	דִּיבַּרְתֶּם
דִּיבְּרוּ	הן	(אתן)	דִּיבַּרְתֶּן

I spoke on the phone with Dan. דִּיבַּרְתִּי עִם דן בטלפון.

We spoke about his parents. דִּיבַּרְנוּ עַל ההורים שלו.

He does not speak Hebrew. הוא לא מְדַבֵּר עִבְרִית.

Here are the present and past tense forms of the verb לספר (ל/על) "to tell (to/about)."

הווה

יחידה		יחיד	
אני		אני	
את	מְסַפֶּרֶת	אתה	מְסַפֵּר
היא		הוא	
רבות		רבים	
אנחנו		אנחנו	
אתן	מְסַפְּרוֹת	אתם	מְסַפְּרִים
הן		הם	

עבר

		(אני)	סִיפַּרְתִּי
סִיפֵּר	הוא	(אתה)	סִיפַּרְתָּ
סִיפְּרָה	היא	(את)	סִיפַּרְתְּ
		(אנחנו)	סִיפַּרְנוּ
סִיפְּרוּ	הם	(אתם)	סִיפַּרְתֶּם
סִיפְּרוּ	הן	(אתן)	סִיפַּרְתֶּן

What do they have to tell about the trip? מה הם מְסַפְּרִים עַל הטיול?

We told them a joke. סִיפַּרְנוּ להם בדיחה.

Here are the present and past tense forms of the verb לשאול (את/על) "to ask (someone/about)."

הווה

שׁוֹאֵל שׁוֹאֶלֶת שׁוֹאֲלִים שׁוֹאֲלוֹת

עבר

שָׁאַלְתִּי שָׁאַלְתָּ שָׁאַלְתְּ הוא שָׁאַל היא שָׁאֲלָה

שָׁאַלְנוּ שְׁאַלְתֶּם שְׁאַלְתֶּן הםהן שָׁאֲלוּ

What did he ask you?   מה הוא שָׁאַל אֶתכם?

He asked us what we were doing.   הוא שָׁאַל אותנו מה אנחנו עושים.

He is always asking questions.   הוא תמיד שׁוֹאֵל שְׁאֵלוֹת.

EXERCISE 23   **תרגיל מספר 23**

איזה פועל?

1. אנחנו לא _____ לכם מה לעשות.   לומר או לשאול. (הווה)

2. גילה לא _____ איפה המסיבה הערב.   לדבר או לומר. (עבר)

3. עם מי את _____ כל הזמן?   לדבר או לספר. (הווה)

4. הוא _____ לי שאשתו נוסעת.   לשאול או לספר. (עבר)

5. מה הוא _____ אתכם?   לשאול או לדבר. (עבר)

LESSON 15 SUMMARY

שיעור 15: סיכום

Communicative Skills Introduced in This Lesson

1. How to describe your neighborhood
2. How to go shopping

Grammatical Information Introduced in This Lesson

1. Idiomatic expressions: directional endings on nouns.

אני הולך <u>הביתה</u>.

ואני נוסע <u>העירה</u>.

2. Nif'al conjugation: present and past tenses

להיפגש נפגש-נפגשת נפגשתי, נפגשת, נפגשת הוא נפגש, היא נפגשה

3. Verb of location and adverbs of proximitiy

התיאטרון <u>נמצא</u> על יד בניין הספורט.

התיאטרון <u>נמצא</u> קרוב לבניין הספורט.

התיאטרון <u>נמצא</u> רחוק מבניין הספורט.

4. Reference to place

הם עובדים <u>בחנות</u>. יש <u>בה</u> ציוד ספורט חדש.

הם עובדים <u>בחנות</u>. יש <u>שם</u> ציוד ספורט חדש.

5. Impersonal expressions: נעים, טוב, קשה, חשוב, נחמד
6. The אוגד in present and past

החנות <u>היא</u> חנות טובה.

החנות <u>היתה</u> חנות טובה.

7. Noun + noun phrases

בניין אוניברסיטה

בנייני אוניברסיטה

    with adjectives

בניין אוניברסיטה גדול. (הבניין גדול)

בניין אוניברסיטה גדולה. (האוניברסיטה גדולה)

8. Adjectives

    sizes: גדול, בינוני, קטן

    colors: לבן, צהוב, אדום, כחול, ירוק, שחור, חום

9. Summary of speech act verbs.

WORD LIST FOR LESSON 15 — אוצר מילים לשיעור 15

Nouns — שמות

	יחיד/ה	רבים
jogging suit	אִימוּנִית (נ)	אִימוּנִיוֹת
palace	אַרמוֹן (ז)	אַרמוֹנוֹת
clothing	בֶּגֶד (ז)	בְּגָדִים
swimsuit	בֶּגֶד-יָם	בִּגדֵי-יָם
insurance	בִּיטוּחַ (ז)	
pool	בְּרֵיכָה (נ)	בְּרֵיכוֹת
park/garden	גַּן (ז)	גַּנִּים
grammar	דִקְדוּק (ז)	
video	וִידֵאוֹ (ז)	
villa	וִילָה (נ)	וִילוֹת
basketball	כַּדוּרְסַל (ז)	
plaza/square	כִּיכָּר (נ)	כִּיכָּרוֹת
advertisement/announcement	מוֹדָעָה (נ)	מוֹדָעוֹת
racket	מַחבֵּט (ז)	מַחבֵּטִים
camping	מַחֲנָאוּת (נ)	
shoes	נַעַל (נ)	נַעֲלַיִים
gym shoes		נַעֲלֵי הִתעַמלוּת
bench	סַפסָל (ז)	סַפסָלִים
business deal	עֵסֶק (ז)	עֲסָקִים
tree	עֵץ (ז)	עֵצִים
pizzeria	פִּיצֶרִיָה (נ)	פִּיצֶרִיוֹת
color	צֶבַע (ז)	צְבָעִים
equipment	צִיוּד (ז)	
ceramic tiles	קֵרָמִיקָה (ז)	
sabbatical	שַׁבָּתוֹן (ז)	שַׁבָּתוֹנִים
transportation	תַּחבּוּרָה (נ)	

	יחיד	יחידה
diplomat	דִיפּלוֹמָט	דִיפּלוֹמָטִית
correspondent	כַּתָּב	כַּתֶּבֶת
viewer	צוֹפֶה	צוֹפָה
guard/watchman	שׁוֹמֵר	שׁוֹמֶרֶת

Adjectives / תארים

יחיד	יחידה	
אִידֵאָלִי	אִידֵאָלִית	ideal
בֵּינוֹנִי	בֵּינוֹנִית	average
אָדוֹם	אֲדוּמָה	red
גָבוֹהַ	גְבוֹהָה	tall
חוּם	חוּמָה	brown
חָשׁוּב	חֲשׁוּבָה	important
יָרוֹק	יְרוּקָה	green
כָּחוֹל	כְּחוּלָה	blue
כַּפְרִי	כַּפְרִית	country style
לָבָן	לְבָנָה	white
מוֹדֶרנִי	מוֹדֶרנִית	modern
נוֹחַ	נוֹחָה	comfortable
צָהוֹב	צְהוּבָּה	yellow
קָשֶׁה	קָשָׁה	hard/difficult
רָאשִׁי	רָאשִׁית	main
רַב קוֹמוֹת	רַבַּת קוֹמוֹת	many-storied/tall
שָׁחוֹר	שְׁחוֹרָה	black
שָׁקֵט	שְׁקֵטָה	quiet

Particles, Prepositions, and Adverbs / מילות ותארי פועל

מִסָּבִיב ל-	around
קָרוֹב ל-	close to
רָחוֹק מ-	far from
מוּל	across (from)

Expressions and Phrases / ביטויים וצירופים

אֵין סָפֵק!	no doubt!
בְּהַצלָחָה!	good luck!
בֵּית סֵפֶר יְסוֹדִי (ז) בתי סֵפֶר יסוֹדִיִּים	elementary school
בְּקִיצוּר	briefly
בְּרָצוֹן	willingly/with pleasure
דִירָה מרוֹהֶטֶת (נ) דִירוֹת מרוֹהָטוֹת	furnished apartment
זוּג צָעִיר (ז) זוּגוֹת צְעִירִים	young couple
מֶרכַּז קְנִיּוֹת (ז) מֶרכְּזֵי קְנִיּוֹת	shopping center
מִשְׁקְפֵי שֶׁמֶשׁ (ז.ר.)	sunglasses

שָׂדֶה תעוּפָה (ז) שְׂדוֹת תעוּפָה	airport
שִׁיגָעוֹן!	great!
שֶׁקֶט ושַׁלְוָוה	peace and quiet
תַּחֲנַת אוֹטוֹבּוּס (נ) תַּחֲנוֹת אוֹטוֹבּוּס	bus stop
תַּחֲנַת מִשְׁטָרָה (נ) תַּחֲנוֹת מִשְׁטָרָה	police station

LESSON 16 — שיעור מספר 16

PART A — חלק א׳

READING A: TIME AND LEISURE

קטע קריאה א׳: פנאי ונופש

מה כדאי לעשות במשך החופשה השנתית?

במשך החופשה השנתית כדאי לעשות את כל הדברים שאין זמן לעשות במשך השנה. חשוב לא לחיות חיים שגרתיים. אפשר לבלות את החופשה בעיר הגדולה – ללכת לתיאטרון, לקולנוע, למסעדות ולמוזיאונים. אפשר לנסוע להרים או לאגמים מחוץ לעיר, לצאת לטיולים, לשוט בסירות, או לטפס על הרים. יש פנאי לכל. לא צריך לקום מוקדם ואפשר ללכת לישון מאוחר. כדאי לאכול במסעדות, לפגוש חברים, ללכת לסרטים ולקרוא ספרים.

מה כדאי לעשות בחופשה השנתית?

- כדאי לנסוע לבלות בעיר הגדולה.
- כדאי לבקר חברים וקרובים.
- כדאי לטייל ולגלות מקומות חדשים ומעניינים.
- כדאי לעסוק בספורט ובתחביבים.

מה לא כדאי לעשות?

- לא כדאי לחיות חיי שגרה.
- לא כדאי לשבת בבית ולצפות בטלויזיה כל היום.
- לא כדאי לישון ולנוח כל הזמן.

החופשה השנתית היא ההזדמנות לא לחיות חיים שגרתיים. זה דבר חשוב לבריאות הנפשית של כל אדם. החופשה צריכה להיות חופש מהכל!

מה אתם עושים בדרך כלל בחופשה השנתית שלכם?
אתם נשארים בבית? אתם מטיילים? אתם נוסעים למקומות חדשים או אוהבים לחזור למקומות שאתם מכירים?

DERIVED ADJECTIVES AND NOUNS
תארים ושמות גזורים

SPEECH PATTERNS **תבניות לשון**

כל שנה אנחנו יוצאים לחופשה שנתית.
אנחנו עייפים מהשגרה ואנחנו רוצים לעשות דברים לא שגרתיים.
אנחנו מבקרים קרובי משפחה וכל שנה יש פגישה משפחתית גדולה.
פגשנו הרבה ישראלים בצרפת. הם אוהבים לטייל.

Adjectives Derived from Names of Countries

SPEECH PATTERNS **תבניות לשון**

I love *Israeli food.*	אני אוהב *אוכל ישראלי*.
We watch *American movies.*	אנחנו רואים *סרטים אמריקאים*.
They bought *an Italian sportscar.*	הם קנו *מכונית ספורט איטלקית*.

Here are some adjectives derived from names of countries.

שם: יִשְׂרָאֵל (נ)					Israel
תואר:	יִשְׂרְאֵלִי	יִשְׂרְאֵלִית	יִשְׂרְאֵלִיִּים	יִשְׂרְאֵלִיּוֹת	Israeli (adjective)
שם: צרפת (נ)					France
תואר:	צָרְפָתִי	צָרְפָתִית	צָרְפָתִיִּים	צָרְפָתִיּוֹת	French (adjective)

There are also nouns that are derived from names of countries, which have an almost identical form to that of the adjectives. However, they are nouns, i.e., names, by which the citizens of a particular country are known.

שם:	ישראלי	ישראלית	ישראלים	ישראליות	Israeli/Israelis
שם:	צרפתי	צרפתית	צרפתים	צרפתיות	Frenchmen/women

Dan is from Israel – he is *an Israeli.*	דן מישראל – הוא ישראלי.
They are from America – they are *Americans.*	הם מאמריקה – הם *אמריקאים*.

The only difference in form between these adjectives is in the plural masculine form, as can be seen is this example.

Adjective: We saw *Israeli movies.*	ראינו *סרטים ישראליים*.
Noun: Many *Israelis* like traveling.	הרבה *ישראלים* נוסעים לטייל.

PATTERNS SPEECH **תבניות לשון**

The doctor worries about the *mental state* of the patient.	הרופא דואג *למצב הנפשי* של החולה.
This is *a family get-together.*	זה *מפגש משפחתי.*
This is our *annual vacation.*	זאת *החופשה השנתית* שלנו.
The routine work in the factory is boring.	*העבודה השגרתית* בבית החרושת משעממת.

Adjectives can also be derived from common nouns, as we can see in the following examples.

year (noun)					*שם:* שָׁנָה (נ) שָׁנִים
yearly, annual (adjective)	שְׁנָתִיּוֹת	שְׁנָתִיִּים	שְׁנָתִית	שְׁנָתִי	*תואר:*
family (noun)					*שם:* מִשְׁפָּחָה (נ) מִשְׁפָּחוֹת
family (adjective)	מִשְׁפַּחְתִּיּוֹת	מִשְׁפַּחְתִּיִּים	מִשְׁפַּחְתִּית	מִשְׁפַּחְתִּי	*תואר:*
soul (noun)					*שם:* נֶפֶשׁ (נ) נְפָשׁוֹת
mental (adjective)	נַפְשִׁיּוֹת	נַפְשִׁיִּים	נַפְשִׁית	נַפְשִׁי	*תואר:*
routine (noun)					*שם:* שִׁגְרָה (נ) שגרות
routine (adjective)	שִׁגְרָתִיּוֹת	שִׁגְרָתִיִּים	שִׁגְרָתִית	שִׁגְרָתִי	*תואר:*
time (noun)					*שם:* זְמַן (ז) זְמַנִּים
temporary (adjective)	זְמַנִּיּוֹת	זְמַנִּיִּים	זְמַנִּית	זְמַנִּי	*תואר:*

These are the common endings of such derived adjectives.

ישראליות	ישראליים	ישראלית	ישראלי
זמניות	זמניים	זמנית	זמני

There are many cases where vowels of the noun and adjective forms are not identical. See the following:

noun:	/nefesh/	adjective: /nafshi/ mental	נֶפֶשׁ – נַפְשִׁי
	/makom/	adjective: /mekomi/ local	מָקוֹם – מְקוֹמִי

The /-ה/ ending on feminine nouns is changed to /ת/ in the adjective form.

תואר: -ת-	שם: -ה
שנתי	שנה
משפחתי	משפחה

EXERCISE 1 תרגיל מספר 1

Derive adjectives from the following nouns.

	רבות	רבים	יחידה	יחיד	
daily	______	______	______	______	יום (ז)
problematical	______	______	______	______	בעייה (נ)
weekly	______	______	______	______	שבוע (ז)
local	______	______	______	______	מקום (ז)
group (adjective)	______	______	______	______	קבוצה (נ)

EXERCISE 2 תרגיל מספר 2

Translate the phrases below and incorporate them into sentences.

a local band	להקה מקומית	1
group work	______	2
a daily newspaper	______	3
problematical students	______	4
mental health	______	5
the annual picnic	______	6
temporary clerks	______	7
an annual party	______	8
Israeli students	______	9
American guests	______	10

1. אפשר לשמוע את הלהקה המקומית "סקנדל" בבית הקפה "המפגש".

______

______

EXPRESSIONS OF WORTH, IMPORTANCE, POSSIBILITY, AND NECESSITY

Without reference to person

It is worthwhile/not worthwhile	לֹא כְּדַאי	כְּדַאי
It is important/not important	לֹא חָשׁוּב	חָשׁוּב

With reference to person

It is worth it *for me*/not worth it	לא כדאי לי	כדאי לי
It is important *for me*/not important	לא חשוב לי	חשוב לי

Without reference to person

It is possible/impossible	אי אפשר	אפשר
It is necessary/not necessary	לא צריך	צריך

With reference to person

I can/cannot	אני לא יכול	אני יכול
I have to/don't have to	אני לא צריך	אני צריך

SPEECH PATTERNS **תבניות לשון**

לא כדאי לנסוע לים היום. קר מאוד.
כדאי ללכת למרכז הקניות. יש שם מכירות.

It is worth (it) /it is not worth (it) כדאי ולא כדאי
These impersonal expressions introduce value judgment and they are followed by infinitives, which include the main proposition of the sentence.

SPEECH PATTERNS **תבניות לשון**

כדאי לכם לראות את הסרט החדש. הוא מעניין מאוד.
לא כדאי לך לרוץ הביתה, כי אין מספיק זמן.

It is worth (it) /it is not worth (it) to us כדאי ולא כדאי לנו
The introduction of a reference to the person making the value judgment is done by adding the preposition -ל with a personal pronoun following כדאי.

EXERCISE 3 **תרגיל מספר 3**

Write five sentences answering the questions.
מה כדאי לעשות בערב? מה לא כדאי לעשות ביום?

כדאי	לא כדאי
כדאי לשמוע מוסיקה טובה.	לא כדאי ללכת לקולנוע ביום.
__________	__________
__________	__________
__________	__________
__________	__________

Change the statements above to personal statements. Choose from the list.

לחברים שלי, להורים שלנו,לכולם, רק לי, להם

__________	__________
__________	__________
__________	__________
__________	__________
__________	__________

SPEECH PATTERNS **תבניות לשון**

חשוב לבוא בזמן.
לא חשוב מה שאנשים אחרים חושבים.

It is important/it is not important חשוב ולא חשוב
These impersonal expressions introduce value judgment and they are followed by infinitives, which include the main proposition of the sentence.

SPEECH PATTERNS **תבניות לשון**

חשוב לנו להצליח בעבודה.
לא חשוב לכם מה הציונים שלכם?

It is important/it is not important to us חשוב ולא חשוב לנו
If we want to indicate a personal subject, instead of making an impersonal statement, we have to add the preposition -ל to a noun or personal pronoun:

EXERCISE 4 **תרגיל מספר 4**

Write five sentences answering the questions.
מה חשוב לעשות אחרי החופשה? מה לא חשוב לעשות?

חשוב	לא חשוב
חשוב לפגוש חברים.	*לא חשוב לצאת כל ערב.*
________	________
________	________
________	________
________	________
________	________

Change the statements above to personal statements. Choose from the list.

לילדים, לכל סטודנט, לאוניברסיטה, לאמא שלי, לחברות שלך

________ ________
________ ________
________ ________
________ ________
________ ________

SPEECH PATTERNS — תבניות לשון

אפשר לדבר עם המנהל של החנות?

אי אפשר. הוא לא בחנות היום.

אפשר ואי אפשר

It is possible/it is impossible

These impersonal expressions introduce the notion of possibility or chance and they are followed by infinitives, which include the main proposition of the sentence.

SPEECH PATTERNS — תבניות לשון

אני יכול לדבר עם המנהל?

הוא לא במשרד. אתה לא יכול לדבר איתו.

אני יכול ולא יכול

I can/cannot

If you want to include a personal subject, use the verb יכול with the appropriate subject.

EXERCISE 5 — תרגיל מספר 5

Write five sentences answering the questions.

מה אפשר לעשות באוניברסיטה בזמן הלימודים? מה אי אפשר לעשות?

אפשר	אי אפשר
אפשר לפגוש חברים.	*אי אפשר ללכת לים כל יום.*
______	______
______	______
______	______
______	______
______	______

Change the statements above to personal statements using יכול. Choose from the list.

ההורים שלנו, רות, האורחים שלך, ד"ר שכטר, החברות שלי

______	______
______	______
______	______
______	______
______	______

SPEECH PATTERNS **תבניות לשון**

צריך לבוא לשיעור היום?
היום צריך לבוא, אבל מחר לא צריך כי אין שיעור.

It is necessary/it is not necessary צריך ולא צריך

These impersonal expressions introduce necessity and obligation. They are followed by infinitives, which include the main proposition of the sentence.

SPEECH PATTERNS **תבניות לשון**

דן צריך ללכת לרופא.
דינה לא צריכה לעבוד הערב.

Dan has to/does not have to דן צריך ולא צריך

If you want to include a personal subject, use the verb **צריך** with the appropriate subject.

EXERCISE 6 **תרגיל מספר 6**

Write five sentences answering the questions.

מה צריך לעשות לפני המסיבה? מה לא צריך לעשות?

צריך	לא צריך
צריך לקנות אוכל ומשקאות	לא צריך לדאוג

Change the statements above to personal statements using **צריך**. Choose subjects from the list.

כל אחד, התלמידים, גברת זהבי, הרופא, להקת "סקנדל"

PART B   חלק ב׳

READING B: THE ANNUAL VACATION   קטע קריאה ב׳: חופשה שנתית

כשיש כסף אפשר לנסוע לחוץ לָאָרֶץ ולבקר בָּאֲרָצוֹת שׁוֹנוֹת. כשאין כסף אי אפשר לנסוע לחוץ לארץ, אבל
אפשר לעשות הרבה דברים מעניינים בבית.

מה אנחנו עושים כשאנחנו לא נוסעים לחופשה בחוץ לארץ? אנחנו הולכים לים, אוכלים גלידה או פלאפל
בקיוסק על שפת הים. אנחנו הולכים לראות מה חדש במוזיאונים או סתם יושבים בבית קפה. תמיד אפשר
למצוא משהו מעניין לעשות בעיר, גם כשלא יוצאים לטיול מחוץ לעיר.

ואתם? מה אתם עושים כשאתם לא יוצאים לחופשה מחוץ לעיר?

שאלות
1. מה הם עושים כשהם לא נוסעים לחופשה בחוץ לארץ?
2. מה אתם עושים כשאתם לא נוסעים לחופשה מחוץ לעיר?
3. מה אתם עושים במשך סוף השבוע?

TIME CLAUSES AND TIME EXPRESSIONS   משפטי זמן וביטויי זמן

Setting the Time: Time clauses

Defining a time at which some event takes place:
"when" + clause
מתי?
Informal style:
When we have free time, we go to the movies. כשיש לנו זמן, אנחנו הולכים לקולנוע.

Formal style:
When we have free time, we go to the   כאשר יש לנו זמן, אנחנו הולכים לקולנוע.
movies.

Be sure not to confuse the question word *when?* מתי and the time clause initiators
כש or כאשר which mean "when/at the time that" and do not initiate a question about
time but rather help define it.

Defining a time before or after which some event takes place:
"before" + clause

מתי?
Before we went to the movies,   לפני שהלכנו לקולנוע,
  we finished our homework.   גמרנו את שיעורי הבית.

"after" + clause

מתי?

After we finished our homework   אחרי שגמרנו את שיעורי הבית,
    we went to the movies.   גמרנו את שיעורי הבית.

Setting the Time: Time Expressions

Defining a time at which some event takes place:
The use of prepositions + noun

מתי?

During the week, we don't   במשך השבוע, אנחנו לא
    go to the movies.   הולכים לקולנוע.
On/during the weekend, we get together   בסוף השבוע, אנחנו נפגשים
    with friends.   עם חברים.
During work, we don't go out for coffee.   בזמן העבודה, אנחנו לא יוצאים לשתות קפה.

Defining a time before or after which some event takes place:
"before" + noun

מתי?

Before dinner,   לפני ארוחת הערב,
    I go out for a walk with my dog.   אני הולך לטייל עם הכלב שלי.

"after" + noun

מתי?

After dinner,   אחרי ארוחת הערב,
    I read the paper and watch the news.   אני קורא עיתון וצופה בחדשות.

Posing a Question about the Time

מתי + משפט

When are you going to England?   מתי הם נוסעים לאנגליה?

מתי + צירוף שמני

When is the party?   מתי המסיבה?

EXERCISE 7   **תרגיל מספר 7**

1. מתי אתם נוסעים לחופשה?
2. באיזה חודש אתם נוסעים לחופשה?
3. באיזה יום אתם לא עובדים?
4. באיזו שעה אתם גומרים לעבוד?
5. לכמה זמן אתם נוסעים?
6. מתי אתם חוזרים מהחופשה?

EXERCISE 8 תרגיל מספר 8

Answer the questions.

1. מה עושים כשמשעמם בשיעור?
כשמשעמם בשיעור ______.
2. מה עושים כשאין אוכל בבית?
כשאין אוכל בבית ______.
3. מה עושים בסוף השבוע כשאין הרבה כסף?
______.
4. מה אומרים להורים כשצריכים כסף?
______.
5. על מה מדברים כשיושבים עם חברים בבית קפה?
______.
6. עם מי כדאי לדבר כאשר יש בעיות בלימודים?
______.
7. מה חשוב לעשות כאשר יש חופשה שנתית?
______.
8. מה כדאי לעשות במשך השבוע?
______.
9. מה לא כדאי לעשות בזמן ההרצאה?
______.
10. האם חשוב להיות בכיתה בזמן השיעור?
______.

EXERCISE 9 תרגיל מספר 9

Complete each sentence.

כשיש לי מספיק כסף ______.
כשאין לנו הרבה זמן ______.
כשאנחנו רוצים לצאת מהשגרה שלנו ______.
אחרי שהיינו בחופשה ______.
כשאני קם/קמה מאוחר בבוקר ______.
כשאני רוצה לבלות עם חברים ______.
לפני שיצאתם העירה לבית קפה ______?
כשדוד רוצה להיות לבד, ______.
במשך השנה, ______.
בזמן הלימודים, ______.
לפני התחלת הלימודים, ______.
אחרי שאתם חוזרים הביתה, ______.

EXERCISE 10   תרגיל מספר 10

Start each sentence with -‏כְּשֶׁ "when"

‏_____ כדאי לנסוע לאילת.

‏_____ יצאנו לטייל בהרים.

‏_____ ההורים שלי שמחים שאני בבית.

Start each sentence with ‏לִפְנֵי שֶׁ-/אַחֲרֵי שֶׁ-

‏_____ כדאי לקנות ספרים חדשים.

‏_____ כדאי לקנות מספיק אוכל.

‏_____ נסענו למקומות מעניינים.

Start each phrase with ‏בְּמֶשֶׁךְ/בִּזְמַן/אַחֲרֵי/לִפְנֵי

‏_____ לא כדאי לצאת בערב.

‏_____ לא כדאי לנסוע לחופשה עם חברים.

‏_____ חשוב ללמוד בערב.

‏_____ לא צריך לעבוד הרבה.

EXERCISE 11   תרגיל מספר 11

Form questions and answers according to the example.

דוגמה:

א. אכלנו ארוחת ערב   ב. באנו הביתה.

א. אכלנו ארוחת ערב כשבאנו הביתה.

ב. אכלנו ארוחת ערב כאשר באנו הביתה.

ג. אכלנו ארוחת ערב לפני שבאנו הביתה.

ד. אכלנו ארוחת ערב אחרי שבאנו הביתה.

א. עשיתי שיעורים   ב. חזרתי לתל אביב.

‏_____ ?א.

‏_____ .ב.

‏_____ .ג.

‏_____ .ד.

א. דינה טסה לאילת   ב. דן טס לשם.

‏_____ ?א.

‏_____ .ב.

‏_____ .ג.

‏_____ .ד.

א. כולם הלכו לסרט   ב. הם שמעו שהוא סרט טוב.

א. _____?

ב. _____.

ג. _____.

ד. _____.

א. באנו הביתה   ב. הם באו הביתה.

א. _____?

ב. _____.

ג. _____.

ד. _____.

EXERCISE 12   תרגיל מספר 12

Form questions and answers according to the example.

דוגמה:

א. ראיתם את דליה   ב. הארוחה.

א. ראיתם את דליה באמצע הארוחה.

ב. ראיתם את דליה בזמן הארוחה.

ג. ראיתם את דליה לפני הארוחה.

ד. ראיתם את דליה אחרי הארוחה.

א. אתם מדברים עם דוד   ב. השיעור.

א. _____?

ב. _____.

ג. _____.

ד. _____.

א. דן קרא הרבה ספרים   ב. החופשה.

א. _____?

ב. _____.

ג. _____.

ד. _____.

א. כתבתי מכתב לחברים   ב. השיעור.

א. _____?

ב. _____.

ג. _____.

ד. _____.

א. דינה שרה ב. המסיבה.

א. ____________________________?

ב. ____________________________.

ג. ____________________________.

ד. ____________________________.

EXERCISE 13 **תרגיל מספר 13**

Read the passages.

אתם שואלים את דן ודינה:
"מה עשיתם בשעות הפנאי שלכם?"

דן ודינה עונים:
במשך השבוע:
הלכנו לסרט טוב ומעניין.
היינו בקונצרט משעמם.
פגשנו חברים בבית קפה.
ראינו טלויזיה כל ערב.

במשך סוף השבוע:
נסענו מחוץ לעיר.
היינו בשפת הים.
אכלנו ארוחת ערב עם המשפחה שלנו.
היינו בשתי מסיבות.

דן ודינה שואלים אתכם:
"מה הם הדברים המעניינים שאתם עשיתם בשעות הפנאי שלכם?"

Answer the question in a similar manner to the answers given in the preceding passages.

אתם עונים:
במשך השבוע:

____

____

____

____

בסוף השבוע:

____

____

____

____

TIME EXPRESSIONS: TO USE A PREPOSITION OR NOT TO USE ONE? תיאורי זמן

Study the following examples using the time expressions לשבוע/שבוע "for a week".

כמה זמן?: 0+זמן.	*איפה?: ב+מקום*	
שבוע.	בחיפה	היינו
שלוש שעות.	בבית קפה	ישבנו
חודש.	בחיפה	נִשאַרתי
שבוע.	בגליל	טִיַּילנוּ

לכמה זמן?: ל+זמן.	*לאן?: ל+מקום*	
לשבוע.	לחיפה	נסענו
לשלוש שעות.	לבית קפה	נִכנַסנוּ
לחודש.	לחיפה	בָּאנו
לשבוע.	לחופשה	יצאנו

Both time expressions שבוע and לשבוע can be translated into English by the prepositional phrase "for a week." In Hebrew, however, the two expressions have distinct functions.

A good rule is to examine *both place and time.* If the *place* (destination) is an answer to the question לאן? "to where?" a question that begins with the preposition ל, then the *time phrase,* will also be introduced by ל.

יצאנו לחופשה לשבוע.

If the *place* (destination) is an answer to the question איפה? "where?" the *time phrase* will not have a preposition, but will consist of a noun phrase.

למדתי באוניברסיטה ארבע שנים.

"HOW LONG?": QUESTIONS AND ANSWERS

1. כמה זמן למדתם באוניברסיטה? 4 שנים!
2. כמה חודשים אתם בארץ? רק חודש.

The question כמה זמן? "how long?" is asked about the actual time duration of a state or an action. The time duration of the state or action is measured. No prepositions are used in either question or answer!

3. לכמה זמן אתם נוסעים? לשנה!
4. לכמה ימים אתם יוצאים לטיול? לארבעה ימים.

The question לכמה זמן? "for how long?" is asked about a projected or anticipated time. Question 3 does not ask how long the actual travel took, but about the *projected duration* of the stay "for a year."

Note the contrast between the two questions in the following examples.

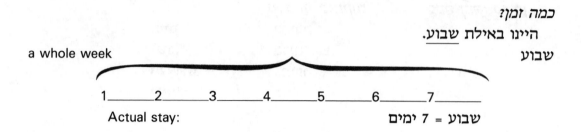

כמה זמן?

היינו באילת שבוע.

a whole week — שבוע

1____2____3____4____5____6____7____

Actual stay: שבוע = 7 ימים

The time phrase **שבוע** measures the actual duration of the time of being in Eilat – a whole week.

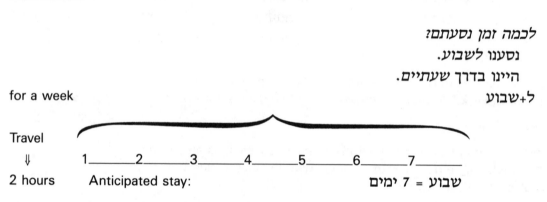

לכמה זמן נסעתם?

נסענו *לשבוע*.

היינו בדרך *שעתיים*.

for a week — ל+שבוע

Travel ⇓ 2 hours

1____2____3____4____5____6____7____

Anticipated stay: שבוע = 7 ימים

The trip took a couple of hours. The intended stay was for a week. The time phrase **לשבוע** measures *the intended stay* (for a week) – not the trip.

Specific Time Inquiries

The general time inquiry is **כמה זמן?** "How long?" A specific time inquiry refers to a particular time unit, and the question specifies such units.

How many minutes? — כַּמָּה דַּקּוֹת?
שְׁתֵּי דקות.

How many hours? — כַּמָּה שָׁעוֹת?
שְׁעָתַיִים.

How many days? — כַּמָּה יָמִים?
יוֹמַיִים.

How many weeks? — כַּמָּה שָׁבוּעוֹת?
שְׁבוּעַיִים.

How many months? — כַּמָּה חוֹדָשִׁים?
חוֹדשַׁיִים.

How many years? — כַּמָּה שָׁנִים?
שְׁנָתַיִים.

EXERCISE 14 — תרגיל מספר 14

Answer the questions, following the example.

שאלה: כמה זמן הייתם בצרפת?
תשובה: היינו שם שנתיים.

ענו על השאלות.

1. כמה זמן הייתם בחנות הספרים? ________.
2. כמה זמן את כבר יושבת בבית הקפה? ________.
3. כמה חודשים עבדת במשך השנה? ________.
4. כמה שעות אתה יושב כל ערב בספריה? ________.
5. לכמה זמן את נוסעת לירושלים? ________.
6. לכמה שבועות האורחים שלכם באו לבקר? ________.
7. לכמה שעות הם יוצאים הערב? ________.
8. לכמה זמן אתן רוצות את הספר? ________.
9. כמה זמן יש לנו לכתוב את הבחינה? ________.
10. כמה חודשים יש בשנה? ________.

Write questions for the following answers.

כתבו שאלות

1. ________? הם היו בעיר רק יומיים.
2. ________? האורחים שלי נמצאים כאן הרבה זמן.
3. ________? אנחנו הולכים למסיבה לשעתיים.
4. ________? דן נסע לגליל לשלושה שבועות.
5. ________? באתי לחיפה רק ליום אחד.
6. ________? אני יושב כאן כבר חמישים דקות.
7. ________? הוא עובד במשרד שלנו עשר שנים.
8. ________? היא לומדת עברית כבר שלושה חודשים.
9. ________? רינה יוצאת העירה לארבע שעות.
10. ________? הנסיעה לחיפה שעה ועשר דקות.

THE VERB "TO BE": PAST AND FUTURE TENSES

עבר

(אני)	הָיִיתִי		
(אתה)	הָיִיתָ	הוא	הָיָה
(את)	הָיִית	היא	הָיְתָה
(אנחנו)	הָיִינוּ		
(אתם)	הֱיִיתֶם	הם	הָיוּ
(אתן)	הֱיִיתֶן	הן	הָיוּ

עתיד				
(אני)	אֶהְיֶה			
(אתה)	תִּהְיֶה	הוא	יִהְיֶה
(את)	תִּהְיִי	היא	תִּהְיֶה
(אנחנו)	נִהְיֶה		
(אתם)	תִּהְיוּ	הם	יִהְיוּ
(אתן)	תִּהְיוּ	הן	יִהְיוּ

Future tense will be formally introduced in the next lesson.

EXERCISE 15 **תרגיל מספר 15**

לכמה זמן באתם? כמה זמן הייתם? כמה זמן עוד תהיו פה?

שואלים את דן ודינה: הם עונים:

לכמה זמן באתם? ____________________

כמה זמן הייתם שם? ____________________

כמה זמן עוד תהיו כאן? ____________________

שואלים את רות: היא עונה:

לכמה חודשים את נוסעת? ____________________

כמה זמן עוד תהיי בחוץ לארץ? ____________________

EXERCISE 16: Vocabulary Enrichment **תרגיל מספר 16**

Complete the questionnaire about things that you do in your leisure time. The following time expressions are used in the questionnaire.

How many times?	How long?	
כַּמָּה פְּעָמִים?	*כמה זמן?*	
כָּל יוֹם	________	Every day
__ פְּעָמִים בשבוע	________	__ times a week
__ פְּעָמִים בחודש	________	__ times a month
לִפְעָמִים	________	Sometimes
לְעִתִּים קְרוֹבוֹת	________	Often
לְעִתִּים רְחוֹקוֹת	________	Seldom
אַף פַּעַם לֹא	________	Never

שאלון: מה את/ה עושה בשעות הפנאי שלך?

בבית

אני קורא/ת ספרים/עיתונים

אֵיזה ספרים? ____________________

אֵיזה עיתונים? ____________________

כמה פעמים?	*כמה זמן?*
כל יום	____________
__ פעמים בשבוע	____________
__ פעמים בחודש	____________
לִפְעָמִים	____________
לעִתִּים קרוֹבוֹת	____________
לעִתִּים רחוֹקוֹת	____________
אַף פַּעַם לא	____________

רואה טלויזיה/שומע/ת רדיו

איזה תוכניות? חדשות ____________________

מוסיקה: __ קלאסית __ ג'אז, __ רוק, __ אחרת

כמה פעמים?	*כמה זמן?*
כל יום	____________
__ פעמים בשבוע	____________
__ פעמים בחודש	____________
לפעמים	____________
לעתים קרובות	____________
לעתים רחוקות	____________
אף פעם לא	____________

כותב/ת מכתבים

למי? ____________________

כמה פעמים?	*כמה זמן?*
כל יום	____________
__ פעמים בשבוע	____________
__ פעמים בחודש	____________
לפעמים	____________
לעתים קרובות	____________
לעתים רחוקות	____________
אף פעם לא	____________

מדבר/ת בטלפון עם חברים/הורים

כמה פעמים?	*כמה זמן?*
כל יום	______
__ פעמים בשבוע	______
__ פעמים בחודש	______
לפעמים	______
לעתים קרובות	______
לעתים רחוקות	______
אף פעם לא	______

עושה דברים אחרים

איזה? ______

כמה פעמים?	*כמה זמן?*
כל יום	______
__ פעמים בשבוע	______
__ פעמים בחודש	______
לפעמים	______
לעתים קרובות	______
לעתים רחוקות	______
אף פעם לא	______

מחוץ לבית

הולך/כת לתיאטרון

איזה הצגות? ______

כמה פעמים?	*כמה זמן?*
כל יום	______
__ פעמים בשבוע	______
__ פעמים בחודש	______
לפעמים	______
לעתים קרובות	______
לעתים רחוקות	______
אף פעם לא	______

הולך/כת לקולנוע

איזה סרטים? ____________________

כמה פעמים?	*כמה זמן?*
כל יום	____________
__ פעמים בשבוע	____________
__ פעמים בחודש	____________
לפעמים	____________
לעתים קרובות	____________
לעתים רחוקות	____________
אף פעם לא	____________

יושב/ת עם חברים בבית קפה/במקומות מפגש אחרים.

איפה? ____________________

כמה פעמים?	*כמה זמן?*
כל יום	____________
__ פעמים בשבוע	____________
__ פעמים בחודש	____________
לפעמים	____________
לעתים קרובות	____________
לעתים רחוקות	____________
אף פעם לא	____________

מתעמל/ת (מתעמל/ת: exercise)

איפה? ____________________

כמה פעמים?	*כמה זמן?*
כל יום	____________
__ פעמים בשבוע	____________
__ פעמים בחודש	____________
לפעמים	____________
לעתים קרובות	____________
לעתים רחוקות	____________
אף פעם לא	____________

דברים אחרים
איזה? ____________

כמה פעמים?	*כמה זמן?*
כל יום	____________
__ פעמים בשבוע	____________
__ פעמים בחודש	____________
לפעמים	____________
לעתים קרובות	____________
לעתים רחוקות	____________
אף פעם לא	____________

בסוף השבוע

אני הולך/כת למסיבות

כמה פעמים?	*כמה זמן?*
ביום ששי ושבת	____________
פעם כל סוף שבוע	____________
לפעמים	____________
לעתים קרובות	____________
לעתים רחוקות	____________
אף פעם לא	____________

נוסע/ת מחוץ לעיר

כמה פעמים?	*כמה זמן?*
כל סוף שבוע	____________
__ פעמים בחודש	____________
לפעמים	____________
לעתים קרובות	____________
לעתים רחוקות	____________
אף פעם לא	____________

הולך/כת לאירועי ספורט

כמה פעמים?	*כמה זמן?*
כל סוף שבוע	____________
__ פעמים בחודש	____________
לפעמים	____________
לעתים קרובות	____________
לעתים רחוקות	____________
אף פעם לא	____________

EXERCISE 17

תרגיל מספר 17

Read the advertisements and make plans for your annual vacation.

משימה: קרא את המודעות ועשה תוכניות לחופשה השנתית.

חברת "טִיּוּלִים לָעַם"

טיול א:

לתוּרְכִּיָּה וְיָוָון: לשנים עשר יום. שלושה ימים באִיסטַנְבּוּל, ארבעה ימים בחופי תורכיה ובהרים וארבעה ימים באיי יוון.

טיול ב

לצרפת, שְוַוייץ ואיטליה: לתשעה עשר יום. ארבעה ימים בחופי הרִיבְיֶירָה, ששה ימים בהָרֵי האַלְפִּים בשווייץ, שלושה ימים בפִירֶנְצֶה, יומיים בוֶנֶצְיָה וארבעה ימים ברוֹמָא. עם מדריך מנוסֶה.

טיול ג

סָפָארִי בקֶנְיָה: 11-17 יום. נסיעה בגִ׳יפִּים בפַּארְקים בקניה. הדרכה בעברית ובאנגלית. עלייה לקִילִימַנְזָ׳ארוֹ.

טיול ד

טיול בפארקים בארצות הברית: שלושים יום. נסיעה במִינִיבּוּסִים וטיסות מחוף אל חוף. הדרכה בעברית ובאנגלית. ביקור ביוֹסֶמִיטִי, יֶלוֹסטון ובגרַנד קֶניון.

טיול ה

טיול ליַפָּן ולהוֹנג קוֹנג. 14 יום: 10 ימים ביפן: טוֹקיו, קְיוֹטוֹ ונָארָה. נסיעה ברכבת המהירה. ביקור במקדשים בּוּדהִיסְטִיִּים ותיאטרון קָאבּוּקִי. ארבעה ימי קניות בהונג קונג.

טיול ו

שיט לאיי הים הקריבי בספינת סיורים. אין צורך במלון. חמש ארוחות ביום, בידוּר כל ערב ושמש וים. ביקור באיים.

LESSON 16 SUMMARY שיעור 16: סיכום

Communicative Skills Introduced in This Lesson

1. How to plan your free time
2. How to describe what you do in your free time
3. How to describe the frequency of your leisure activities
4. How to plan your annual vacation

Grammatical Information Introduced in This Lesson

1. Derived adjectives and nouns

adjective	ישראליות	ישראליים	ישראלית	ישראלי	ישראל
noun	ישראליות	ישראלים	ישראלית	ישראלי	ישראל
adjective	שנתיות	שנתיים	שנתית	שנתי	שנה

2. Personal and impersonal pairs of expressions

כדאי, כדאי לי חשוב, חשוב לי אפשר, אני יכול צריך, אני צריך

3. Expressions of time

מתי? כש/כאשר/לפני ש/אחרי ש+משפט

מתי? במשך/לפני/אחרי+שם או צירוף שמני

כמה זמן היית שם? שבוע/שבועיים/יום/שנה

לכמה זמן נסעת? לשבוע/לשבועיים/ליום/לשנה

4. The verb להיות in the past and future tenses

הייתי, היית, היית, הוא היה, היא היתה היינו, הייתם, הייתן, הם היו, הן היו

אהיה, תהיה, תהיי, הוא יהיה, היא תהיה נהיה, תהיו, תהיו, הם יהיו, הן יהיו

5. How many times? How often

פעם/פעמיים/כל יום/לעתים קרובות/לפעמים/לעתים רחוקות/אף פעם לא/תמיד

WORD LIST FOR LESSON 16 — אוצר מילים לשיעור 16

Nouns — שמות

	רבים	יחיד/ה
lake	אֲגָמִים	אֲגָם (ז)
island	אִיִּים	אִי (ז)
event	אֵירוּעִים	אֵירוּעַ (ז)
wealth		בְּרִיאוּת (נ)
minute	דַּקּוֹת	דַּקָּה (נ)
continuation	הֶמְשֵׁכִים	הֶמְשֵׁךְ (ז)
mountain	הָרִים	הָר (ז)
month	חוֹדָשִׁים	חוֹדֶשׁ (ז)
2 months	חוֹדְשַׁיִים	
shore	חוֹפִים	חוֹף (ז)
vacation	חוּפְשׁוֹת	חוּפְשָׁה (נ)
excursion	טִיּוּלִים	טִיּוּל (ז)
Greece		יָוָון (נ)
day	יָמִים	יוֹם (ז)
2 days	יוֹמַיִים	
ad	מוֹדָעוֹת	מוֹדָעָה (נ)
boat	סִירוֹת	סִירָה (נ)
ascent		עֲלִיָּה (נ)
leisure/free time		פְּנַאי (ז)
week	שְׁבוּעוֹת	שָׁבוּעַ (ז)
2 weeks	שְׁבוּעַיִים	
routine		שִׁגְרָה (נ)
year	שָׁנִים	שָׁנָה (נ)
2 years	שְׁנָתַיִים	
2 hours	שַׁעֲתַיִים	
hobby	תַּחְבִּיבִים	תַּחְבִּיב (ז)

Adjectives — תארים

	יחידה	יחיד
other/different	אַחֶרֶת	אַחֵר
free	חוֹפְשִׁית	חוֹפְשִׁי
experienced	מְנוּסָה	מְנוּסֶה
local	מְקוֹמִית	מקוֹמִי
family type	מִשְׁפַּחְתִּית	מִשְׁפַּחְתִּי
psychological	נַפְשִׁית	נַפְשִׁי
temporary	זְמַנִּית	זְמַנִּי

יחיד	יחידה	
שִׁגְרָתִי	שִׁגְרָתִית	routine (adj.)
שׁוֹנֶה מ...	שׁוֹנָה מ...	different (than)
שׁוֹנִים	שׁוֹנוֹת	various/different
שְׁנָתִי	שְׁנָתִית	annual

פעלים — Verbs

לְבַלּוֹת	בִּילָה מְבַלֶּה יְבַלֶּה	to spend time/have a good time
לְהַצְלִיחַ	הִצְלִיחַ מַצְלִיחַ יַצְלִיחַ	to succeed
לְהִתְעַמֵּל	הִתְעַמֵּל מִתְעַמֵּל יִתְעַמֵּל	to exercise
לִחְיוֹת	חַי חַי יִחְיֶה	to live/lead a life
לְטַפֵּס	טִיפֵּס מְטַפֵּס יְטַפֵּס	to climb
לְגַלּוֹת	גִילָה מְגַלֶּה יְגַלֶּה	to discover
לְטַיֵּיל	טִיֵּיל מְטַיֵּיל יְטַיֵּיל	to hike/go on excursions

מילות ותארי פועל — Particles, Prepositions, and Adverbs

אַגַּב	by the way
כְּדַאי	it is worthwhile
לִפְעָמִים	sometimes
כְּשֶׁ.../כַּאֲשֶׁר + משפט	when + sentence
לִפְנֵי שֶׁ.../אַחֲרֵי שֶׁ... + משפט	before/after + sentence
לְעִתִּים קְרוֹבוֹת	often
לְעִתִּים רְחוֹקוֹת	seldom
אַף פַּעַם לֹא	never
בְּדֶרֶךְ כְּלָל	usually

ביטויים וצירופים — Expressions and Phrases

לַעֲסוֹק בְּסְפּוֹרְט	to engage in sports
בֵּית חֲרוֹשֶׁת (ז) בָּתֵּי חֲרוֹשֶׁת	factory
חוּפְשָׁה שְׁנָתִית (נ) חוּפְשׁוֹת שְׁנָתִיּוֹת	annual vacation
חוּץ לָאָרֶץ (חוּ״ל)	abroad
סְפִינַת סִיּוּרִים (נ)	cruise ship
רַכֶּבֶת מְהִירָה (נ)	rapid train

LESSON 17 שיעור מספר 17

PART A חלק א׳

DIALOGUE A: PLANS FOR THE WEEKEND

שיחון א׳: תוכניות לסוף שבוע באילת

(אורי, אמנון וגיל יושבים בקפיטריה ומדברים על התוכניות לסוף השבוע.)

אורי: יש לכם תוכניות לסוף השבוע? תהיו עֲסוּקִים?

אמנון: אין לי תוכניות – אני לא עסוק.

גיל: היו לי תוכניות, אבל עכשיו אין לי תוכניות.

אמנון: אורי, מה אתה מתכונן לעשות?

אורי: אני לא יודע – אני לא אוהב לעשות תוכניות.

גיל: בּוֹאוּ נִיסַע לאילת!

אמנון: זה רַעיוֹן טוב! כְּדַאי לנסוע לאילת.

אורי: למי יש מכונית?

גיל: לי אין.

אמנון: גם לי אין מכונית.

אורי: אז אי אפשר לנסוע.

גיל: מה זאת אומרת אי אפשר? יש אוטובוס כל שעה.

אמנון: ואיפה אפשר לָלוּן?

אורי: אפשר לקחת אוֹהֶל ושַׂקֵּי שֵׁינָה וללון על החוף.

אמנון: ללון באוהל? על החוף?

גיל: אל תִּדְאֲגוּ! יהיה נחמד.

אורי: כן. יהיה טוב!

אורי: מתי אתם רוצים לצאת מהעיר?

גיל: מוקדם.

אורי: אבל אני אֶגמוֹר לעבוד רק בשלוש.

אמנון: אחרי שתִגמוֹר את העבודה שלך, תִפגוֹש אותנו בתחנה. אנחנו נַעֲמוֹד בתור לכרטיסים, כי אנחנו רוצים לצאת מוקדם. זאת נסיעה ארוכה.

(רונית, אורלי וזהבה יושבות בספריה ומדברות על התוכניות שלהן לסוף השבוע.)

רונית: אורלי, מה את מְתכּוֹנֶנֶת לעשות בסוף השבוע הקרוב?

אורלי: אין לי תוכניות. זהבה, בדרך כלל יש לך רעיונות טובים. מה כדאי לנו לעשות?

זהבה: לִפעמים יש לי רעיונות טובים, אבל לא הפעם. אולי לך, רונית, יש איזה רעיון?

רונית: אין לי.
אורלי: חבל!
רונית: אני רציתי להזמין את אורי לקונצרט אבל הוא אמר שהוא עסוק.
זהבה: מי צריך את אורי?
אורלי: (מסתכלת בעיתון) יש לי רעיון! בּוֹאוּ נִיסַע לאילת.
רונית: לאילת? בחודש ינואר?
אורלי: יש כאן מודעה על חופשה מיוחדת לרווקים ורווקות עם טיולים בסביבה, מסיבות ו...
רונית: רווקים? זה נשמע טוב!
אורלי: זהבה – את באה איתנו?
זהבה: כן. גם אני רוצה לנסוע. אני לא רוצה לשבת בבית.
אורלי: את חושבת שיהיה מקום במלון?
רונית: אפשר לטלפן ולהזמין מקום.

יום ששי אחרי הצהריים

(גיל, אורי ואמנון יושבים באוטובוס. זהבה, אורלי ורונית באות ברגע האחרון לתחנת האוטובוס.)
נהג: נו כבר! עוד רגע אני יוצא.
זהבה: נהג! רק רגע! אנחנו כבר עולות.
(רונית וזהבה עולות לאוטובוס.)
רונית: אורלי – הוא יוצא עוד רגע.
אורלי: רגע, רגע! אני לא מוצאת את הכסף שלי.
(רונית עולה לאוטובוס.)
אורלי: זה לא אורי שם על יד החלון?
רונית: זה באמת אורי ועל יד אורי יושב אמנון ועל יד אמנון יושב גיל.
נהג: זוזו אֲחוֹרָה, בבקשה! יש מקום לכולם!
(זהבה, רונית ואורלי זזות.)
רונית: עכשיו אני יודעת מה היו "התוכניות" של אורי.
נהג: אני לא נוסע אם כולם לא יושבים!
(זהבה, רונית ואורלי יושבות.)
אורי: זהבה, רונית ואורלי – מה אתן עושות כאן?

מערכת הפועל: THE VERB SYSTEM:
זמן עתיד בבניין פעל FUTURE TENSE IN PA'AL

The future tense in Hebrew, as in English, is used to express an action, event, or state that has not yet happened but is expected to happen (with varying degrees of certainty).

The future tense is also referred to as the "prefix" tense, because each verb form starts with a letter that indicates the subject of the verb.

Subject pronoun prefix:

אני = אֶ + גְמוֹר
אתה = תִ + גְמוֹר

(By the same token, the past tense is often referred to as the "suffix" tense, because the verb forms have subject endings in most cases.)

Compare the subject prefixes of the future with subject suffixes of the past in the following examples.

Subject pronoun prefix:	אני = אֶ + גמור
	אתה = תִּ + גמור
Subject pronoun suffix:	אני = גמר + תִּי
	אתה = גמר + תָּ

In the future tense, the pronouns את אתם אתן הם הן also take gender or number suffixes.

Subject prefix and gender/number suffix:	את = תִּ + גמרְי + י
	אתם = תִּ + גמר + וּ
	אבל
Subject pronoun prefix:	אני = אֶ + גמוֹר
	אתה = תִּ + גמוֹר

The future tense verb forms are a combination of:

1. Future tense verb stems or bases:	-גמוֹר/-גמר-
2. Subject pronouns prefixed to these verb bases:	א+גמוֹר (בסיס 1)
3. Number and gender features suffixed to these verb bases:	ת+גמרְ+ י
	ת+גמר+ וּ (בסיס 2)

Future Prefixes and Suffixes Common to All Verbs in Hebrew

The acronym איתן is used for the subject prefixes.

(אני)	א	________	(אנחנו)	נ	________
(אתה)	ת	________	(אתם)	ת	________ וּ
(את)	ת	________ י	(אתן)	ת	________ וּ
הוא	י	________	הם	י	________ וּ
היא	ת	________	הן	י	________ וּ

Note that, as in the past tense, in the future tense the first and second person subjects are included in the verb forms, but the third person subjects must be stated by a noun or independent pronoun.

The vowels of the subject pronoun prefixes and of the future verb stems are shared by groups of verbs, classified by root composition (גזרה) and by conjugation pattern (בניין).

FUTURE TENSE IN PA'AL: VERBS WITH FIRST RADICAL ב/כ/פ

Notice the vowel of the pronoun prefixes in the following examples.

שם הפועל: לִפְגּוֹשׁ
אֶפְגּוֹשׁ
תִּפְגּוֹשׁ
יִפְגּוֹשׁ

Notice the loss of vowel in forms that end in a vowel.

תִּפְגְּשִׁי
תִּפְגְּשׁוּ
יִפְגְּשׁוּ

Here are the future and imperative tense forms of the verb לפגוש "to meet/encounter."

שם הפועל: לִפְגּוֹשׁ שורש: פ.ג.ש. גזרה: שלמים בניין: פעל

(אני)	אֶפְגּוֹשׁ		
(אתה)	תִּפְגּוֹשׁ	הוא	יִפְגּוֹשׁ
(את)	תִּפְגְּשִׁי	היא	תִּפְגּוֹשׁ
(אנחנו)	נִפְגּוֹשׁ		
(אתם)	תִּפְגְּשׁוּ	הם	יִפְגְּשׁוּ
(אתן)	תִּפְגְּשׁוּ	הן	יִפְגְּשׁוּ

Imperative: Positive — ציווי: פְּגוֹשׁ! פִּגְשִׁי! פִּגְשׁוּ!
Negative — אַל תִּפְגּוֹשׁ! אַל תִּפְגְּשִׁי! אַל תִּפְגְּשׁוּ!

A Question of Pronunciation

	ציווי	הווה	עבר	עתיד	שם פועל
	/ב/ /כ/ /פ/ = C1			/ב/ /כ/ /פ/ = C1	
to meet	פְּגוֹשׁ!	פּוֹגֵשׁ	פָּגַשְׁתִּי	אֶפְגּוֹשׁ	לִפְגּוֹשׁ
to write	כְּתוֹב!	כּוֹתֵב	כָּתַבְתִּי	אֶכְתּוֹב	לִכְתּוֹב
to check	בְּדוֹק!	בּוֹדֵק	בָּדַקְתִּי	אֶבְדּוֹק	לִבְדּוֹק

The consonants פ, כ, ב have two possible realizations: /b/, /k/, /p/, or /v/, /kh/, /f/. When they come at the beginning of the word, they are always pronounced as /b/, /k/, and /p/, and when they are at the end of a word, they are always pronounced /v/, /kh/, and /f/. In the middle of the word, it depends on the type of syllable in which they appear. In the case of the verb "to meet," the first letter of the root פ is pronounced as /p/ in present, past, and the imperative forms, since it is the first letter of the word. However, it is pronounced as /f/ in the future forms and in the infinitive.

with dagesh (stops): בּ/כּ/פּ
without dagesh (fricatives): ב/כ/פ

EXERCISE 1 — תרגיל מספר 1

Complete the following sentences with verbs in the future tense. Also indicate the root letters.

שם הפועל: לכתוב שורש: ______ גזרה: שלמים בניין: פעל
אתם תכתבו את המכתב לדן?
אתה ________ את התרגילים הבוקר?
מתי הוא ________ את הספר?
היא לא ________ את הכל, כי היא לא זוכרת את הכל.
אנחנו ________ את הכתובת שלנו.
אני ________ את שיעורי הבית בזמן השיעור.
הן לא ________ שום דבר!

שם הפועל: לגמור שורש: ______ גזרה: שלמים בניין: פעל
אני אגמור את העבודה מוקדם.
דן, מתי אתה ________ לכתוב את המכתב?
למה הוא לא ________ את השיעורים בזמן?
דינה ________ לכתוב את המבחן הערב.
אנחנו לא ________ את הכל הערב.
אתם באמת ________ לקרוא את כל הספר?
הן לא ________ את הארוחה עד שבע.

שם הפועל: לסגור שורש: ______ גזרה: שלמים בניין: פעל
אתה תסגור את הדלת?
את ________ את החנות לפני הצהריים.
למה הוא לא ________ את החנות בצהריים?
הם לא ________ את הדלת, כי לדוד אין מפתח. (מפתח=key)
אנחנו ________ את כל הדלתות במכונית שלנו.
אתן לא ________ את המסעדה בחג?
אני לא ________ את הקופה לפני שבע. (קופה=box office)

סיכום: הווה, עבר, עתיד וציווי – בנין פעל – גזרה שלמים

לפגוש (את) שורש: פ.ג.ש. to meet

גוף	הווה	עבר	עתיד	ציווי
אני (ז)	פוֹגֵשׁ	פָּגַשְׁתִּי	אֶפְגּוֹשׁ	
אני (נ)	פוֹגֶשֶׁת	פָּגַשְׁתִּי	אֶפְגּוֹשׁ	
אתה	פוֹגֵשׁ	פָּגַשְׁתָּ	תִּפְגּוֹשׁ	פְּגוֹשׁ!
את	פוֹגֶשֶׁת	פָּגַשְׁתְּ	תִּפְגְּשִׁי	פִּגְשִׁי!
הוא	פוֹגֵשׁ	פָּגַשׁ	יִפְגּוֹשׁ	
היא	פוֹגֶשֶׁת	פָּגְשָׁה	תִּפְגּוֹשׁ	
אנחנו (ז)	פוֹגְשִׁים	פָּגַשְׁנוּ	נִפְגּוֹשׁ	
אנחנו (נ)	פוֹגְשׁוֹת	פָּגַשְׁנוּ	נִפְגּוֹשׁ	
אתם	פוֹגְשִׁים	פְּגַשְׁתֶּם	תִּפְגְּשׁוּ	פִּגְשׁוּ!
אתן	פוֹגְשׁוֹת	פְּגַשְׁתֶּן	תִּפְגְּשׁוּ	פִּגְשׁוּ!
הם	פוֹגְשִׁים	פָּגְשׁוּ	יִפְגְּשׁוּ	
הן	פוֹגְשׁוֹת	פָּגְשׁוּ	יִפְגְּשׁוּ	

EXERCISE 2 **תרגיל מספר 2**

Change tense to future in the following sentences.

1. כתבנו מכתב להורים שלנו.
2. הוא גמר לאכול בשבע.
3. הם רקדו ריקודי עם.
4. גמרתי לעבוד וסגרתי את החנות.
5. דינה, את מי פגשת בכיתה?
6. רק אתם פגשתם את ד"ר שכטר?
7. המורה גמרה את השיעור.
8. מי סגר את הדלת?
9. את מי פגשתם בתחנה?
10. כתבתן את כל התרגילים?
11. אני לא רקדתי בערב.
12. אתה לא סגרת את הדלת.

FUTURE TENSE IN PA'AL: VERBS WITH FIRST RADICAL ע' or ח'

A Question of Pronunciation

When the first letter of the root is ח' or ע', the vowel of the second and third person is changed from /i-/ to /a-/: תִּרְקוֹד אבל תַּעֲבוֹד

The same is true of the infinitive forms: לַחֲזוֹר, לַעֲזוֹר אבל לִלְמוֹד

Notice the vowel of the pronoun prefixes in the following examples.

שם הפועל: לַעֲבוֹד
עתיד: אֶעֱבוֹד
תַּעֲבוֹד
יַעֲבוֹד

Notice the loss of vowel in forms that end in a vowel.

עתיד: תַּעַבְדִי
תַּעַבְדוּ
יַעַבְדוּ

A "helping" vowel identical to the prefix vowel is often added to the verb form. That additional vowel is always present in verbs that have ע' as a first root letter, and often but not always in verbs that have ח' as a first root letter.

אֶעֱבוֹד	אֶחזור	אֶחשוֹב
תַּעֲבוֹד	תַחזור	תַּחשוֹב
נַעֲבוֹד	נַחזור	נַחשוֹב
תַּעַבְדִי	*תַּחְזְרִי	*תַּחְשְׁבִי
תַּעַבְדוּ	*תַּחְזְרוּ	*תַּחְשְׁבוּ

The starred (*) forms reflect common pronunciation. In more formal Hebrew, these forms, like those that have ח' as the first root letter, have an extra /a/ vowel.

Informal	*Formal*
תַּחְזְרִי	תַּחַזְרִי
תַּחְזְרוּ	תַּחַזְרוּ

Here are the future and imperative forms of the verb **לעבוד** "to work."

שם הפועל: לעבוד שורש: גזרה: בניין:

(אני)	אֶעֱבוֹד		
(אתה)	תַּעֲבוֹד	הוא	יַעֲבוֹד
(את)	תַּעַבְדִי	היא	תַּעֲבוֹד
(אנחנו)	נַעֲבוֹד		
(אתם)	תַּעַבְדוּ	הם	יַעַבְדוּ
(אתן)	תַּעַבְדוּ	הן	יַעַבְדוּ

ציווי: עֲבוֹד! עִבְדִי! עִבְדוּ!
אַל תַּעֲבוֹד! אַל תַּעַבְדִי! אַל תַּעַבְדוּ!

EXERCISE 3 תרגיל מספר 3

Complete the sentences with verbs in the future tense. Also indicate the root letters.

שם הפועל: לחשוב שורש: _____ גזרה: שלמים בניין: פעל

למה שלא תחשוב גם על ההורים שלך?

את _______ על מה שאמרנו לך.

מתי הוא _______ שהוא צריך לגמור את השיעורים שלו?

הם לא _______ שאתה לא רוצה לבוא.

שם הפועל: לעמוד שורש: _____ גזרה: שלמים בניין: פעל

(לעמוד/לעמוד בתור = "to stand/stand in line")

אני אעמוד בתור לאוטובוס.

את _______ איתנו בתור לכרטיסים?

למה הוא לא _______ בתור?

הם לא _______ באוטובוס, כי יש מקום לשבת.

היא _______ ברחוב עד שאתם תבואו.

אנחנו לא _______ ברחוב!

EXERCISE 4 תרגיל מספר 4

1. Change the verbs in passage 1 to future tense.
2. Rewrite the passage in future tense using *first* person. (Orli tells his plans.)
3. Change the verbs to past tense.
4. Rewrite the passage in past tense using *first* person. (Orli tells what happened.)

קטע 1

אורי פוגש את גיל ואמנון בתחנה בצהריים. הוא עובד משמונה עד אחת עשׂרה בבּוקר. הוא לא גומר לעבוד לפני אחת עשׂרה. הוא עוזר למנהל לגמור עבודה חשובה. הם גומרים את העבודה. המנהל חוזר הביתה, אבל אורי לא חוזר הביתה. גיל ואמנון פוגשים אותו בתחנת האוטובוסים. הם עומדים בַּתּוֹר לקנות כּרטיסים לאילת.

1. Change the verbs in passage 2 to future tense.
2. Rewrite the passage in future tense using *first* person *plural*. (Ronit and Orli tell about their plans.)
3. Change the verbs to past tense.
4. Rewrite the passage in past tense using first person. (Zehava tells.)

קטע 2

רונית ואורלי גומרות ללמוד מוקדם. הן פּוגשות את זהבה בּמשׂרד שלה. היא עובדת עד הצהריים. היא לא גומרת לעבוד לפני אחת. רונית ואורלי עוזרות לזהבה לגמור את העבודה שלה. זהבה סוגרת את המשׂרד באחת.

EXISTENTIAL STATEMENTS: PRESENT, PAST, AND FUTURE

The יש/אין statements in the past and future are expressed with the verb "to be." The third person forms of the verb are used, and they agree with the subject of the sentence in number and gender.

גוף	*הווה*	*עבר*	*עתיד*
הוא	יֵש	הָיָה	יִהְיֶה
היא	יֵש	הָיְתָה	תִהְיֶה
הם/הן	יֵש	הָיוּ	יִהְיוּ

זכר-יחיד		*נקבה-יחידה*		*רבים ורבות*	
יֵש / הָיָה / יִהְיֶה	שיעור	יֵש / הָיְתָה / תִּהְיֶה	תוכנית	יֵש / הָיוּ / יִהְיוּ	אוטובוסים
אֵין / לא הָיָה / לא יִהְיֶה	שיעור	אֵין / לא הָיְתָה / לא תִּהְיֶה	תוכנית	אֵין / לא הָיוּ / לא יִהְיוּ	אוטובוסים

EXERCISE 5 — תרגיל מספר 5

Read the sentences and translate them into English.

מקום – זכר יחיד

יש מקום באוטובוס?

יש מקום באוטובוס. היה מקום בחדר. יהיה מקום בכיתה.

אין מקום באוטובוס. לא היה מקום בחדר. לא יהיה מקום בכיתה.

תוכנית – נקבה יחידה

יש תוכנית הערב?

יש תוכנית הערב. היתה תוכנית אתמול. תהיה תוכנית מחר.

אין תוכנית הערב. לא היתה תוכנית אתמול. לא תהיה תוכנית מחר.

חדרים – זכר רבים

יש חדרים במלון?

יש חדרים במלון. היו חדרים במלון. יהיו חדרים מחר.

אין חדרים במלון. לא היו חדרים במלון. לא יהיו חדרים עד מחר.

ארוחות – נקבה רבות

יש ארוחות במלון?

יש ארוחות בקפיטריה. היו ארוחות במלון. יהיו ארוחות במסעדה.

אין ארוחות בקפיטריה. לא היו ארוחות במלון. לא יהיו ארוחות במסעדה.

תרגיל מספר 6 **EXERCISE 6**

1. יש בבנק הזה פקידים נחמדים.
עבר: *היו בבנק הזה פקידים נחמדים.*
עתיד: *יהיו בבנק הזה פקידים נחמדים.*

2. אין בחנות של עוזי בגדי ים יפים.
עבר: ______
עתיד: ______

3. יש הרבה אוכל בפיקניק השנתי שלנו.
עבר: ______
עתיד: ______

4. אין מוסיקה מעניינת ברדיו.
עבר: ______
עתיד: ______

5. יש הצגות טובות בתיאטרון. (הַצָּגוֹת = "shows")
עבר: ______
עתיד: ______

6. יש מעט אורחים במלון הזה.
עבר: ______
עתיד: ______

7. אין תוכניות מעניינות בטלויזיה.
עבר: ______
עתיד: ______

תבניות לשון **SPEECH PATTERNS**

נעים מאוד במלון.
היה נעים מאוד במלון.
יהיה נעים מאוד במלון.

IMPERSONAL EXPRESSIONS

"It Is (Was/Will Be)" + Adjective
You have already been introduced to sentences, consisting of a predicate which is an adjective in the masculine singular form. In English such statements are introduced by "It is."

It is pleasant to sit here.	נעים לשבת כאן.
It is nice to be here.	נחמד להיות פה.
It is good to live here.	טוב לגור פה.

When "it is" descriptive statements occur in past or future tenses, the verb "to be" precedes the adjective. *It is always in the third person singular.*

הווה	*עבר*	*עתיד*
נחמד לגור פה.	היה נחמד לגור שם.	יהיה נחמד לגור פה.
נעים לשבת בחוץ.	היה נעים לשבת בחוץ.	יהיה נעים לשבת בחוץ.

EXERCISE 7 **תרגיל מספר 7**

1. נחמד על חוף הים.
עבר: ____________________
עתיד: ____________________

2. לא נעים לבוא מאוחר.
עבר: ____________________
עתיד: ____________________

3. לא יפה בחוץ.
עבר: ____________________
עתיד: ____________________

4. חשוב לקנות כרטיסים.
עבר: ____________________
עתיד: ____________________

5. לא טוב לשבת בבית.
עבר: ____________________
עתיד: ____________________

6. טוב לגור בירושלים.
עבר: ____________________
עתיד: ____________________

PART B

חלק ב׳

DIALOGUE B:
A PHONE CONVERSATION BETWEEN ORLI AND YOSSI

שיחון ב׳:
שיחת טלפון בין אורלי ויוסי

יוסי: לאן נסעת בסוף השבוע?
אורלי: נסעתי לאילת.
יוסי: נסעת לבַדֵּךְ?
אורלי: לא. לא נסעתי לבַדִּי. נסעתי עם חברות.
יוסי: איך היה? היה חם או קר?
אורלי: היה חם מאוד.
יוסי: לפעמים קר באילת בחורף. אני זוכר שפעם הייתי שם ולא היה אפילו יום חם אחד.
אורלי: אבל הפעם היה נהדר. כל יום היה חם והשמש זרחה. בלילה יָשַׁנּוּ על החוף לאור הירח.
יוסי: זה נשמע רומנטי מאוד.
אורלי: כן. קוראים לזה מלון של אלף כוכבים. מה אתה עשית בסוף השבוע?
יוסי: לא עשיתי כלום. אבל בסוף השבוע הבא אני מתכונן לנסוע לחרמון עם חברים.
אורלי: לחרמון? שם קר מאוד בחורף – ממש קור כלבים.
יוסי: נכון. אמנם יהיה באמת קר, אבל זה דווקא טוב.
אורלי: טוב?
יוסי: כן. כי אולי יֵרֵד הרבה שלג.
אורלי: זה מזג אוויר טוב לחופשה? שלג?
יוסי: זה מזג אוויר נהדר לסקי בחרמון. אם יהיה לנו מזל, השמיים יהיו בהירים ולא תהיה רוח.
אורלי: אולי כדאי לי לנסוע איתכם לחרמון.
יוסי: יש מקום. את רוצה לבוא?
אורלי: אֶשְׂמַח לבוא.
יוסי: נִסַּע במכונית ובדרך נַעֲצוֹר במקומות יפים.
אורלי: אם תִּנְהֲגוּ, אני באמת באה, אני לא אוהבת לנסוע באוטובוסים.

FUTURE TENSE IN PA'AL:
VERBS WITH SECOND AND THIRD RADICALS א/ע/ח/ה

In part A of this lesson you were introduced to a group of Pa'al verbs that share a future stem X **O** X X-. The following group of verbs shares a future tense stem X **A** X X-.

Notice the vowel of the pronoun prefixes in the following examples.

שם הפועל: לִלמוד
עתיד: אֶלְמַד
תִּלְמַד
יִלְמַד

Notice the loss of the stem vowel in forms that end in a vowel.

תִּלְמְדִי
תִּלְמְדוּ
יִלְמְדוּ

Notice that the infinitive form does *not* share the same stem vowel with the future.

/lilmod/	לִלְמוֹד	
/elmad/	אֶלְמַד	אבל

Verbs that regularly have an /a/ stem vowel are the following.

VERBS WITH SECOND RADICAL א/ע/ח/ה — פעלי ע׳ גרונית

א = ד.א.ג. ה = נ.ה.ג. ע = נ.ע.ל. ח = צ.ח.ק.

to worry	אֶדְאַג	לִדְאוֹג
to drive	אֶנְהַג	לִנְהוֹג
to lock	אֶנְעַל	לִנְעוֹל
to laugh	אֶצְחַק	לִצְחוֹק

Here is an example of a verb with /a/ stem vowel in the future and imperative.

סיכום: הווה, עבר, עתיד וציווי בנין פעל גזרה ע׳ גרונית

לִנְהוֹג שורש: נ.ה.ג. to drive

ציווי	עתיד	עבר	הווה	גוף
	אֶנהַג	נָהַגתִּי	נוֹהֵג	אני (ז)
	אֶנהַג	נָהַגתִּי	נוֹהֶגֶת	אני (נ)
נְהַג!	תִּנהַג	נָהַגתָּ	נוֹהֵג	אתה
נַהֲגִי!	תִּנהֲגִי	נָהַגת	נוֹהֶגֶת	את
	יִנהַג	נָהַג	נוֹהֵג	הוא
	תִּנהַג	נָהֲגָה	נוֹהֶגֶת	היא
	נִנהַג	נָהַגנוּ	נוֹהֲגִים	אנחנו (ז)
	נִנהַג	נָהַגנוּ	נוֹהֲגוֹת	אנחנו (נ)
נַהֲגוּ!	תִּנהֲגוּ	נְהַגתֶּם	נוֹהֲגִים	אתם
נַהֲגוּ!	תִּנהֲגוּ	נְהַגתֶּן	נוֹהֲגוֹת	אתן
	יִנהֲגוּ	נָהֲגוּ	נוֹהֲגִים	הם
	יִנהֲגוּ	נָהֲגוּ	נוֹהֲגוֹת	הן

Related nouns are נֶהָג/נַהֶגֶת "driver" and רִשְׁיוֹן נְהִיגָה "driver's license".

EXERCISE 8 **תרגיל מספר 8**

Complete the following sentences in the future tense, and indicate the root letters.

שם הפועל: לנהוג שורש: ______ גזרה: שלמים בניין: פעל

אתה ______ במכונית שלך?

את ______ או תיסעי באוטובוס?

למה הם לא ______? אין להם מכונית?

אנחנו לא ______ כי אין לנו רשיון נהיגה.

שם הפועל: לדאוג שורש: ______ גזרה: שלמים בניין: פעל

הם ______ לכם, כי הם תמיד דואגים.

את לא ______ אם אנחנו לא נבוא בזמן.

אני לא ______ לו, כי אין לו בעיות.

Verbs with Third Radical ע, ח — פעלי ל׳ גרונית

Verbs that end in ח or ע also belong to the group of verbs that have an /a/ stem vowel in future tense.

to be glad	/lismo'ach/	/esmach/	אֶשְׂמַח	לִשְׂמוֹחַ
to hear	/lishmo'a/	/eshma'/	אֶשְׁמַע	לִשְׁמוֹעַ

סיכום: הווה, עבר, עתיד וציווי – בנין פעל – גזרה ל׳ גרונית

לִשְׂמוֹחַ שורש: ש.מ.ח. to be glad

גוף	*הווה*	*עבר*	*עתיד*	*ציווי*
אני (ז)	שָׂמֵחַ	שָׂמַחְתִּי	אֶשְׂמַח	
אני (נ)	שְׂמֵחָה	שָׂמַחְתִּי	אֶשְׂמַח	
אתה	שָׂמֵחַ	שָׂמַחְתָּ	תִּשְׂמַח	שְׂמַח!
את	שְׂמֵחָה	שָׂמַחַת	תִּשְׂמְחִי	שִׂמְחִי!
הוא	שָׂמֵחַ	שָׂמַח	יִשְׂמַח	
היא	שְׂמֵחָה	שָׂמְחָה	תִּשְׂמַח	
אנחנו (ז)	שְׂמֵחִים	שָׂמַחְנוּ	נִשְׂמַח	
אנחנו (נ)	שְׂמֵחוֹת	שָׂמַחְנוּ	נִשְׂמַח	
אתם	שְׂמֵחִים	שְׂמַחְתֶּם	תִּשְׂמְחוּ	שִׂמְחוּ!
אתן	שְׂמֵחוֹת	שְׂמַחְתֶּן	תִּשְׂמְחוּ	שִׂמְחוּ!
הם	שְׂמֵחִים	שָׂמְחוּ	יִשְׂמְחוּ	
הן	שְׂמֵחוֹת	שָׂמְחוּ	יִשְׂמְחוּ	

A related noun is שִׂמְחָה (נ) "joy".

EXERCISE 9 **תרגיל מספר 9**

Complete the sentences with verbs in future tense. Also indicate the root letters.

שם הפועל: לשמוע שורש: _____ גזרה: שלמים בניין: פעל
אתה _______ ממנו השבוע?
אני _______ מההורים שלי עוד היום.
הם לא _______ את החדשות, כי הם נמצאים מחוץ לעיר.

שם הפועל: לשמוח שורש: _____ גזרה: שלמים בניין: פעל
אנחנו _______ מאוד אם נפגוש אתכם באילת.
אתה לא _______ אם אנחנו לא נבוא בזמן.
אני _______ מאוד לנסוע איתכם לגליל.

HOT AND COLD

Hot and Cold: Impersonal Statements about the Weather

		Present	*Past*	*Future*
חַם	It is hot.	בקיץ חם	היה חם בקיץ	יהיה חם באוגוסט
קַר	It is cold.	בחורף קר	היה קר בינואר	יהיה קר בחורף

Hot and Cold: Statements about How People Feel

	Past	*Future*
I am hot. חַם לִי	היה לי חם	יהיה לי חם
I am cold. קַר לִי	היה לי קר	יהיה לי קר
We are hot. חם לנו	היה לנו חם	יהיה לנו חם
We are cold. קר לנו	היה לנו קר	יהיה לנו קר

In Hebrew the statement חם/קר לי "I am hot/cold" can be translated literally as "It is hot/cold *to me.*" The state of heat/cold is perceived as affecting the person, and thus the person is *not* the subject of the sentence.

Hot and Cold: Adjectives

בַּיִת חַם	ארוּחָה חַמָּה	מים חַמִּים	ארוחות חַמּוֹת
אוֹכֶל קַר	בִּירָה קָרָה	מים קָרִים	ארוחות קָרוֹת

Notice that the words for "hot" and "cold" have number and gender features *only when they function as adjectives.*

EXERCISE 10 **תרגיל מספר 10**

Add "hot" and "cold" as expressions or adjectives as appropriate.

1. אנחנו תמיד אוכלים ארוחה ________ בצהריים.
2. יש לכם מים ________?
3. בינואר – ________ או ________ באוסטרליה?
4. אם ________ לך, תִּלְבְּשִׁי סְוֶדֶר!
5. אנחנו יְשֵׁנִים בַּחוּץ, אבל לא ________ לנו. ________ לנו, כי יש לנו שַׂק שינה.
6. היה ________ מאוד באוגוסט, אבל עכשיו לא ________. ________ מאוד!

WEATHER

גשם (ז) rain
יוֹרֵד גֶּשֶׁם It's raining.
יָרַד גֶּשֶׁם It rained.
יֵרֵד גֶּשֶׁם It will rain.

שלג (ז) snow
יוֹרֵד שֶׁלֶג It's snowing.
יָרַד שֶׁלֶג It snowed.
יֵרֵד שֶׁלֶג It will snow.

רוח (נ) wind
הָרוּחַ נוֹשֶׁבֶת The wind is blowing.
הָרוּחַ נָשְׁבָה The wind was blowing.
הָרוּחַ תִּנְשׁוֹב The wind will blow.

שמש (נ) sun
הַשֶּׁמֶשׁ זוֹרַחַת The sun is shining.
הַשֶּׁמֶשׁ זָרְחָה The sun was shining.
הַשֶּׁמֶשׁ תִּזְרַח The sun will shine.

EXERCISE 11 **תרגיל מספר 11**

Add "hot" and "cold" as expressions or adjectives as appropriate.

1. כשיורד שלג, ________ מאוד.
2. ירד גשם, אבל לא היה ________.
3. מדצמבר עד מרץ ירד שלג ויהיה ________.
4. במאי לא ירדו גשמים ולא נשבה רוח והיה ________ מאוד.
5. בלילה ________ על חוף הים, אבל ביום השמש זורחת ו________.
6. היום יורד גשם אבל מחר השמש תזרח ויהיה ________.

.7   היה לנו _____, כי ירד גשם ולא היה לנו אוהל.

.8   השמש זרחה כל היום. היינו צמאים ולא היו לנו מים _____.

.9   מחר ירד שלג, אבל היום השמש זורחת. מחר יהיה _____, אבל היום

_____.

.10 אם הרוח לא תנשוב ואם השמש תזרח, יהיה _____ ואנחנו נלך לשחות בים.

לא יהיה לנו _____, אם השמש תזרח.

תרגיל מספר 12   **EXERCISE 12**

Task: You chose a trip. Make a list of things to bring for the trip.

משימה: בחרת בטיול. עשה רשימה של בגדים וחפצים לטיול.

A suggested list for hiking trip	רשימת חפצים לטיול ברגל
אוהל	תרמיל גב
שתי חולצות עם שרוולים ארוכים	2 זוגות מכנסיים
5 זוגות לבנים	זוג נעלי התעמלות
5 זוגות גרביים עבות	זוג נעלי הליכה נוחות
בגד ים	סוודר
מעיל גשם	מעיל רוח
כובע	בגד ים
כלי רחצה	מגבת
מימיה	שק שינה או שמיכה

כדאי לקחת: מצלמה, משקפת, מפות

A suggested list for a cruise	רשימת חפצים לשיט
לנשים	*לגברים*
2 שמלות קיציות	2 זוגות מכנסיים
שמלת ערב	חליפה לערב
בגד ים	בגד ים
מכנסיים קצרים	מכנסיים קצרים
חולצות קלות	חולצות קלות
סנדלים/נעלי התעמלות	סנדלים/נעלי התעמלות
זוג נעליים	זוג נעליים
משקפי שמש	משקפי שמש
סוודר קל	סוודר קל
כובע	כובע

כדאי לקחת מצלמה, משקפת, מדריך טיולים

DIALOGUE C: FROM THE TALES OF ZALMAN AND ZELDA – TRAVELING ON THE ROAD

שיחון ג׳: מסיפורי זלמן וזלדה – נוסעים בדרכים

(זלמן וזלדה נוסעים בדרך לגליל. זלמן נוהג במכונית.)

זלמן: זלדה, קר בחוץ.

זלדה: אז מה?

זלמן: סִגְרִי את החַלּוֹן שלך!

זלדה: לא קַר! חַם! אני לא רוצה לסגור את החלון. תסגור את החלון שלך.

זלמן: טוב, אַל תִּסְגְרִי את החלון! אני אֶסגוֹר את החלון שלי!

(אחרי שתי דקות.)

זלדה: זלמן עֲצוֹר! אתה לא רואה אוֹר אָדוֹם?

זלמן: לא! אני עִיוֵור צבָעִים.

זלדה: חֲזוֹר הביתה! אני לא רוצה לנסוע איתך.

זלמן: חבל מאוד.

זלדה: עֲצוֹר את המכונית! אני רוצה לרדת.

זלמן: לַעֲצוֹר את המכונית פה? באמצע הכביש?

זלדה: אַל תַּעֲצוֹר עכשיו! עֲצוֹר אחרי הרַמזור הבא!

זלמן: אין איפה. אָסוּר לַעֲמוֹד שָׁם – זאת תחנת אוטובוסים.

זלדה: מוּתָר לַעֲמוֹד לרגע!

זלמן: תַּגִּידִי את זה למשטרה!

(אחרי שלוש דקות.)

זלמן: זלדה, ראית את המכונית שלא עצרה ברמזור והמשיכה לנסוע?

זלדה: ראיתי. פֶּרֶא אָדָם!

זלמן: רִשְׁמִי את מספר המכונית!

זלדה: אני לא שוטר! אם אתה רוצה לרשום את מספר המכונית – רְשׁוֹם אתה אֶת המספר!

זלמן: את רוצה שתהיה כאן תאוּנַת דרָכִים? אני לא יכול לנהוג ולכתוב.

זלדה: אז אַל תִּרשוֹם! אבל אַל תַּגִּיד לי לרשום מספרים של מכוניות.

(אחרי ארבע דקות.)

זלדה: אולי תִּנהַג קצת יותר לאט!

זלמן: מי נוֹהֵג מהר?

זלדה: אתה!

זלמן: מי? אני?! אַל תַּגִּידִי לי אֵיך לנהוג!!

זלדה: סַע לאט!!! אתה לא רואה את השוטר?

זלמן: למה לא אמרת לי קודם?

זלדה: אמרתי, אבל לא שמעת. כבר מאוחר! עֲצוֹר!!

(זלמן עוצר.)

שוטר: צֵא מהמכונית!

זלמן: לצאת מהמכונית?

שוטר: שְׁמַע! אתה לא מֵבִין עברית? צֵא מהמכונית!! רִשיוֹן נהִיגָה בבקשה!

DIRECTIONS AND COMMANDS   הוראות ופקודות

Remember! In giving directions or commands, both the imperative and the future
forms of the second person may be used. When a negative command is given, the
future tense forms are used *always*.

EXERCISE 13   **תרגיל מספר 13**

Included are the verbs used in commands in Dialogue C. Complete the sentences.

שלילה	חיוב
אַל + תִּסְגּוֹר, תִּסְגְּרִי, תִּסְגְּרוּ	סְגוֹר, סִגְרִי סִגְרוּ
זלמן, _____ את החלון!	זלמן, _____ את החלון!
זלדה, _____!	זלדה, _____ את החלון!
ילדים, _____!	ילדים, _____ את החלון!
אַל + תַּעֲצוֹר, תַּעַצְרִי, תַּעַצְרוּ	עֲצוֹר, עִצְרִי, עִצְרוּ
זלמן, _____! יש אור ירוק!	זלמן, _____! יש אור אדום!
זלדה, _____! יש אור ירוק!	זלדה, _____! יש אור אדום!
ילדים, _____! יש אור ירוק!	ילדים, _____! יש אור אדום!
אַל + תַּחֲזוֹר, תַּחְזְרִי, תַּחְזְרוּ	חֲזוֹר, חִזְרִי, חִזְרוּ
זלמן, _____ הביתה!	זלמן, _____ הביתה!
זלדה, _____ הביתה!	זלדה, _____ הביתה!
ילדים, _____ הביתה!	ילדים, _____ הביתה!
אַל + תִּרְשׁוֹם, תִּרְשְׁמִי, תִּרְשְׁמוּ	רְשׁוֹם, רִשְׁמִי, רִשְׁמוּ
זלמן, _____ את המספר!	זלמן, _____ את המספר!
זלדה, _____ את המספר!	זלדה, _____ את המספר!
ילדים, _____ את המספר!	ילדים, _____ את המספר!
אַל + תִּנְהַג, תִּנְהֲגִי, תִּנְהֲגוּ	נְהַג, נַהֲגִי, נַהֲגוּ
זלמן, _____ מהר!	זלמן, _____ לאט!
זלדה, _____ מהר!	זלדה, _____ לאט!
ילדים, _____ מהר!	ילדים, _____ לאט!
אַל + תַּגִּיד, תַּגִּידִי, תַּגִּידוּ	תַּגִּיד, תַּגִּידִי, תַּגִּידוּ
זלמן, _____ לי מה לעשות!	זלמן, _____ לי מתי לבוא!
זלדה, _____ לי מה לעשות!	זלדה, _____ לי מתי לבוא!
ילדים, _____ לנו מה לעשות!	ילדים, _____ לי מה השעה!

צֵא, צְאִי, צְאוּ	אַל + תֵּצֵא, תֵּצְאִי, תֵּצְאוּ
זלמן, _____ מהמכונית!	זלמן, _____ לדרך!
זלדה, _____ מהמכונית!	זלדה, _____ לדרך!
ילדים, _____ מהמכונית!	ילדים, _____ לדרך!
סַע, סְעִי, סְעוּ	אַל + תִּיסַע, תִּיסְעִי, תִּיסְעוּ
זלמן, _____ לאט!	זלמן, _____ מהר!
זלדה, _____ לאט!	זלדה, _____ מהר!
ילדים, _____ לאט!	ילדים, _____ מהר!
בּוֹא, בּוֹאִי, בּוֹאוּ	אַל + תָּבוֹא, תָּבוֹאִי, תָּבוֹאוּ
זלמן, _____ איתנו לאילת!	זלמן, _____ מאוחר!
זלדה, _____ איתנו לאילת!	זלדה, _____ מוקדם!
ילדים, _____ איתנו לקולנוע!	ילדים, _____ אחרי עשר!
בּוֹא, בּוֹאִי, בּוֹאוּ+שם פועל!	Let's go!
זלמן, _____ ניסע לאילת!	
זלדה, _____ נלך לקולנוע!	
ילדים, _____ נלך לאכול במסעדה!	

LESSON 17 SUMMARY — שיעור 17: סיכום

Communicative Skills Introduced in This Lesson

1. How to make weekend plans
2. How to describe what you did during the weekend
3. How to make a list of things to bring for your trip

Grammatical Information Introduced in This Lesson

1. The future tense of שלמים in Pa'al conjugation

   אֶפְגּוֹשׁ, תִּפְגּוֹשׁ, תִּפְגְּשִׁי, הוּא יִפְגּוֹשׁ, הִיא תִּפְגּוֹשׁ
   נִפְגּוֹשׁ, תִּפְגְּשׁוּ, תִּפְגְּשׁוּ, הֵם יִפְגְּשׁוּ, הֵן יִפְגְּשׁוּ

2. The future tense of שלמים in Pa'al conjugation with ע' גרונית

   אֶעֱבוֹד, תַּעֲבוֹד, תַּעַבְדִי, הוּא יַעֲבוֹד, הִיא תַּעֲבוֹד
   נַעֲבוֹד, תַּעַבְדוּ, תַּעַבְדוּ, הֵם יַעַבְדוּ, הֵן יַעַבְדוּ

3. Present, past, and future of existential expressions

יש שיעור	היה שיעור	יהיה שיעור
יש בעייה	היתה בעייה	תהיה בעייה
יש שיעורים	היו שיעורים	יהיו שיעורים

4. The future tense of שלמים in Pa'al conjugation with ל' גרונית

   אֶשְׁמַע, תִּשְׁמַע, תִּשְׁמְעִי, הוּא יִשְׁמַע, הִיא תִּשְׁמַע
   נִשְׁמַע, תִּשְׁמְעוּ, תִּשְׁמְעוּ, הֵם יִשְׁמְעוּ, הֵן יִשְׁמְעוּ

5. Expressions of "hot" and "cold"

   State: חם היה חם יהיה חם קר היה קר יהיה קר
   Feeling: קר לי היה לי קר יהיה לי קר
   חם לי היה לי חם יהיה לי חם

6. Imperatives

   סגור את הדלת! פתח את החלון! סע מהר! נהג לאט! עצור כאן!
   צא מהמכונית! בוא הנה! שב בשקט! חזור הביתה!

WORD LIST FOR LESSON 17 אוצר מילים לשיעור 17

Nouns שמות

	רבים	יחיד/ה
light		אוֹר (ז)
middle		אֶמְצַע (ז)
rain	גְשָׁמִים	גֶשֶׁם (ז)
window	חַלּוֹנוֹת	חַלּוֹן (ז)
moon		יָרֵחַ (ז)
highway	כְּבִישִׁים	כְּבִישׁ (ז)
weather		מֶזֶג אֲוִויר (ז)
cashier's		קוּפָּה (נ)
wind	רוּחוֹת	רוּחַ (נ)
traffic light	רַמְזוֹרִים	רַמְזוֹר (ז)
snow	שְׁלָגִים	שֶׁלֶג (ז)
skies	שָׁמַיִם (ז.ר.)	
sun	שְׁמָשׁוֹת	שֶׁמֶשׁ (נ)
traffic accident	תְּאוּנוֹת דְרָכִים	תְּאוּנַת דְרָכִים (נ)

	יחידה	יחיד
driver	נַהֶגֶת	נֶהָג
policeman/woman	שׁוֹטֶרֶת	שׁוֹטֵר

Adjectives תארים

	יחידה	יחיד
color-blind	עִיוֶורֶת צְבָעִים	עִיוֵור צְבָעִים
clear/light colored	בְּהִירָה	בָּהִיר
special	מְיוּחֶדֶת	מְיוּחָד
wonderful	נֶהֱדֶרֶת	נֶהֱדָר

Verbs פעלים

The forms include infinitive and past, present, and future masculine singular

to check	יִבְדּוֹק	בּוֹדֵק	בָּדַק	לִבְדּוֹק
to move	יָזוּז	זָז	זָז	לָזוּז
to recall	יִזְכּוֹר	זוֹכֵר	זָכַר	לִזְכּוֹר
to shine	יִזְרַח	זוֹרֵחַ	זָרַח	לִזְרוֹחַ
to sleep over	יָלוּן	לָן	לָן	לָלוּן
to blow	יִנְשׁוֹב	נוֹשֵׁב	נָשַׁב	לִנְשׁוֹב

to go up/get on	יַעֲלֶה	עוֹלֶה	עָלָה	לַעֲלוֹת
to stand	יַעֲמוֹד	עוֹמֵד	עָמַד	לַעֲמוֹד
to halt/stop	יַעֲצוֹר	עוֹצֵר	עָצַר	לַעֲצוֹר
to laugh	יִצְחַק	צוֹחֵק	צָחַק	לִצְחוֹק
to take	יִיקַח	לוֹקֵחַ	לָקַח	לָקַחַת
to go down	יֵירֵד	יוֹרֵד	יָרַד	לָרֶדֶת
to write down/take notes	יִרְשׁוֹם	רוֹשֵׁם	רָשַׁם	לִרְשׁוֹם

Particles, Prepositions, and Adverbs   מילות ותארי פועל

to the back	אֲחוֹרָה
indeed	אָמְנָם
even	אֲפִילוּ
on purpose	דַּוְקָא
slowly	לְאַט
fast	מַהֵר

Expressions and Phrases   ביטויים וצירופים

it is raining	יוֹרֵד גֶּשֶׁם
it is snowing	יוֹרֵד שֶׁלֶג
in the light of the moon	לְאוֹר הַיָּרֵחַ
to stand in line	לַעֲמוֹד בַּתּוֹר
primitive/wild person	פֶּרֶא אָדָם
freezing	קוֹר כְּלָבִים
folk dances	רִיקוּדֵי עַם (ז.ר.)

Enrichment Vocabulary   מלים להעשרה

swimming suit	בִּגְדֵי יַם	בֶּגֶד יַם (ז)
socks	זוּגוֹת גַּרְבַּיִם	זוּג גַּרְבַּיִם
heavy socks		גַּרְבַּיִם עָבוֹת
pants	זוּגוֹת מִכְנָסַיִים	זוּג מִכְנָסַיִים (ז)
shorts		מִכְנָסַיִים קְצָרִים
shoes	זוּגוֹת נַעֲלַיִים	זוּג נַעֲלַיִים (ז)
comfortable walking shoes		נַעֲלֵי הֲלִיכָה נוֹחוֹת
gym shoes		נַעֲלֵי הִתְעַמְּלוּת
sandals		זוּג סַנְדָּלִים (ז)
shirt/blouse	חוּלְצוֹת	חוּלְצָה (נ)
shirt with long sleeves		חוּלְצָה עִם שַׁרְווּלִים אֲרוּכִּים
light shirt		חוּלְצָה קַלָּה
suit	חֲלִיפוֹת	חֲלִיפָה (נ)

כּוֹבַע (ז)	כּוֹבָעִים	hat
	לְבָנִים (ז.ר.)	underwear
מְעִיל גֶּשֶׁם (ז)	מְעִילֵי גֶּשֶׁם	raincoat
מְעִיל רוּחַ (ז)	מְעִילֵי רוּחַ	wind breaker
שִׂמְלָה (נ)	שְׂמָלוֹת	dress
שִׂמְלָה קֵייצִית		summer dress
שִׂמְלַת עֶרֶב		evening dress

צריך להביא

	כְּלֵי רַחֲצָה (ז.ר.)	toiletry
מַגֶּבֶת (נ)	מַגָּבוֹת	towel
מֵימִיָּה (נ)	מֵימִיּוֹת	canteen
מַצְלֵמָה (נ)	מַצְלֵמוֹת	camera
	מִשְׁקְפֵי שֶׁמֶשׁ (ז.ר.)	sunglasses
מִשְׁקֶפֶת (נ)	מִשְׁקָפוֹת	binoculars
שְׂמִיכָה (נ)	שְׂמִיכוֹת	blanket
תַּרְמִיל גַּב (ז)	תַּרְמִילֵי גַּב	backpack

LESSON 18 שיעור מספר 18

PART A חלק א'

DIALOGUE A: STUDENTS' DILEMMAS שיחון א': דילמות של סטודנטים

Read the dilemmas presented here and offer your advice.

סטודנטים גרים ביחד במעונות. לאף אחד אין חדר פרטי. יש לכל אחד שותף או שותפה לחדר. זאת הפעם הראשונה שהרבה סטודנטים גרים מחוץ לבית. זאת ההזדמנות הראשונה שלהם לפגוש הרבה אנשים חדשים. הם גרים ביחד וחיים ביחד. זה לא קל! יש הרבה בעיות.

דילמה א':

השותפים לחדר: עמוס ועמי

(הזמן: בוקר, עמוס ועמי בחדר.)

עמוס: עמי, למה אתה מעשן כל הזמן? עישנת אתמול בלילה, והתחלת לעשן מוקדם בבוקר.

עמי: אני מעשן כי אני אוהב לעשן.

עמוס: אבל אסור לעשן במעונות.

עמי: מותר לעשן בחדרים.

עמוס: אני מבקש ממך לא לעשן.

עמי: זה החדר שלי. אני יכול לעשן אם אני רוצה.

עמוס: מה אני צריך לעשות? מה אני יכול לעשות?

1. Give advice to Amos about what he can and should do.
2. Write a continuation of the dialogue.

דילמה ב':

השותפות לחדר: תמי ורותי

(הזמן: 12:00 בלילה. רותי נכנסת לחדר. תמי ועמי בחדר.)

רותי: מה?? אתה עוד פה?

עמי: באתי לבקר את תמי. מה יש? אסור לי לבקר את תמי?

רותי: תמי, עמי ביקר אותך שלשום בערב ונשאר עד חצות. הוא ביקר אותך אתמול בערב ונשאר עד אחת

עמי: והיום אני מתכונן להישאר עד שתיים.

רותי: אני מבקשת ממך ללכת. אני רוצה ללכת לישון.

תמי: זה גם החדר שלי. הוא יכול להישאר אם הוא רוצה.

(הזמן: 9:00 בבוקר. רותי מדברת עם אמא שלה.)

רותי: מה אני יכולה לעשות, אמא? החבר שלה כאן כל ערב. זה גם החדר שלי!

1. Write advice from Ruti's mother about what she can and should do.
2. Write a continuation of the dialogue.

דילמה ג׳:

השכנים של עמוס ועמי: דני וגיל

(הזמן: 12:00 בלילה. עמוס ועמי בחדר. עמי מנגן מוסיקה בסטריאו שלו.)

גיל: אפשר לשמוע את המוסיקה גם בניו יורק!

עמי: זאת מוסיקה טובה. נכון?

דני: אבל למה אתם מנגנים כל הזמן? כבר מאוחר.

עמי: מה פתאום? רק חצות.

דני: אני לומד למבחן.

עמוס: זאת באמת בעייה – גם בשבילי!

גיל: אז למה אתה לא אומר לו משהו! גם אתה גר בחדר הזה.

1. Write advice from Gil to Amos about what he can and should do.
2. Write a continuation of the dialogue.

דילמה ד׳:

השותפות לחדר: רונית וגילה

(הזמן: סוף השבוע. רונית וגילה בחדר.)

רונית: גילה, למה אני צריכה לסדר את החדר כל סוף שבוע?

גילה: את לא צריכה לסדר את החדר.

רונית: אבל זה נורא!

גילה: את לא אמא שלי. אמא שלי תמיד מבקשת ממני לסדר את החדר.

רונית: שלשום סידרתי את החדר ואתמול סידרתי את החדר. את יכולה לסדר אותו פעם אחת!

גילה: אם את רוצה לסדר חדרים – זאת הבעייה שלך, לא שלי.

רונית: אורלי, את חברה טובה שלי. את בחורה אנטליגנטית. מה את חושבת? זאת בעייה שלי?

1. Write advice from Orli to Ronit about what she can and should do.
2. Write a continuation of the dialogue.

VERBS IN PI'EL — פעלים בפיעל

SPEECH PATTERNS — תבניות לשון

לא מעשנים בבית הספר שלנו. גם במשרד שלנו אסור לעשן.	לְעַשֵׁן (סיגריות)	to smoke
אתם נוסעים לבקר חברים? לא. ביקרנו אותם לפני שבוע.	לְבַקֵר (את.../ב.../אצל)	to visit somebody
לאן אתם נוסעים? אנחנו נוסעים לבקר במוזיאון.		to visit a place

MORE VERBS — עוד פעלים

1. לְנַגֵן — to play a musical instrument/to play music/records

הוא מנגן בשקט.
הוא לא עושה רעש.
את מנגנת בכינור?
לא. אני לא מנגנת.

2. לְסַדֵר (את) = לעשות סדר — to put things in order/to arrange for

סידרנו את המשרד.
ועכשיו יש סדר במשרד!
סידרתי כרטיסים בשבילכם.
אתם רוצים לבוא!

3. לְבַקֵש (מ/את) — to request/to ask

אני מבקש מכולם לשבת.
ואני מבקשת שקט מכולם.

EXERCISE 1 — תרגיל מספר 1

Complete the sentences with the appropriate verbs in Pi'el.

1. דן לא אוהב לבקר חברים ש________. — לעשן – הווה
2. אתמול הוא ________ אותנו. — לבקר – עבר
3. ידענו שהוא ו________ מכולם לא לעשן. — לבקש – עבר
4. ידענו שההורים שלנו באים ו________ את החדר. — לסדר – עבר
5. דליה ________ חמש שנים, אבל עכשיו היא — לעשן – עבר
כבר לא ________. — לעשן – הווה
6. מי ________ את הבית? אתה או אשתך? — לסדר – הווה
7. אנחנו ________ מכולם לבוא מוקדם. — לבקש – עבר

8. דן, ________ בגיטרה או בסקסופון? — לנגן – הווה
9. אתמול ________ במועדון לילה. — לנגן – עבר
10. אתם ________ במוזיאון כל חודש? — לבקר – הווה

SPEECH PATTERNS — תבניות לשון

לומר-לבקש

I told them to come at eight.	אמרתי להם לבוא בשמונה.
I asked them to come on time.	ביקשתי מהם לבוא בזמן.
They told me that they cannot come.	הם אמרו לי שהם לא יכולים לבוא.
They asked me to forgive them.	הם ביקשו ממני סליחה.

לומר-לספר-לדבר

I always say hello to them.	אני תמיד אומר להם שלום.
I tell them about the university.	אני מספר להם על האוניברסיטה.
I talk to them about everything.	אני מדבר איתם על הכל.

לבקש-לשאול

He always *asks* me *for* money.	הוא תמיד מבקש ממני כסף.
He *asks if* I have money.	הוא שואל אם יש לי כסף.

IMPORTANT DISTINCTIONS IN MEANINGS OF VERBS

Verbs of saying, telling, asking and requesting.

לומר ל...ש... שורש: א-מ-ר בניין: פעל

This verb is used mainly in two contexts:

1. To say something to someone. — 1. מה הוא אמר לכם?
2. To tell someone to do something. — 2. אמרתי לו לבוא.

לספר ל...על/ש... שורש: ס-פ-ר בניין: פיעל

This verb is used mainly in two contexts:

1. To tell something *about* someone. — 1. מה הוא סיפר לכם על דני?
2. To tell/narrate a story to someone. — 2. סיפרתי לו סיפור.

לדבר עם...על... שורש: ד-ב-ר בניין: פיעל

This verb is used mainly in two contexts:

1. To speak/talk *with* someone *about* something. — 1. עם מי דיברת? ועל מה?
2. To speak a language. — 2. אתה מדבר עברית?

לבקש מ...את... שורש: ב-ק-ש בניין: פיעל

This verb is used mainly in two contexts:

1. To ask/request something. — 1. ביקשתי מדן את הספר.
2. To ask/request to do something. — 2. ביקשתי מדן לבוא.

לשאול את..+ מילת שאלה שורש: ש-א-ל בניין: פעל

This verb is used with the meaning of "asking a question" and is followed by "if" אם or by a question word. What is confusing is the use of "ask" in English, which means both "to ask a question" or "to ask/request." In Hebrew these are two distinct verbs.

1. To ask if . . . — 1. שאלתי אותו אם הוא בא.
2. To ask + question word. — 2. שאלתי אותו מתי הוא בא.

Pay attention to the prepositions following the verbs:

לשאול את   לבקש מ...   לדבר עם
לומר ל...   לספר ל..

Verbs that can be followed by subordinate clauses:

לומר ש..   לבקש ש..   לספר ש..

EXERCISE 2   תרגיל מספר 2

Complete the sentences with the appropriate verbs of communication.

1. אנחנו לא ______ לכם מה לעשות.	לומר או לבקש? (הווה)
2. אני ______ אותו איפה המסיבה.	לבקש או לשאול? (עבר)
3. גילה לא ______ לנו על המסיבה.	לספר או לדבר? (עבר)
4. עם מי הוא ______ כל הערב?	לדבר או לומר? (עבר)
5. הם ______ איתנו בטלפון.	לספר או לדבר? (עבר)
6. היא ______ מדן ללכת הביתה.	לבקש או לומר? (הווה)
7. הוא ______ לי שאשתו נוסעת.	לדבר או לספר? (עבר)
8. הוא ______ לי שאשתו נוסעת.	לשאול או לומר? (עבר)
9. הם ______ מדן לעזור להם.	לבקש או לשאול? (הווה)
10. מה הוא ______ אותך?	לבקש או לשאול? (עבר)

אם דִיפלומט אומר כן – זה אולי.
אם הוא אומר אולי – זה כן.
ואם הוא אומר לא – אז הוא לא דיפלומט.

(לפי דידי מנוסי)

SPEECH PATTERNS **תבניות לשון**

דוד ביקש ממני לבוא מוקדם.
אני ביקשתי ממנו את הספר שלו.
אתם שומעים משהו מהם?
לא. אנחנו לא שומעים שום דָּבָר.

PREPOSITIONS

Here is the preposition מ(מן) "from" conjugated with pronoun suffixes.

מִמֶּנִּי		מֵאִיתָּנוּ	
מִמְּךָ	מִמֵּךְ	מִכֶּם	מִכֶּן
מִמֶּנּוּ	מִמֶּנָּה	מֵהֶם	מֵהֶן

EXERCISE 3 **תרגיל מספר 3**

Add the correct form of the preposition מ(מן) + pronoun suffix.

1. מה אתה רוצה ______ (אנחנו)?
2. אני לא רוצה ______ (אתם) שום דבר.
3. אנחנו מתכוננים לבקש ______ (הוא) לבוא בזמן.
4. אתה לא יכול לבקש ______ (הם) ללכת ברגל. הם כבר לא צעירים.
5. הספר הזה – ______ (אני).
6. ממי המכתב? מדליה?
לא. המכתב הזה לא ______ (היא). הוא מההורים שלי.
7. אפשר לקבל ______ (אתם) את הכתובת של דליה?
8. לא. אי אפשר לקבל ______ (אנחנו) את הכתובת שלה.
9. למה לא שומעים ______ (את)?
10. אתה יכול לקנות את הספרים הישנים ______ (הן). הן כבר לא סטודנטיות והן לא צריכות אותם.

SPEECH PATTERNS **תבניות לשון**

About	דוד דיבר עליך אתמול.
About	הוא סיפר לנו עליך.
About	אתם חושבים עלינו?
About	שמעתם עליה משהו?
On	הספר על השולחן.

The preposition עַל can mean either "about" or "on," depending on the context in which it is found. The pronoun endings added to this preposition are different from those introduced before. These endings are typical of pronoun suffixes attached to plural nouns. The pronoun suffixes are added to the stem -עלי, while the separate form of the preposition is עַל.

Here the Preposition עַל conjugated with Pronoun Suffixes

	עָלֵינוּ		עָלַי
עֲלֵיכֶן	עֲלֵיכֶם	עָלַיִךְ	עָלֶיךָ
עֲלֵיהֶן	עֲלֵיהֶם	עָלֶיהָ	עָלָיו

EXERCISE 4 **תרגיל מספר 4**

Add the correct form of the preposition עַל + pronoun suffix.

1. מה מספרים ______ (אנחנו)?
2. לא שמעתי ______ (אתם) שום דבר.
3. אנחנו חושבים ______ (היא) כל הזמן.
4. אתה יודע משהו ______ (הם)?
5. הוא כתב ______ (אני) ליועץ שלי.
6. על מי הספר הזה? על איינשטיין? כן. הוא ______ (הוא).
7. אני שמעתי ______ (אתם) מדליה.
8. הם דיברו ______ (אנחנו) עם ההורים שלהם.
9. למה לא שומעים ______ (את)?

SPEECH PATTERNS **תבניות לשון**

Do you have time to sit in a coffeehouse?	יש לך זמן לשבת בבית קפה?
No. I don't have time today.	לא. אין לי זמן היום.
How many times were you in New York?	כמה פעמים היית בניו יורק?
Twice.	פעמיים.
How long were you there?	כמה זמן היית שם?
A month.	חודש.
The time was eight o'clock.	השעה היתה שמונה.

WHICH "TIME" IS IT? זמן/פעם/שעה

The word "time" in English can be used in several different contexts and has a different meaning in each one of them. In Hebrew there are three different words for each of the separate meanings of "Time".

Time: Non-Count Noun ("How much time?") זְמַן

Do you have time to go to the movies?	יש לך זמן ללכת לקולנוע?
I don't have much time today.	אין לי הרבה זמן היום.

Time: Count Noun ("How many times?") פַּעַם

How many times a week do you travel?	כמה פעמים בשבוע אתה נוסע?
Only once (one time).	רק פעם אחת.

פַּעַם once

פַּעֲמַיִים twice

Time: Hour שָׁעָה

What time is it?	מה השעה?
The time is one exactly.	השעה אחת בדיוק.
At what time do you eat?	באיזו שעה את אוכלת?
I eat at two o'clock.	אני אוכלת בשעה שתיים.

EXERCISE 5 **תרגיל מספר 5**

Translate the following sentences.

1. I was in Israel three times. I have a big family there.
2. We don't have time to go to eat with you.
3. What time did you return from the party?
4. Do you have enough time for everything?
5. More than once we did not have enough money for a movie.

EXERCISE 6 **תרגיל מספר 6**

Fill in the blanks, using שעה, פעם, or זמן.

1. ______ עשינו הכל ביחד, אבל עכשיו אין לנו ______ להיות ביחד.
2. כמה ______ אתה ואשתך הייתם באילת?
3. שאלתי אותו מה ______ והוא אמר לי שאין לו שעון.
4. הם היו בעיר (3) ______, אבל הם לא באו לבקר אותנו.
5. באיזו ______ הארוחה?
6. באיזו ______ מתחילה ההרצאה?
7. יש לכם הרבה ______. אתם לא עסוקים.
8. הוא אמר לכם לבוא ______! למה באתם מאוחר?
9. למה אתם שואלים אותי מה ______ כל ה______?
10. הוא לא בא ב______, כי הוא לא קם ב______. אין לו שעון מעורר.

PART B

חלק ב׳

DIALOGUE B: MISSION IMPOSSIBLE

שיחון ב׳: מְשׂימה בלתי אפשרית

(המקום: לובי של בנק. אורלי פוגשת את רמי, קצין בצבא.)

רמי: אורלי! איזו הפתעה!

אורלי: רמי! מה שלומך?

רמי: בסדר. לא ידעתי שאת עובדת בבנק.

אורלי: אני באמת לא עובדת כאן. באתי לבנק לבקר את הדודה שלי. ומה אתה עושה כאן?

רמי: באתי לבנק לחפש עבודה. זאת משימה בלתי אפשרית. קשה מאוד למצוא עבודה.

אורלי: ומתי תסיים את השירות שלך בצבא?

רמי: בעוד שבוע.

אורלי: מזל טוב! ואתה חושב שתקבל עבודה בבנק הזה?

רמי: אני מקווה.

אורלי: ומה עם אחיך רן? מה הוא עושה?

רמי: הוא לומד. הוא יקבל את התואר הראשון בסוף השנה.

אורלי: חשבתי שהוא כבר עורך דין, או מנהל בנק או סתם מיליונר.

רמי: מה פתאום? הוא לומד פילוסופיה.

אורלי: כל הכבוד! רמי, אתה רוצה לפגוש את הדודה שלי? תדבר איתה ואולי היא תמצא לך עבודה בבנק.

רמי: בסדר. הייתי כבר בהרבה מקומות עבודה ולא מצאתי שום דבר. אני ממש מיואש.

אורלי: אני מקווה שבשנה הבאה אני אמצא עבודה טובה.

רמי: מה את לומדת?

אורלי: אני לומדת מתמטיקה, פיסיקה וגם מחשבים.

רמי: כל הכבוד! בחורה עם הרבה אמביציה.

(חנה, הדודה של אורלי באה.)

אורלי: חנה, זה רמי. הוא חבר טוב שלי. היינו ביחד בצבא.

רמי: אני רואה שאתן עסוקות.

אורלי: מה זאת אומרת "עסוקות"? חנה, רמי בא לחפש עבודה בבנק.

חנה: בואו נדבר על כוס קפה.

אורלי: כדאי לך לבוא. הדודה שלי היא מנהלת הבנק.

IDIOMATIC EXPRESSIONS

Hebrew, like other languages, has a number of idiomatic expressions. These are understood not as a string of separate words, but as complete, fixed expressions. They are best translated by expressions that perform a similar function in English. The words may not be identical, but the intent is similar.

What?! מַה פִּתְאוֹם?

רמי: מה את עושה פה? חשבתי שאת דיילת.
אורלי: דיילת? מה פתאום? אני לומדת.

The meaning of מה פתאום? can best be understood from the context in which it is found. It is an expression that *refutes* or *expresses surprise* at a previous statement made by another speaker. The reaction to that statement is a negation of its main supposition. It can be roughly translated as "you are kidding!" or "What?!"

EXERCISE 7 תרגיל מספר 7

Translate "מה פתאום?" into English in the following situations.

1. דן, אתה חבר של רינה?
   מה פתאום? אני לא אוהב את רינה בכלל.
2. רינה, את רוצה לפגוש את דן?
   את דן? מה פתאום? הוא בכלל לא מעניין אותי.
3. ילדים, חשבתי שאתם גמרתם את השיעורים שלכם.
   גמרנו? מה פתאום? יש לנו עוד הרבה עבודה.
4. אמא, את רוצה לנסוע לאילת בסוף השבוע?
   לאילת? מה פתאום? את יודעת שיש לנו אורחים.

בדיחה ישראלית

(במלון "הילטון". זלמן מדבר עם הפקיד.)

זלמן: אפשר לקבל מַפָּה של העיר?
פקיד: אתה אוֹרֵחַ ב"הילטון"?
זלמן: מה פתאום? אני מְשַׁלֵּם 120 דולר ליום.

EXERCISE 8 תרגיל מספר 8

Write the answers to the questions. Express surprise and denial by using מה פתאום? and an appropriate response.

שאלה: יוסי, אתה רוצה ללכת למסיבה של דליה?
תשובה: ______________________________

שאלה: דליה, את עושה מסיבה בשבת?
תשובה: ______________________________

שאלה: דן, אתה לומד עם רינה?
תשובה: ______________________________

שאלה: רינה, כולם באים לחדר שלך הערב?
תשובה: ______________________________

What Do You Mean?   מַה זֹאת אוֹמֶרֶת?

רמי: מי עוד בא לשם?
אורלי: <u>מה זאת אומרת</u> "מי עוד"? כולם באים לשם.

The meaning of מה זאת אומרת? can best be understood from the context in which it
is found. It is an expression that indicates *surprise* that a previous speaker *does not
understand* what is or seems to be *an obvious fact*. It is often followed by a
statement of the obvious. It can be roughly translated as "what do you mean?"

EXERCISE 9   תרגיל מספר 9

Translate מה זאת אומרת to English in the following sentences.

אתם לא יודעים מה יוסי חושב.
<u>מה זאת אומרת</u> אנחנו לא יודעים? יוסי חבר טוב שלנו.

אתם לא עושים שיעורים.
<u>מה זאת אומרת</u> אנחנו לא עושים שיעורים? אנחנו לומדים כל הלילה.

מי עוד גר כאן בחדר?
<u>מה זאת אומרת</u> מי עוד? – רק אני גרה כאן בחדר.

EXERCISE 10   תרגיל מספר 10

Write responses to the stimuli (stimulus=גירוי; response=תגובה). Express surprise
using מה זאת אומרת? and give an appropriate response.

גירוי: מי עוד יושב בבית?
תגובה: מי עוד יושב בבית – _____ _____

גירוי: מי עוד בא למסיבה?
תגובה: _____ מי עוד בא למסיבה – כולם _____

גירוי: אנחנו החברים של רינה – אתם לא החברים שלה.
תגובה: _____? _____ –

גירוי: אתם מפונקים. אתם לא עובדים ולא לומדים.
תגובה: _____ "לא עובדים ולא לומדים". מה אתה חושב שאנחנו עושים
עכשיו?

Congratulations!   כָּל הַכָּבוֹד

רמי: אני לומד פילוסופיה.
אורלי: כל הכבוד! אבל מה עושים עם פילוסופיה?

The meaning of כל הכבוד! can best be understood from the context in which it is
found. It is an expression that shows *admiration for* what a previous speaker has said
or done. It can be roughly translated as "congratulations!" or "more power to you!" It
can also be used ironically, as can be seen from the preceding example.

EXERCISE 11   **תרגיל מספר 11**

1. Translate כל הכבוד! to English in the following sentences.

אני רופאה בבית החולים בירושלים.
<u>כל הכבוד!</u>

דן כותב ספרים ושירים.
<u>כל הכבוד!</u>

עליזה: הבת שלי רינה תלמידה מצויינת.
<u>כל הכבוד!</u>

2. Write statements that will elicit the reader's admiration.

גירוי: _____
תגובה: כל הכבוד!

גירוי: אמא של דן _____
תגובה: כל הכבוד!

גירוי: הילדים שלנו _____
תגובה: כל הכבוד!

THE SUBORDINATING PARTICLE -ש

The particle -ש subordinates clauses in sentences. Look at the example.

‏1. דוד חשב.
‏2. דליה עסוקה.
‏3. דוד חשב <u>ש</u>דליה עסוקה.

The two sentences are combined by the particle -ש, which subordinates the second sentence to the first one. The second sentence answers the question ?מה דוד חשב.

In this context -ש is equivalent to the subordinating particle "that."
In Hebrew, however, this particle is not a separate word but is prefixed to the first word of the subordinated clause.

Here are three verbs that can be followed by subordinate clauses.

to think (that) — לַחשׁוֹב (שֶ-)

שורש: ח.ש.ב. גזרה: שלמים בניין: פעל
דוגמאות
אנחנו חושבים שֶהשיעור קשה.
חשבתי שֶהם בבית.

to say (that) — לוֹמַר (שֶ-)

שורש: א.מ.ר. גזרה: שלמים בניין: פעל
דוגמאות
אנחנו אומרים לו שֶהוא צריך ללמוד.
אמרתי להם שֶאני מתכוננת לבוא בשבע.

to know (that) — לָדַעַת (שֶ-)

שורש: י.ד.ע. גזרה: פ"י בניין: פעל
דוגמאות
אנחנו יודעים שֶאתה לא אוהב ללמוד.
ידעתי שֶיש לה כל כך הרבה אמביציה.

DIALOGUE C: WE SEARCH AND SEEK AND DO NOT FIND

שיחון ג׳: אנחנו מחפשים, מחפשים ולא מוצאים

(אורי פוגש את אורלי ברחוב)

אורי: אורלי, אני מחפש אותך כבר שעות. איפה היית?

אורלי: בבית.

אורי: חיפשתי אותך שם ולא מצאתי אותך. היית בבית כל הזמן?

אורלי: לא. הייתי בשיעור לספרות. חיפשתי אותך בשיעור ולא מצאתי אותך שם. איפה אתה היית?

אורי: לא הייתי בשיעורים היום.

אורלי: איפה היית?

אורי: פה ושם.

אורלי: אתה לא רציני! מה אתה עושה כל היום?

אורי: חיפשתי את החברים שלי בבית הקפה שלנו אבל לא מצאתי אותם שם.

אורלי: הם בטח היו בעבודה או בשיעור.

אורי: אחר-כך הלכתי לאוניברסיטה. חשבתי שאמצא אותם או אותך. היתה שם הפגנה גדולה.

אורלי: למי יש זמן להפגנות?

אורי: תראי! יש בעייה רצינית: שכר הלימוד יקר מאוד והרבה סטודנטים לא יכולים לשלם כל כך הרבה כסף. ההפגנה היתה מחאה על שכר הלימוד.

אורלי: לך בטח לא כדאי לשלם שכר לימוד. אתה בכלל לא בא להרצאות.

אורי: עוד לא שילמתי שכר לימוד.

אורלי: אה.... האנשים שלא שילמו הולכים להפגנה.

אורי: אורלי, תהיי רצינית.

אורלי: תראה! אני רצינית ואני חושבת שאתה לא רציני.

אורי: לא כולם יודעים מה הם רוצים לעשות בדיוק. אני עוד לא מצאתי מקצוע מעניין.

אורלי: אם תֵּשֵׁב בבית קפה כל היום, לא תמצא את עצמך.

אורי: אני לא בטוח.

PI'EL VERBS: PAST AND FUTURE TENSES

פיעל בעבר ובעתיד

ח.פ.ש. לְחַפֵּשׂ (את) בניין פיעל — To search/look for/seek

דוגמאות — Examples

1. אנחנו מחפשים עבודה. — We *are looking for* work.
2. חיפשנו את החברים שלי בחנות. — *We looked for* my friend in the store.
3. דן יחפש אותנו באוניברסיטה. — Dan *will look for us* at the university.

הווה: — Present Tense

יחידה		יחיד	
אני	מְחַפֶּשֶׂת	אני	מְחַפֵּשׂ
את		אתה	
היא		הוא	

רבים		רבות	
אנחנו		אנחנו	
אתם	מְחַפְּשִׂים	אתן	מְחַפְּשׂוֹת
הם		הן	

Past Tense — עבר

Verb stem of first and second person: חִיפַּשׂ-

Verb stem of third person: חִיפּשׂ-

(אני)	חִיפַּשְׂתִּי		
(אתה)	חִיפַּשְׂתָּ	הוא	חִיפֵּשׂ
(את)	חִפַּשְׂתְּ	היא	חִיפְּשָׂה
(אנחנו)	חִיפַּשְׂנוּ		
(אתם)	חִיפַּשְׂתֶּם	הם	חִיפְּשׂוּ
(אתן)	חִיפַּשְׂתֶּן	הן	חִיפְּשׂוּ

Future Tense — עתיד

Verb stem with prefix only: -חַפֵּשׂ

Verb stem with prefix and suffix: -חַפְּשׂ-

(אני)	אֲחַפֵּשׂ		
(אתה)	תְּחַפֵּשׂ	הוא	יְחַפֵּשׂ
(את)	תְּחַפְּשִׂי	היא	תְּחַפֵּשׂ
(אנחנו)	נְחַפֵּשׂ		
(אתם)	תְּחַפְּשׂוּ	הם	יְחַפְּשׂוּ
(אתן)	תְּחַפְּשׂוּ	הן	יְחַפְּשׂוּ

EXERCISE 12 — **תרגיל מספר 12**

Complete the verb tables according to the example:

לחפש

הווה: מחפש מחפשת מחפשים מחפשות — Present Tense

לשלם

הווה: מ______ מ______ת מ______ים מ______ות

לדבר

הווה: ______ ______ ______ ______

עבר	to search	to pay	to speak	to tell	to finish
	לחפש	**לשלם**	**לדבר**	**לספר**	**לסיים**
(אני)	חיפשתי				
(אתה)	חיפשת				
(את)	חיפשת				
הוא	חיפש				
היא	חיפשה				
(אנחנו)	חיפשנו				
(אתם)	חיפשתם				
(אתן)	חיפשתן				
הם	חיפשו				
הן	חיפשו				

עתיד	לחפש	לשלם	לדבר	לספר	לסיים
(אני)	אחפש				
(אתה)	תחפש				
(את)	תחפשי				
הוא	יחפש				
היא	תחפש				
(אנחנו)	נחפש				
(אתם)	תחפשו				
(אתן)	תחפשו				
הם	יחפשו				
הן	יחפשו				

תרגיל מספר 13 — EXERCISE 13

Change the sentences from present to past and future tense.

1. אנחנו מחפשים את דן ורות? הם על יד הספריה?

עבר: חיפשנו את דן ורות. הם היו על יד הספריה.

עתיד: נחפש את דן ורות. הם יהיו על יד הספריה.

2. דן ורות מדברים אנגלית עם סוזן.

עבר: ______

עתיד: ______

3. הם מספרים לה על התוכנית שלהם לנסוע לניו יורק.

עבר: ______

עתיד: ______

4. אני מחפש את החברים שלי בבית הקפה "המפגש".

עבר: ______

עתיד: ______

5. כולם מדברים על הבעיות שלהם.

עבר: _____

עתיד: _____

6. זהבה מספרת הרבה על העבודה שלה.

עבר: _____

עתיד: _____

7. מה? את לא משלמת בשביל הארוחה?

עבר: _____

עתיד: _____

8. הן משלמות בשביל הכרטיסים.

עבר: _____

עתיד: _____

9. רינה, מי מספר לך את הסיפורים האלה?

עבר: _____

עתיד: _____

10. אמא שלי לא מדברת עם השכנים ולא מספרת להם כלום.

עבר: _____

עתיד: _____

TO SEEK AND FIND	לחפש ולמצוא

To Find	מ.צ.א. לִמְצוֹא (את) בניין פעל גזרה ל"א

Examples	דוגמאות
1. We *are not finding* any work.	1. אנחנו לא מוֹצאים עבודה.
2. *We found* my friend at the store.	2. מצאנו את החברים שלי בחנות.
3. Dan *will find us* at the university.	3. דן ימצא אותנו באוניברסיטה.

Present Tense	הווה

הווה

	יחידה			יחיד	
	אני			אני	
מוֹצֵאת	את		מוֹצֵא	אתה	
	היא			הוא	
	רבות			*רבים*	
	אנחנו			אנחנו	
מוֹצְאוֹת	אתן		מוֹצְאִים	אתם	
	הן			הם	

Past Tense עבר

Verb stem of the past tense מָצָא-

(אני)	מָצָאתִי		
(אתה)	מָצָאתָ	הוא	מָצָא
(את)	מָצָאתְ	היא	מָצְאָה
(אנחנו)	מָצָאנוּ		
(אתם)	מְצָאתֶם	הם	מָצְאוּ
(אתן)	מְצָאתֶן	הן	מָצְאוּ

Future Tense עתיד

Verb stem of verbs with prefix -מְצָא

Verb stem of verbs with prefix and suffix -מְצְא-

(אני)	אֶמְצָא		
(אתה)	תִּמְצָא	הוא	יִמְצָא
(את)	תִּמְצְאִי	היא	תִּמְצָא
(אנחנו)	נִמְצָא		
(אתם)	תִּמְצְאוּ	הם	יִמְצְאוּ
(אתן)	תִּמְצְאוּ	הן	יִמְצְאוּ

EXERCISE 14 **תרגיל מספר 14**

Change the sentences from "seek" to "find".

to seek and find לחפש ולמצוא

1. הם לא מצאו את הדרך. הם חיפשו את הדרך.
2. דן לא מצא מתנה בשביל אורלי. ______.
3. לא מצאתי נושא טוב. ______
4. ההורים שלנו לא מצאו בית. ______
5. לא מצאנו את הכסף. ______?

EXERCISE 15 **תרגיל מספר 15**

Change the sentences from "find" to "seek".

to seek and find לחפש ולמצוא

1. אם הם יחפשו הדרך הם ימצאו אותה.
2. אם דן לא יחפש את הספר ______

3. דן, אם תחפש עבודה מעניינת ____________________
4. אם הם יחפשו בית חדש כאן ____________________
5. אם לא נחפש את אורי ____________________?

TIME EXPRESSIONS — ביטויי זמן

After/Before + Noun — אחרי/לפני + שֵׁם

after class — אחרי השיעור
before class — לפני השיעור

EXERCISE 16 — **תרגיל מספר 16**

Translate the following sentences.

1. Before class we talked with the teacher.
2. After work Zehava looked for a nice restaurant.
3. The office is not open after four o'clock.
4. We looked for you after the demonstration, but we did not find you.
5. Before the end of the month, I have to pay tuition.

First..., and Afterwards/Then — קודם, ואחר כך...

קודם אני הולכת ללמוד ואחר כך אני הולכת לעבוד.
קודם דן הולך להפגנה ואחר כך הוא הולך לשתות בירה עם חברים.

EXERCISE 17 — **תרגיל מספר 17**

Combine the sentences according to the example, using קודם ואחר כך.

1. הלכנו למוזיאון.
2. הלכנו ביחד למסעדה.
3. קודם הלכנו למוזיאון ואחר כך הלכנו למסעדה.

1. דיברתי עם דן.
2. דיברתי עם רותי.
3. ____________________

1. חיפשנו את הכתובת שלכם.
2. חיפשנו את מספר הטלפון.
3. ____________________

1. אורי נסע לצרפת.
2. הוא נסע לאיטליה.
3. ____________________

1. דן סיפר לי הכל.
2. הוא בא לדבר איתכם.
3. ____________________

This/Every/All.../Long

מתי?	השבוע.	this week
כל כמה זמן?	כל שבוע.	every week
כמה זמן?	כל השבוע.	all week long

EXERCISE 18 **תרגיל מספר 18**

Complete the table, following the "week" examples just given.

בוקר(ז) morning	ערב(ז) evening	לילה(ז) night	יום(ז) day	חודש(ז) month	שנה(נ) year
________	________	________	________	________	________
________	________	________	________	________	________
________	________	________	________	________	________

Of Past, Present, and Future

אֶתמוֹל	yesterday
הַיּוֹם	today
מָחָר	tomorrow

FUTURE INTENTIONS

Future intentions can be expressed by future tense verbs, or by verbs whose meaning expresses intentionality. In the case of verbs of intention, the present tense forms with infinitives can be used to express designs for the future.

אני רוצה לקנות מתנה לרות.	I want to buy Ruth a present.
אני מקווה לקנות מתנה לרות.	I hope to buy Ruth a present.
אני מתכונן לקנות מתנה לרות.	I am planning to buy Ruth a present.
יש לי תוכניות לקנות מתנה לרות.	I have plans to buy Ruth a present.
אני עומד לקנות לה מתנה.	I am about to buy her a present.

EXERCISE 19   תרגיל מספר 19

Restate the sentence with the auxiliary verbs of intention. Follow the example below.

אני פוגשת חברים במרכז.
אני *רוצה* לפגוש חברים במרכז.
אני *מקווה* לפגוש חברים במרכז.
אני *מתכוננת* לפגוש חברים במרכז.
אני *עומדת* לפגוש חברים במרכז.
יש לי *תוכניות* לפגוש חברים במרכז.

1. אנחנו אוכלים במסעדה הערב.
   אנחנו _____.
   אנחנו _____.
   אנחנו _____.
   אנחנו _____.
   אנחנו _____.

2. גברת מזרחי וגברת ברנשטיין הולכות לבית קפה.
   הן _____.
   הן _____.
   הן _____.
   הן _____.
   הן _____.

3. אורי מחפש דירה חדשה.
   אורי _____.
   אורי _____.
   אורי _____.
   אורי _____.
   אורי _____.

4. אתן הולכות לאופרה הערב?
   אתן _____?
   אתן _____?
   אתן _____?
   אתן _____?
   אתן _____?

LESSON 18 SUMMARY שיעור 18: סיכום

Communicative Skills Introduced in This Lesson

1. How to express a dilemma and ask for advice.
2. How to express surprise and refute someone's misconceptions.

אתה רוצה לגור בירושלים?

מה פתאום? אני אוהב את תל אביב.

3. How to express indignation and correct someone's misconceptions.

אתה לא מבין מה אנחנו רוצים?

מה זאת אומרת אני לא מבין? אני מבין יפה מאוד מה אתם רוצים.

4. How to express admiration and congratulate someone.

דן כתב ספר חדש.

כל הכבוד! לא ידעתי שהוא סופר.

Grammatical Information Introduced in This Lesson

1. Verbs in Pi'el: לְנַגֵּן, לְדַבֵּר, לְעַשֵּׁן, לְסַפֵּר, לְבַקֵּר, לְבַקֵּשׁ
2. Verbs of speech and request: לְסַפֵּר, לְדַבֵּר, לוֹמַר, לְבַקֵּשׁ, לִשְׁאוֹל
3. Preposition "from" – מ with pronouns

   מִמֶּנִּי, מִמְּךָ, מִמֵּךְ, מִמֶּנּוּ, מִמֶּנָּה, מֵאִיתָּנוּ, מִכֶּם, מִכֶּן, מֵהֶם, מֵהֶן
4. Preposition "about/on" – עַל with pronouns

   עָלַיי, עָלֶיךָ, עָלַיִךְ, עָלָיו, עָלֶיהָ, עָלֵינוּ, עֲלֵיכֶם, עֲלֵיכֶן, עֲלֵיהֶם, עֲלֵיהֶן
5. Time expressions

   "time" זְמַן, פַּעַם, שָׁעָה
6. The use of the subordinate particle ..שֶׁ to introduce relative clauses

   חשבתי שֶׁ+אתם עסוקים היום

   הם אמרו שֶׁ+הם עסוקים היום

   הם לא יודעים שֶׁ+אתם עסוקים היום
7. The verbs "to seek" לְחַפֵּשׂ and "to find" לִמְצוֹא: past, present, and future.
8. More time expressions

prepositions	לִפְנֵי שֶׁ/אַחֲרֵי שֶׁ+משפט	לפני/אחרי + שם
adverbs	קודם/אחר כך	
vocabulary	היום/אתמול/מחר	

WORD LIST FOR LESSON 18 — אוצר מילים לשיעור 18

Nouns — שמות

	רבים	יחיד/ה
ambition		אַמְבִּיצְיָה (נ)
stimulus	גֵירוּיִים	גֵירוּי (ז)
dilemma	דִילֶמוֹת	דִילֶמָה (נ)
opportunity	הִזְדַמְנוּיוֹת	הִזְדַמְנוּת (נ)
demonstration	הַפְגָנוֹת	הַפְגָנָה (נ)
life	חַיִים (ז.ר.)	
violin	כִּנּוֹרוֹת	כִּנּוֹר (ז)
subject/subject matter	נוֹשְׂאִים	נוֹשֵׂא (ז)
quiz/examination	מִבְחָנִים	מִבְחָן (ז)
protest	מֶחָאוֹת	מֶחָאָה (נ)
map	מַפּוֹת	מַפָּה (נ)
mission/task	מְשִׂימוֹת	מְשִׂימָה (נ)
philosophy		פִילוֹסוֹפְיָה (נ)
time (count noun)	פְּעָמִים	פַּעַם (נ)
tuition		שְׂכַר לִימוּד (ז)
response/reaction	תְגוּבוֹת	תְגוּבָה (נ)

	יחידה	יחיד
uncle, aunt	דוֹדָה	דוֹד
diplomat	דִיפְּלוֹמָטִית	דִיפְּלוֹמָט
roommate	שׁוּתָפָה לְחֶדֶר	שׁוּתָף לְחֶדֶר

Adjectives — תארים

	יחידה	יחיד
intelligent	אִינְטֶלִיגֶנְטִית	אִינְטֶלִיגֶנְטִי
possible	אֶפְשָׁרִית	אֶפְשָׁרִי
impossible	בִּלְתִּי-אֶפְשָׁרִית	בִּלְתִּי-אֶפְשָׁרִי
desperate	מְיוּאֶשֶׁת	מְיוּאָשׁ

Verbs — פעלים

to request/ask	ביקש/מבקש/יבקש	לְבַקֵּשׁ
to stay/remain	נשאר/נשאר/יישאר	לְהִישָּׁאֵר
to look for/seek/search	חיפש/מחפש/יחפש	לְחַפֵּשׂ
to find	מצא/מוצא/ימצא	לִמְצוֹא
to play (musical instrument)	ניגן/מנגן/ינגן	לְנַגֵּן

לְסַדֵּר	סידר/מסדר/יסדר	to arrange/fix/put in order
לְסַיֵּים	סיים/מסיים/יסיים	to finish
לעַשֵׁן	עישן/מעשן/יעשן	to smoke
לְקַבֵּל	קיבל/מקבל/יקבל	to get/obtain/receive
לִשְׁאוֹל	שאל/שואל/ישאל	to ask/inquire
לְשַׁלֵּם	שילם/משלם/ישלם	to pay

מילות ותארי פועל — Particles, Prepositions, and Adverbs

בִּכְלָל.. לֹא	not (at all)
בְּקוֹל רָם	loudly
בְּשֶׁקֶט	quietly
מָחָר	tomorrow
מַמָּשׁ	an expression used for emphasis
פַּעַם	once
פַּעֲמַיִים	twice
סְתָם	just/with no special reason
קוֹדֶם.. וְאַחַר-כָּךְ	first... and then
שִׁלְשׁוֹם	the day before yesterday

ביטויים וצירופים — Expressions and Phrases

מַה זֹּאת אוֹמֶרֶת?	What do you mean? What's the meaning of this?
מַה יֵּשׁ?!	What's the matter? Are there any questions?
כָּל הַכָּבוֹד!	Congratulations! More power to you!
מַה פִּתְאוֹם!?	What?!? (surprise and objection)
שֵׁירוּת בַּצָּבָא (ז)	military service
תּוֹאַר רִאשׁוֹן (ז)	B.A. or B.S. degree
תִּמְצָא אֶת עַצְמְךָ	You will find yourself.
תִּרְאֶה! תִּרְאִי!	Look here!

(As an attention getter, it is the equivalent of "listen.")

LESSON 19 שיעור מספר 19

PART A חלק א׳

READING A: קטע קריאה א׳:
FROM ZALMAN'S AND ZELDA'S LETTERS מהמכתבים של זלמן וזלדה

זלדה יקרה,

כבר הרבה זמן לא שמעתי ממך. שלחתי לך מכתב לפני שבועיים. האם קיבלת אותו? בינתיים עוד לא קיבלתי ממך תשובה. אני מקווה שהכל בסדר, שאת לא עובדת קשה, לא לומדת הרבה ולא רבה עם אמא שלך. זלדה שלי, קשה לי בירושלים: עדיין אין לי עבודה, ואין לי חברים, וגם אין לי כאן משפחה.

מחר יהיה לי ראיון עם המנהל של קבוצת כדורסל. הם צריכים עוזר למאמן. נכון שאני לא ספורטאי טוב ואני לא שחקן כדורסל, אבל אני אוהב את הספורט הזה. אני מקווה לעשות רושם טוב על המאמן. אמנם המשכורת לא כל כך טובה, אבל אני חושב שיש לי עתיד כמאמן. אני מקווה לפגוש שחקנים מפורסמים ולנסוע עם הקבוצה בכל הארץ ואולי גם לחוץ לארץ.

אני חושב שבסוף השבוע תהיה לי הזדמנות לנסוע לתל אביב ותהיה לנו אפשרות לצאת לבלות.

שלך
זלמן

זלמן יקר,

תודה על המכתב הנחמד וסליחה שלא כתבתי לך תשובה. אני שמחה לשמוע שיש לך ראיון לעבודה ואני מקווה שתקבל את העבודה של העוזר למאמן. אני חושבת שאתה בחור חרוץ ומוכשר ושאתה תהיה עוזר מצויין למאמן ואולי בעתיד תהיה אפילו מאמן.

בקשר לסוף השבוע הזה. אני מצטערת, אבל התשובה היא ״לא״. אהיה מאוד עסוקה. יש לי בחינות בשבוע הבא ואין לי זמן לצאת עם חברים.

אני בטוחה שתעשה רושם טוב בראיון. אני מקווה שתהיה מרוצה מהעבודה שלך ומאושר בחיים. בהצלחה!

זלדה

ADJECTIVES הנשוא: צירוף שמני

תארים חדשים

מוּכְשָׁר	מוּכְשֶׁרֶת	מוּכְשָׁרִים	מוּכְשָׁרוֹת	talented
מְפוּרְסָם	מְפוּרְסֶמֶת	מְפוּרְסָמִים	מְפוּרְסָמוֹת	famous

SPEECH PATTERNS	תבניות לשון

הוא היה שחקן מפורסם.

הוא שחקן מפורסם.

היא תהיה שחקנית מפורסמת.

Sentences with nouns, noun phrases, or adjectives as their predicate have no verb in the present tense. However, in the past and future tenses, the verb להיות "to be" precedes the predicate to indicate tense.

Here are the past and future tenses of להיות "to be" with the adjective מפורסם to illustrate the number and gender agreement features.

The parentheses indicate subject prounouns that are optional.

זמן עבר

(אני) הייתי מפורסמת.	(אני) הייתי מפורסם.
(אנחנו) היינו מפורסמות.	(אנחנו) היינו מפורסמים.
(את) היית מפורסמת.	(אתה) היית מפורסם.
(אתן) הייתן מפורסמות.	(אתם) הייתם מפורסמים.
היא היתה מפורסמת.	הוא היה מפורסם.
הן היו מפורסמות.	הם היו מפורסמים.

זמן עתיד

(אני) אהיה מפורסמת.	(אני) אהיה מפורסם.
(אנחנו) נהיה מפורסמות.	(אנחנו) נהיה מפורסמים.
(את) תהיי מפורסמת.	(אתה) תהיה מפורסם.
(אתן) תהיו מפורסמות.	(אתם) תהיו מפורסמים.
היא תהיה מפורסמת.	הוא יהיה מפורסם.
הן יהיו מפורסמות.	הם יהיו מפורסמים.

EXERCISE 1	תרגיל מספר 1

Choose an item from each column to compose sentences. Column 3 is given in masculine singular form; however, be sure to match the gender and number of the adjective to the noun that it modifies. Write sentences in present, past and future tenses.

דוגמא:

דוד הוא המאמן המוכשר של הקבוצה.

דוד היה המאמן המוכשר של הקבוצה.

דוד יהיה המאמן המוכשר של הקבוצה.

1: מי?	2. מה?	3: איזה?	4
אני	מאמן	גרוע	______
דוד	עוזרת	מוכשר	______
אנחנו	שחקניות	חרוץ	______
משכורת	קבוצה	מפורסם	______
דינה ודנה	משכורת	טוב	______
קבוצה	עוזר	מפורסם	______
זלמן	שחקן	מוכשר	______
זלדה	מאמנים	חרוץ	______

EXERCISE 2 — תרגיל מספר 2

Translate the following sentences.

1. My team is an excellent team.
2. The coach of this team was a famous man.
3. The assistant to this coach is not a hard-working man.
4. Zalman wants to be the coach, but he is not a talented person.
5. The pay will be excellent, but the work will be difficult.
6. The service in this restaurant was not good.
7. Zelda is a very talented woman. She will be famous one day.
8. These players are not bad. They are still young. They will be good in the future.

Happy! Happy! Happy! — מאושרת! שמחה! מרוצה!

The adjectives מרוצה, שמח and מאושר all can be translated into English as "happy," but they are not exact equivalents. Here are examples to illustrate their differences:

שָׂמֵחַ	שְׂמֵחָה	שְׂמֵחִים	שְׂמֵחוֹת	glad, happy
מְרוּצֶה	מְרוּצָה	מְרוּצִים	מְרוּצוֹת	pleased, happy
מְאוּשָׁר	מְאוּשֶׁרֶת	מְאוּשָׁרִים	מְאוּשָׁרוֹת	happy

דינה מרוצה מהעבודה שלה.	Dina is pleased/satisfied with her work.
דינה מרוצה בעבודה שלה.	Dina is pleased/happy at work.
דליה מאושרת. זה יום החתונה שלה.	Dalia is happy. This is her wedding day.
דן שמח כי הוא קיבל עבודה.	Dan is happy/glad because he got a job.
דן שמח שהוא קיבל עבודה.	Dan is happy/glad that he got a job.

Antonyms — ניגודים

+	−
שָׂמֵחַ	עָצוּב
מְרוּצֶה	לֹא מְרוּצֶה
מְאוּשָׁר	לֹא מְאוּשָׁר/אוּמְלָל

EXERCISE 3 — תרגיל מספר 3

Complete with one of the adjectives: מאושר, שמח, מרוצה

1. דוד, אתה ________ העבודה שלך?
2. אתה חושב שתהיה ________ עם דליה?
3. אתם ________ או עצובים?
4. הוא חי חיים טובים ו________.
5. כולם ________ שאתם מתחילים לעבוד כאן.
6. הם יהיו ________ אם תהיה לכם עבודה.
7. לא כל התלמידים ________ מהציונים שלהם.
8. אנחנו כל כך ________ שבאנו הנה. אנחנו ממש ________!

SENTENCES OF POSSESSION: PAST AND FUTURE
משפטי קניין: עבר ועתיד

SPEECH PATTERNS — **תבניות לשון**

יהיה לי מאמן חדש
תהיה לנו עבודה בתל אביב
יהיו לו הרבה תלמידים
יהיו לנו מסיבות בלי סוף

Expressions of possession are built on basic existential propositions. The verb in the past and future reflects the gender and number features of the subject.

חיוב

הווה:	יש זמן	יש עבודה	יש ספרים
עבר:	היה זמן	היתה עבודה	היו ספרים
עתיד:	יהיה זמן	תהיה עבודה	יהיו ספרים

שלילה

הווה:	אין זמן	אין עבודה	אין ספרים
עבר:	לא היה זמן	לא היתה עבודה	לא היו ספרים
עתיד:	לא יהיה זמן	לא תהיה עבודה	לא יהיו ספרים

It is the simple addition of the prepositional phrase "of the possessor" that changes these sentences from existential propositions to sentences expressing possession.

חיוב

הווה:	יש לתמי זמן	יש לתמי עבודה	יש לתמי ספרים
עבר:	היה לתמי זמן	היתה לתמי עבודה	היו לתמי ספרים
עתיד:	יהיה לתמי זמן	תהיה לתמי עבודה	יהיו לתמי ספרים

שלילה

הווה:	אין לתמי זמן	אין לתמי עבודה	אין לתמי ספרים
עבר:	לא היה לתמי זמן	לא היתה לתמי עבודה	לא היו לתמי ספרים
עתיד:	לא יהיה לתמי זמן	לא תהיה לתמי עבודה	לא יהיו לתמי ספרים

EXERCISE 4 **תרגיל מספר 4**

Combine items from the columns to form expressions of possession.
Change the subject pronouns to the appropriate suffixes for the preposition.
Transform the present tense sentences to past and future.

דוגמה: יש + ל + אני + כסף = יש לי כסף.

יש לי כסף. היה לי כסף. יהיה לי כסף.

1. יש ל	אתם	תוכניות לערב
2. יש ל	זלמן	חברה טובה
3. אין ל	קבוצה	מאמן טוב
4. אין ל	זהבה	תשובה מזלמן
5. יש ל	זלמן	חיים קשים
6. אין ל	הוא	משכורת טובה
7. יש ל	אנחנו	חברים טובים
8. יש ל	הם	בעייה רצינית
9. יש ל	אתה	ראיון לעבודה?
10. אין ל	אני	קרובים בעיר

Hopes and Wishes: Review תקוות: חזרה

SPEECH PATTERNS **תבניות לשון**

אני מקווה לקבל את המשׂרה.
אני מקווה שאקבל את המשׂרה.
אני מקווה שיהיה לי מזל.

Hope, wishes, intent and plans for the future can be expressed by a number of present tense verb phrases. Here are some examples.

I *hope* to go to Hawaii.	אני *מקווה* לנסוע להוואי.
I *want* to go to Hawaii.	אני *רוצה* לנסוע להוואי.
I *am considering* going to Hawaii.	אני *חושב* לנסוע להוואי.
I *plan* to go to Hawaii.	אני *מתכונן* לנסוע להוואי.

תרגיל מספר 5 — EXERCISE 5

Add subjects and complements to the verb phrases to make full sentences.

נושא Subject	צירוף פעלי Verb Phrase	משלים Complement
1. ________	מתכונן לנסוע	________
2. ________	מקווה לבוא	________
3. ________	לא רוצים לטוס	________
4. ________	חושבות ללכת	________
5. ________	מתכוננת לטייל	________
6. ________	רוצות לעבוד	________
7. ________	מתכוננים לדבר	________
8. ________	מקווה לקבל	________
9. ________	מקוות לשמוע	________
10. ________	לא חושב להיות	________

תרגיל מספר 6 — EXERCISE 6

Complete the sentences using רוצה, מקווה

דוגמא: Example: 1. אנחנו ______ לקבל עבודה בחנות של עוזי.

א. אנחנו רוצים לקבל עבודה בחנות של עוזי.

ב. אנחנו מקווים לקבל עבודה בחנות של עוזי.

2. דליה ______ לנסוע לתל אביב ביום חמישי.
3. הקבוצה והמאמן שלה ______ לנסוע לארצות הברית.
4. זלמן לא ______ לקבל משרה טובה באוניברסיטה.
5. דן ______ לקבל משכורת טובה.
6. אתה באמת ______ להיות שחקן מפורסם?
7. אני ______ להיות שחקנית טניס.
8. אתם ______ לבוא למשרד שלנו אחרי הצהריים?
9. דינה ______ להיות זמרת אופרה ודן ______ להיות קוסם.
10. דוד ויוסי ______ להיות טייסים. הם ______ ללמוד בבית ספר לטייסים.
11. אנחנו ______ לטוס ליוון עם זלמן. אנחנו ______ שהוא יטוס במטוס הפרטי של המאמן.
12. ד"ר שכטר ואשתו ______ לצאת לשבתון בשנה הבאה.

READING B:
FROM ZALMAN'S AND ZELDA'S LETTERS

קטע קריאה ב':
מהמכתבים של זלמן וזלדה

זלדה יקרה שלי,

קיבלתי את העבודה! העבודה קשה מאוד והמאמן הוא איש קשה מאוד. הבוקר באתי לעבודה ב-8:15 והוא
כעס עלי מאוד וצעק עלי:

"בוא הנה, זלמן!" באתי.

"שים לב, זלמן! זה מקום עבודה – לא בית קפה ולא מסיבה!

פעם שנייה, תבוא בזמן! אל תבוא מאוחר! אם לא – תעוף מכאן. ברור?!?!"

רציתי לבכות, אבל גברים לא בוכים, ביחוד לא בקבוצת כדורסל. השחקנים לא כל כך נחמדים. הם צועקים
כל הזמן:

"זלמן, רוץ ותביא לי כוס מים!"

"זלמן, שתוק! אף אחד לא שאל אותך..."

"זלמן, אתה בעבודה! זוז כבר!"

"זלמן, אל תזוז כל הזמן!"

מה אני יכול לעשות? לצעוק עליהם?

הם גבוהים ואני נמוך,

הם חזקים ואני חלש,

הם שחקנים ואני רק עוזר למאמן,

יש להם נסיון ואני חדש,

הם אנשים מפורסמים ואני רק זלמן.

אני לא רוצה לריב עם אף אחד, אבל השחקנים רבים כל הזמן עם כל אחד, ואז המאמן אומר לי: "אל תריב
עם כולם! שקט! ככה אי אפשר לשחק כדורסל."

זלדה, בואי לכאן בסוף השבוע. אני צריך אותך! החיים לא קלים! לא נותנים לי מנוחה בעבודה!

זלמן

זלמן,

קיבלת את העבודה – יפה מאוד! אבל, אל תשכח שאתה חדש. אל תריב עם השחקנים ועם המאמן
ותעשה מה שהם אומרים. אם הם יצעקו עליך – תצחק עליהם! אין לי זמן לבוא בסוף השבוע. גם החיים
שלי לא קלים.

זלדה

SPEECH PATTERNS

תבניות לשון

המאמן כועס על זלמן.

השחקנים צועקים על זלמן.

זלמן צוחק עליהם.

"הבאנו שלום עליכם!"

VERBS + AT   פעלים+על

The preposition על can describe a spatial relation between two objects. An example
is "The book is *on* the table" הספר על השולחן.

The preposition על follows certain verbs and connects them with their object: "I am
angry at you" אני כועס עליך. In English the preposition used with these particular
verbs is "at". Here are some other verbs and objects.

I am not *angry at you*.	אני לא כועסת עליכם.
Why are *you shouting at me*?	למה אתם צועקים עליי?
Are you *laughing at us*?	אתם צוחקים עלינו?

EXERCISE 7   תרגיל מספר 7

Translate the passage and write ten sentences that include the verbs given.

לכעוס, לצעוק, לצחוק + על

דן צועק על כולם.
דן כועס על כולם.
הוא לא צוחק אף פעם.
כולם צוחקים על דן.
כולם כועסים על דן.
כולם צועקים על דן.
כי דן תמיד כועס וצועק על כולם.

VERBS OF GOSSIP, RUMORS + על = ABOUT   פעלי רכילות ושמועות + על

to talk about	לְדַבֵּר על
to tell about	לְסַפֵּר על
to gossip about	לְרַכֵּל על
to hear about	לִשְׁמוֹעַ על
to know about	לָדַעַת על
to think about	לַחשוֹב על

EXERCISE 8   תרגיל מספר 8

Add the preposition על to personal pronoun suffixes to complete the sentences in
this exercise.

1. אנחנו שומעים הרבה על רן, אבל מה אנחנו באמת יודעים _____?
2. אנחנו לא יודעים מי זאת רונה, אבל אנחנו שומעים הרבה _____.
3. דן ויוסי, שמענו _____ מזלמן. הוא סיפר לנו _____.

4. דינה, דן דיבר ______ אתמול בערב. את יכולה לספר לנו מה הוא אמר לך ______?
5. אני לא רוצה לספר לכם. אני לא רוצה להגיד לכם מה הוא אמר ______. זה ביני לבינו.
6. עוזי, אתה יודע הכל ______, אבל אנחנו לא יודעים כלום ______.
7. שמעתי שאתם ריכלתם ______ כשלא הייתי שם.
8. אל תהיי פרנואית! אף אחד לא מרכל ______!
9. את יודעת שגד מספר לנו ______ דברים טובים?
10. אתן מחיפה, נכון? שמענו ______ מהדודה של אורלי.

EXERCISE 9 — תרגיל מספר 9

Complete with the right form of the preposition על.

דן לא יצחק ______ (אתה), אם אתה לא תצחק ______ (הוא).
דליה תכעס ______ (אתם), אם לא תבואו למסיבה שלה.
אנחנו נצעק ______ (הם), אם הם יעשו רעש כל הזמן.
אמא של דן לא תדבר ______ (אנחנו), כי היא לא אוהבת לרכל.
דליה חושבת שכולם צוחקים ______ (היא), אבל זה לא נכון.
דן ידבר ______ (את), כי דן אידיוט.
דן, אם תצחק ______ (אני), אני אכעס ______ (אתה).
אנחנו מדברים על ______ (הוא), אבל אנחנו לא צוחקים ______ (הוא).
מי יכעס ______ (הן)? מה הן עשו?
מה הם סיפרו ______ (היא)? מה היא עשתה?
מה קראתם ______ (אנחנו) בעיתון?
מה שמעתם ______ (היא) בטלויזיה?
למה את לא יודעת כלום ______ (הוא)? הוא איש מעניין.
אתה יודע מי זאת גברת יצחקי? מה אתה יודע ______ (היא)?

PA'AL CONJUGATION: IMPERATIVE — בניין פעל: ציווי בגזרת ע"ו וע"י

These are the forms of the imperative in positive commands and the future forms used in negative commands. The vowel of the infinitive is kept in the future and imperative forms of these verbs.

גזרת ע"ו		גזרת ע"י	
לקום	*ק.ו.מ.*	*לשים*	*שׂ.י.מ.*
קוּם	אַל תָּקוּם	שִׂים	אַל תָּשִׂים
קוּמִי	אַל תָּקוּמִי	שִׂימִי	אַל תָּשִׂימִי
קוּמוּ	אַל תָּקוּמוּ	שִׂימוּ	אַל תָּשִׂימוּ

לזוז	ז.ו.ז.	לשיר	ש.י.ר.
זוּז	אַל תָּזוּז	שִׁיר	אַל תָּשִׁיר
זוּזִי	אַל תָּזוּזִי	שִׁירִי	אַל תָּשִׁירִי
זוּזוּ	אַל תָּזוּזוּ	שִׁירוּ	אַל תָּשִׁירוּ

לבוא	ב.ו.א.	לריב	ר.י.ב.
בּוֹא	אַל תָּבוֹא	רִיב	אַל תָּרִיב
בּוֹאִי	אַל תָּבוֹאִי	רִיבִי	אַל תָּרִיבִי
בּוֹאוּ	אַל תָּבוֹאוּ	רִיבוּ	אַל תָּרִיבוּ

תרגיל מספר 10 — EXERCISE 10

שנו מחיוב לשלילה — Change commands from positive to negative.

1. ילדים, בואו הביתה! — ילדים, אל תבואו הביתה!
2. דוד, רוץ הביתה! — ______
3. טוסו לישראל ב"אל על"! — ______ ב"ק.ל.מ."!
4. רינה, שירי לנו שירים חדשים! — ______
5. ילדים, בואו בזמן! — ______ מאוחר!
6. דליה, זוזי מכאן! — ______ מהמקום!
7. שימו לב למה שהוא אומר! — ______
8. אילן ואילנה, קומו כשהמורה בא! — ______
9. גורו על יד הים! — ______
10. קומי לפני שבע! — ______

שנו משלילה לחיוב — Change commands from negative to positive.

1. ילדים, אל תרוצו ברחוב! — ______
2. אל תטוסי בלילה! — ______
3. אל תבואו מאוחר! — ______ מוקדם
4. אל תשים לב לדן! — ______
5. אל תגורו בעיר! — ______ בכפר!
6. דליה, זוזי מכאן! — ______ מהמקום!
7. אל תזוזו מהמקום הזה! — ______
8. אילן ואילנה, אל תשירו בשיעור! — ______
9. אל תריב עם השכנים! — ______
10. אל תקומי בצהריים! — ______

תרגיל מספר 11 — EXERCISE 11

1. יוסי: אני רוצה <u>לבוא</u> למסיבה.
   דני: אז בוא!
2. דני: אני לא רוצה <u>לבוא</u> למסיבה.
   יוסי: אז אל תבוא!

3. רינה: אני רוצה לקחת את המתנה הביתה.
דני: אז ________ אותה הביתה!

4. רינה: אין לי כסף. אני לא יכולה לשלוח לכם כסף.
דני: אז ________ לנו צ׳יק!

5. רינה: אני מתכוננת לנסוע הביתה.
דני: טוב, ________ הביתה!

6. רינה: אבל אני לא רוצה לנסוע הביתה.
דני: אז ________________!

7. כולם: אנחנו רוצים לחזור לשפת הים.
דני: יופי! ____________!

8. הן: אנחנו לא אוהבות לשיר.
דני: אז ________________!

9. הם: לא טוב לשים את הלחם על השולחן.
דני: אז ________ אותו במקרר! ________ אותו על השולחן!

10. יוסי: אין לי כוח לרוץ.
דני: אז ________!

11. יוסי: אני לא יכול לקום מהכיסא.
דני: אז ________ מהכיסא! ____________!

12. דינה: אני לא רוצה לעצור כאן: אין כאן רמזור.
דני: אז ________ כאן! ____________ ברמזור.

13. יוסי: אני לא יודע לנהוג טוב. אין לי הרבה ניסיון.
דני: אז ________!

14. יוסי: אנחנו לא רוצים לסגור את המשרד עכשיו.
דני: אז ________ אותו עכשיו! ____________ אחר כך!

15. דינה: אני לא יכולה לרשום את מספר הטלפון שלו.
דני: אז ________ את מספר הטלפון שלו!

NEW ADJECTIVES — תארים חדשים

difficult/hard	קָשׁוֹת	קָשִׁים	קָשָׁה	קָשֶׁה
easy	קַלּוֹת	קַלִּים	קַלָּה	קַל
tall	גְּבוֹהוֹת	גְּבוֹהִים	גְּבוֹהָה	גָּבוֹהַּ
short	נְמוּכוֹת	נְמוּכִים	נְמוּכָה	נָמוּךְ
strong	חֲזָקוֹת	חֲזָקִים	חֲזָקָה	חָזָק
weak	חַלָּשׁוֹת	חַלָּשִׁים	חַלָּשָׁה	חַלָּשׁ

EXERCISE 12   **תרגיל מספר 12**

Choose appropriate adjectives to complete each sentence.

.1   החיים של זלמן לא _____ .

.2   זלדה בחורה _____ .

.3   המאמן לא _____ ולא _____ , לא צעיר ולא זקן.

.4   השחקנים הם לא אנשים נחמדים. הם אנשים _____ .

.5   הבעייה של זלמן לא _____ . אתם יכולים לעזור לו?

.6   העבודה שלו _____ והוא לא איש _____ .

.7   שיעורי הבית לא היו _____ . הם היו _____ .

PART B
חלק ב׳

READING C:
FROM ZALMAN'S AND ZELDA'S LETTERS

קטע קריאה ג׳:
מהמכתבים של זלמן וזלדה

זלדה יקרה,
אני מחפש עבודה במקום חדש כבר חודש. לא סיפרתי לך כי לא רציתי שתדאגי. לפני שבוע התחלתי לעבוד במשרד חקירות. נמאס לי לעבוד עם אנשים לא נחמדים ולכן לא רציתי להמשיך לעבוד עם קבוצת הכדורסל. היה קשה למצוא עבודה, אבל ראיתי מודעה בעיתון ובאתי לראיון במשרד החקירות "חפש ומצא!". מנהל המשרד דיבר איתי ועכשיו אני עוזר לחוקר פרטי! אין לי עדיין נסיון אבל אני לומד הרבה ממנהל המשרד.
מנהל המשרד הוא איש מעניין. שמו סימנטוב. פעם היה לו משרד נסיעות והוא היה מדריך תיירים ועכשיו יש לו משרד חקירות. הוא מכיר את כל הארץ ויש לו קשרים עם הרבה אנשים בהרבה מקומות.
זלדה, את יכולה לבוא לירושלים בסוף השבוע הזה? סימנטוב הזמין אותי למסיבה אצלו.

שלך זלמן

זלמן,
משרד חקירות? מה בדיוק חוקרים שם? אם זה מה שאתה רוצה, אז אני מקווה שסוף סוף תהיה מרוצה בעבודה. אני עסוקה והשבוע אני לא מתכוננת לצאת מהבית. בעוד שבועיים יהיה לי זמן. אם תרצה לבוא לבקר בתל אביב, תבוא אז.

זלדה

זלדה יקרה,
אני אהיה בגליל בעוד שבועיים. סימנטוב שולח אותי לשם. אין לי ברירה. עבודה זאת עבודה! מתי אראה אותך? מתי תהיה לנו הזדמנות להיות ביחד?

שלך זלמן

TIME EXPRESSION "IN"

ביטויי זמן: בעוד

SPEECH PATTERNS | **תבניות לשון**

In a week I'll be in the Galilee. — בעוד *שבוע* אהיה בגליל.
In a month I'll be 20. — בעוד *חודש* אהיה בן 20.
In a year I'll study in Italy. — בעוד *שנה* אלמד באיטליה.

The anticipation of time is usually expressed by a phrase that starts with the word בעוד and is followed by a time unit. In English the preposition "in" serves the same function. It becomes a source of mistakes for English speakers, who are inclined to use ב- in such phrases instead of בעוד.

EXERCISE 13   **תרגיל מספר 13**

Write sentences using time expressions following the example here.

Time unit: שבוע

לפני שבוע הייתי בירושלים.
השבוע אני נמצאת בתל אביב.
בעוד שבוע אהיה באילת.

שנה   חודש

_____   _____
_____   _____
_____   _____

שלושה שבועות   שבועיים

_____   _____
_____   _____
_____   _____

שנתיים   חודשיים

_____   _____
_____   _____
_____   _____

PA'AL CONJUGATION: בניין פעל:
CLASSIFICATION   גזרת ע"ו/ע"י

The past and present tenses of ע"ו and ע"י are identical. The future, imperative and infinitive have a different stem.

שם הפועל: לָרִיב   שורש: ר.י.ב.   שם הפועל: לָזוז   שורש: ז.ו.ז.

הווה

	יחידה				יחיד
	אני				אני
זָזָה	את		זָז		אתה
	היא				הוא
	רבות				רבים
	אנחנו				אנחנו
זָזוֹת	אתן		זָזִים		אתם
	הן				הם

עבר

(אני)	זַזְתִּי		
(אתה)	זַזְתָּ	הוא	זָז
(את)	זַזְתְּ	היא	זָזָה
(אנחנו)	זַזְנוּ		
(אתם)	זַזְתֶּם	הם	זָזוּ
(אתן)	זַזְתֶּן	הן	זָזוּ

עתיד

(אני)	אָזוּז		
(אתה)	תָּזוּז	הוא	יָזוּז
(את)	תָּזוּזִי	היא	תָּזוּז
(אנחנו)	נָזוּז		
(אתם)	תָּזוּזוּ	הם	יָזוּזוּ
(אתן)	תָּזוּזוּ	הן	יָזוּזוּ

ציווי

זוּז! זוּזִי! זוּזוּ!

עתיד

(אני)	אָרִיב		
(אתה)	תָּרִיב	הוא	יָרִיב
(את)	תָּרִיבִי	היא	תָּרִיב
(אנחנו)	נָרִיב		
(אתם)	תָּרִיבוּ	הם	יָרִיבוּ
(אתן)	תָּרִיבוּ	הן	יָרִיבוּ

ציווי

רִיב! רִיבִי! רִיבוּ!

תרגיל מספר 14 — EXERCISE 14

השלם את המשפטים בזמן עתיד:

1. מי יבוא למגרש הטניס?
   אנחנו נבוא למגרש הטניס.
   גם החברים שלנו יבואו .
2. מי יגור בבית שלכם?
   האורחת מברזיל _____ בבית שלנו.
   גם את _____ בבית שלנו
   אבל החברים שלך _____ בדירה של ההורים שלנו.

3. מי ישים את המכתב על השולחן של דן?
אני לא ______ את המכתב על השולחן שלו.
גם יוסי ואורי לא ______ את המכתב על השולחן שלו
אולי דליה ______ אותו שם.
4. מי ישיר סולו במסיבה במוצאי שבת?
חנן ______ סולו, כי הוא אוהב לשיר.
דנה לא ______ בכלל, כי היא לא אוהבת לשיר.
כולם ______ עם נתן, אחרי שהוא יגמור לשיר סולו.
5. מי ירוץ במירוץ מירושלים לרחובות? מֵירוּץ=race/run
אתם ______ לשם?
אנחנו לא ______ לשם כי נהיה עסוקים.
את ______ איתנו במירוץ?
רק אנשים משוגעים ______ בצהריים במירוץ הזה!
6. מי יטוס לחוץ לארץ?
אתה ______ ללונדון?
אני לא ______ לשם כי אהיה עסוקה.
אתן ______ איתנו לאמסטרדם?
הרבה אנשים ______ באוגוסט לברצלונה.
7. מי יריב עם נתן?
אף אחד לא ______ איתו.
רותי ______ איתו. היא תמיד רבה עם חברים.
אנחנו לא ______ איתו, כי הוא בחור נחמד.
רק אנשים לא נחמדים ______ כי הם אוהבים לריב.

FUTURE TENSE OF ל״ה VERBS — בניין פעל פעלי ל״ה: עתיד וציווי

The future tense of the ל״ה verbs was already introduced when להיות was presented. All ל״ה verbs follow the same pattern in the future tense. The ה is always omitted in the verb forms that end with a vowel.

The verb stem is shared by the future tense and imperative mood.

לִקְנוֹת   שורש: ק.נ.ה.   בניין: פעל   גזרה: ל״ה

עתיד

(אני)	אֶקְנֶה		
(אתה)	תִּקְנֶה	הוא	יִקְנֶה
(את)	תִּקְנִי	היא	תִּקְנֶה
(אנחנו)	נִקְנֶה		
(אתם)	תִּקְנוּ	הם	יִקְנוּ
(אתן)	תִּקְנוּ	הן	יִקְנוּ

ציווי

קְנֵה!   קְנִי!   קְנוּ!

EXERCISE 15 — תרגיל מספר 15

Complete the sentences with future tense verbs. Change the underlined verbs to the future tense.

1. ראיתי את משה אתמול. מתי אתם ________ אותו?
2. ההורים של דן רצו לבקר אותנו אתמול. הם ________ לבקר מחר?
3. דודה רבקה בכתה כל הבוקר. אנחנו מקווים שהיא לא ________ כל הערב.
4. רינה אמרה לדן שבחורים לא בוכים. דן אמר לרינה שהוא ________ אם הוא ירצה לבכות.
5. אנחנו שתינו מים קרים. אחרי הצהריים ________ תה חם.
6. שחיתם בבריכה הבוקר? ________ בים אחרי הצהריים?
7. קנית מתנה לדן? ________ מתנה גם לרינה?
8. מי היה בהצגה? מי ________ בהצגה?
9. ראיתן את הבית של משפחת מזרחי? ________ גם את הבית של משפחת כהן?
10. אורי, אתה רוצה לשתות קוקה קולה? אם לא, אולי ________ מיץ?

EXERCISE 16 — תרגיל מספר 16

Change the verbs in the sentences to past and future tense.

לרצות

1. דנה, את רוצה לאכול בשש?
   עבר: ________________?
   עתיד: ________________?
2. אתם רוצים ללכת לתיאטרון הערב?
   עבר: ________________?
   עתיד: ________________?
3. אנחנו רוצות לשמוע קונצרט טוב.
   עבר: ________________.
   עתיד: ________________.
4. אני לא רוצה לאכול מאוחר.
   עבר: ________________.
   עתיד: ________________.

לשתות

1. דנה ודינה, אתן שותות קפה?
   עבר: ________________?
   עתיד: ________________?
2. כולם שותים מים קרים?
   עבר: ________________?
   עתיד: ________________?

3. מי שותה קוקה-קולה?
עבר: ______________________________?
עתיד: ______________________________?

4. אתה שותה "לחיים" איתנו?
עבר: ______________________________?
עתיד: ______________________________?

לקנות

1. סוזן קונה שק שינה ומימיה.
עבר: ______________________________.
עתיד: ______________________________.

2. דן לא קונה שום דבר בחנות של עוזי.
עבר: ______________________________.
עתיד: ______________________________.

3. אנחנו קונים אוכל לטיול.
עבר: ______________________________.
עתיד: ______________________________.

4. הן קונות גלידה בקיוסק הקטן בפארק.
עבר: ______________________________.
עתיד: ______________________________.

לשחות

1. אנחנו לא שוחים בים כי המים קרים.
עבר: ______________________________.
עתיד: ______________________________.

2. אתם שוחים בבריכה של המלון?
עבר: ______________________________?
עתיד: ______________________________?

3. אתה שוחה באולימפיאדה?
עבר: ______________________________?
עתיד: ______________________________?

4. דליה שוחה כל בוקר.
עבר: ______________________________.
עתיד: ______________________________.

פעלי ל"ה + פ' גרונית

Notice the change in the initial vowel in infinitive, imperative, and future ל"ה verbs with the first root letter ע'/ח'.

לִשְׁתּוֹת	אבל	לַעֲשׂוֹת
לִקְנוֹת	אבל	לַעֲלוֹת
שְׁתֵה!	אבל	עֲשֵׂה!

קְנִי!	אבל	עֲשִׂי!
תִּשְׁתֶּה	אבל	תַּעֲשֶׂה
תִּקְנוּ	אבל	תַּעֲלוּ

An additional vowel is inserted to help with the pronunciation of ע'.
That vowel always is the same as the prefix vowel.

אני	אֶשְׁתֶּה	אֶעֱשֶׂה
אתה	תִּשְׁתֶּה	תַּעֲשֶׂה
את	תִּשְׁתִּי	תַּעֲשִׂי

לעשות *בניין:* פעל *שורש:* ע.ש.ה. *גזרה:* ל"ה ופ' גרונית

עתיד

(אני)	אֶעֱשֶׂה		
(אתה)	תַּעֲשֶׂה	הוא	יַעֲשֶׂה
(את)	תַּעֲשִׂי	היא	תַּעֲשֶׂה
(אנחנו)	נַעֲשֶׂה		
(אתם)	תַּעֲשׂוּ	הם	יַעֲשׂוּ
(אתן)	תַּעֲשׂוּ	הן	יַעֲשׂוּ

ציווי

עֲשֵׂה! עֲשִׂי! עֲשׂוּ!

The following three verbs follow the conjugation rules above.

לַעֲשׂוֹת	to do/make
לַעֲלוֹת	to ascent/go up/cost
לַעֲנוֹת	to reply/respond

תרגיל מספר 17 **EXERCISE 17**

Change sentences to past and future.

1. מה אתם עושים בשבת בבוקר?
עבר: ____?
עתיד: ____?
2. מה את עושה במשרד?
עבר: ____?
עתיד: ____?
3. אתה עושה שיעורים?
עבר: ____?
עתיד: ____?

4. דליה עושה מה שהיא רוצה.

עבר: _____.

עתיד: _____.

5. כמה עולה שק השינה?

עבר: _____?

עתיד: _____?

6. כמה עולים הכרטיסים למשחק הכדורגל?

עבר: _____.

עתיד: _____.

7. אתה לא עולה לאוטובוס?

עבר: _____?

עתיד: _____?

8. מי עונה לטלפון?

עבר: _____?

עתיד: _____?

9. למה אתם לא עונים לנו?

עבר: _____?

עתיד: _____?

10. אתם עולים לקומה השלישית?

עבר: _____?

עתיד: _____?

DIALOGUE A: ON THE ROAD

שיחון א׳: בדרכים

(האוטובוס מגיע לתחנה, הנהג עוצר. עליזה מזרחי רצה לאוטובוס וגם דוד בעלה רץ לאוטובוס. הם נוסעים למלון "הגליל" לפגוש את סימנטוב. הנהג רוצה לנסוע.)

עליזה: נהג! עצור!

נהג: נו... עלי כבר! אני נוסע.

עליזה: רגע! רגע! דוד, בוא מהר! רוץ!
כבר נוסעים.

דוד: אין לי כוח לרוץ. יהיה עוד אוטובוס בקרוב.

עליזה: כן. בעוד חצי שעה.

נהג: גברת – אין לי זמן. עלי! עלי כבר!

(דוד ועליזה עולים.)

דוד: עליזה, קני שני כרטיסים. אין לי כסף קטן.

נהג: גברת, עשי לי טובה, קני את הכרטיסים ושבי.

עליזה: פעמיים בבקשה.

(הנהג נותן לה שני כרטיסים.)

נהג: זוזו אחורה! יש מקום.

עליזה: אבל אין מקום לשבת.

דוד: אמרתי לך שיהיה עוד אוטובוס.

עליזה: כן, אבל בטח גם הוא יהיה מלא.

(בחור צעיר קם.)

בחור: שבי בבקשה!

עליזה: תודה רבה. איזה בחור נחמד!

בחור: זאת לא בעייה. אני יורד עוד שתי תחנות.

(נהג עוצר. הרבה אנשים עולים.)

נהג: זוזו! יש עוד מקום!

עליזה: דוד, אל תזוז! אני לא יודעת מתי ואיפה לרדת.

נהג: זוזו אחורה, בבקשה. מה? אתם לא מבינים עברית?

עליזה: הנהג הזה לא יודע איך לדבר עם אנשים.

(הנהג עוצר.)

נהג: מלון "כינרת" מי רצה לרדת במלון "כינרת"?

גברת: אני. זוזו בבקשה! אני צריכה לרדת כאן.

נהג: גברת, רדי כבר! אין לי זמן לחכות כאן כל היום.

(לדוד) אדוני, זוז ותן לגברת לרדת. אל תעמוד כמו גולם!

עליזה: חוצפה! ככה לא מדברים עם אנשים.

(האוטובוס נוסע. עליזה מצלצלת.)

עליזה: נהג! אנחנו צריכים לרדת כאן.

נהג: אין כאן תחנה. תרדו בתחנה הבאה.

עליזה: עצור נהג! כאן!

נהג: שקט! אסור לדבר עם הנהג.

EXERCISE 18   **תרגיל מספר 18**

Identify all the verbs in the imperative in the dialogue above. Write down the verb form, the infinitive, and the root.

פועל	שם הפועל	שורש
עצור!	לעצור	ע.צ.ר.
_____	_____	_____

READING D: ZALMAN SOLVES A PROBLEM

קטע קריאה ד׳: זלמן פותר בעייה

ביום ראשון אחד החוקר הפרטי סימנטוב והעוזר שלו זלמן נסעו למלון בגליל. זה היה יום חורף קר וגשום. לא היו שם הרבה אנשים. היו שני תיירים מאנגליה, היה אורח אחד מצרפת והיה זוג צעיר מאילת.

ב-6:00 בבוקר סימנטוב קם כי הוא לא ישן טוב בלילה. הוא הלך למטבח להכין כוס קפה. כשהוא נכנס למטבח הוא ראה מישהו שוכב על הרצפה ועל ידו צלחת שבורה. מי זה? אורח או בעל הבית? גבר או אשה? ישן או מת? הוא התקרב וראה שזאת אשה ללא רוח חיים. מה קרה לה? מי היא? הוא מיד טלפן למשטרה.

המשטרה באה. מפקח המשטרה ביקש מכל האורחים לבוא לחדר האוכל. כולם באו לשם: שני התיירים מאנגליה, הזוג הצעיר, האורח מצרפת וזלמן. השוטרים רצו לדעת מי האשה, מה היא עשתה במלון, מתי היא באה למלון, אם מישהו ראה אותה בכלל, ואיפה הם היו בין תשע בערב ושבע בבוקר.

הזוג הצעיר אמר שהם היו בחדר כל הלילה. שני התיירים מאנגליה אמרו שהם היו בקולנוע בערב, אבל חזרו לפני עשר. לפני שהם הלכו לישון הם הלכו למטבח לשתות כוס תה, אבל הם לא ראו שם אף אחד. הצרפתי אמר שהוא לא היה במלון כל הלילה, כי הוא היה עם ידידים. הוא חזר למלון מוקדם בבוקר.

סימנטוב: ״אני לא חושב שהאורח מצרפת אומר את האמת. קמתי מקודם. אף אחד לא בא למלון אחרי שקמתי.״

המפקח: ״מי אתה?״

סימנטוב: ״אני סימנטוב, חוקר פרטי מירושלים. כולם מכירים אותי. הנה הכרטיס שלי.״

המפקח: ״אולי בירושלים מכירים אותך. כאן אנחנו החוקרים. אולי האורח מצרפת הגיע למלון כשאתה היית במטבח או לפני שקמת.״

הצרפתי: ״חזרתי למלון לפני שקמת! ואני זוכר שאתמול בלילה הצלחת היתה על השולחן.״

סימנטוב: ״איך אתה יודע?״

הצרפתי: ״האוכל בארוחת ערב היה ממש גרוע!! אנחנו הצרפתים אוהבים אוכל טוב. לא אכלתי כלום בארוחת הערב, אז לפני שיצאתי מהמלון הלכתי למטבח לחפש יין וגבינה, כי הייתי רעב מאד. לא היה יין ולא היתה גבינה, אבל על השולחן במטבח היתה צלחת ובצלחת היתה פשטידה של פטריות. לא טעמתי את הפשטידה, כי הטבח שלכם לא יודע לבשל.״

כשהצרפתי גמר לדבר הגיע אדון שוורץ, בעל המלון. כשהוא ראה את האשה על הרצפה הוא התחיל לבכות.

שוורץ: ״מה הטבחית שלי עושה על הרצפה? מה קרה לה?״

המפקח: ״זה מה שאנחנו רוצים לדעת. איפה היית כל הלילה, אדון שוורץ?״

שוורץ: ״נסעתי העירה לבקר את בתי. איזה אסון! אני נוסע פעם אחת מהמלון ותראו מה קורה. מי יבשל את ארוחת הצהריים?״

הצרפתי: ״זאת באמת טרגדיה, אבל זאת לא טרגדיה שהטבחית שלך לא תבשל את ארוחת הצהריים.״

המפקח: ״אל תדאג, אדון שוורץ. אנחנו ניקח את הצלחת למעבדה ונבדוק אם יש עליה טביעת אצבעות.״

זלמן: ״לא צריך. טביעת האצבעות היא של הטבחית. עכשיו אני יודע שזה לא היה מקרה רצח. זה היה אסון.״

* מה התיאוריה של זלמן? איך הוא יודע שזה אסון ולא מקרה רצח?
* המשך את הסיפור.
* כתוב עוד סיפור על סימנטוב החוקר הפרטי והעוזר שלו זלמן.

LESSON 19 SUMMARY   שיעור 19: סיכום

Communicative Skills Introduced in This Lesson

1. How to address and close a letter
2. How to express satisfaction and dissatisfaction
3. How to issue orders and give commands
4. How to read critically and solve a mystery

Grammatical Information Introduced in This Lesson

1. Adjectives as predicates in present, past, and future tense

דוד מפורסם   דינה מפורסמת

דוד היה מפורסם   דינה היתה מפורסמת

דוד יהיה מפורסם   דינה תהיה מפורסמת

2. Adjectives of happiness and satisfaction

שמח, שמחה   מרוצה, מרוצה   מאושר, מאושרת

3. Expressing anticipated future time

בעוד שבוע/בעוד שנה

4. The future tense and imperative of ע"ו/ע"י in Pa'al conjugation

אטוס, תטוס, תטוסי, הוא יטוס, היא תטוס

נטוס, תטוסו, תטוסו, הם יטוסו, הן יטוסו

טוס! טוסי! טוסו!

אריב, תריב, תריבי, הוא יריב, היא תריב

נריב, תריבו, תריבו, הם יריבו, הן יריבו

ריב! ריבי! ריבו!

5. The future tense and imperative of ל"ה in Pa'al conjugation

אקנה, תקנה, תקני, הוא יקנה, היא תקנה

נקנה, תקנו, תקנו, הם יקנו, הן יקנו

קנה! קני! קנו!

WORD LIST FOR LESSON 19   אוצר מילים לשיעור 19

Nouns   שמות

	רבים	יחיד/ה
accident/disaster	אָסוֹנוֹת	אָסוֹן (ז)
possibility	אֶפְשָׁרוּיוֹת	אפשרות (נ)
chance	הִזְדַּמְנוּיוֹת	הִזְדַּמנוּת (נ)
basketball		כַּדּוּרְסַל (ז)
game	מִשְׂחָקִים	מִשְׂחָק (ז)
police		מִשְׁטָרָה (נ)
salary	מַשְׂכּוֹרוֹת	מַשׂכּוֹרֶת (נ)
job	מִשְׂרוֹת	מִשְׂרָה (נ)
experience		נִסָּיוֹן (ז)
group	קְבוּצוֹת	קְבוּצָה (נ)
connection/tie	קְשָׁרִים	קֶשֶׁר (ז)
interview	רַאֲיוֹנוֹת	רַאָיוֹן (ז)
impression		רוֹשֶׁם (ז)
floor	רְצָפוֹת	רִצְפָּה (נ)
bus stop	תַּחֲנוֹת	תַּחֲנָה (נ)

	יחידה	יחיד
hotel owner	בַּעֲלַת מָלוֹן	בַּעַל מָלוֹן
private investigator	חוֹקֶרֶת פְּרָטִית	חוֹקֵר פְּרָטִי
cook	טַבָּחִית	טַבָּח
friend	יְדִידָה	יָדִיד
coach/trainer	מְאַמֶּנֶת	מְאַמֵּן
inspector	מְפַקַּחַת	מְפַקֵּחַ
assistant	עוֹזֶרֶת	עוֹזֵר
player	שַׂחְקָנִית	שַׂחְקָן

Adjectives   תארים

	יחידה	יחיד
unhappy	אוּמְלָלָה	אוּמְלָל
tall	גְּבוֹהָה	גָּבוֹהַּ
rainy	גְּשׁוּמָה	גָּשׁוּם
strong	חֲזָקָה	חָזָק
weak	חַלָּשָׁה	חַלָּשׁ
happy	מְאוּשֶׁרֶת	מְאוּשָׁר
talented	מוּכְשֶׁרֶת	מוּכְשָׁר
full	מְלֵאָה	מָלֵא

יחיד	יחידה	
מְפוּרְסָם	מְפוּרְסֶמֶת	famous
מְרוּצֶה	מְרוּצָה	pleased
מְשׁוּגָע	מְשׁוּגַעַת	crazy/mad
נָמוּךְ	נְמוּכָה	short
עָצוּב	עֲצוּבָה	sad
קָשֶׁה	קָשָׁה	hard/difficult

פעלים — Verbs

לְחַכּוֹת	חִיכָּה מְחַכֶּה יְחַכֶּה	to wait
לַחקוֹר	חָקַר חוֹקֵר יַחקוֹר	to investigate
לִכְעוֹס על	כָּעַס כּוֹעֵס יִכְעַס	to be angry at
לִצְעוֹק על	צָעַק צוֹעֵק יִצְעַק	to yell at
לָעוּף	עָף עָף יָעוּף	to fly (not mechanical)
לַעֲנוֹת	עָנָה עוֹנֶה יַעֲנֶה	to answer
לְקַבֵּל	קִיבֵּל מְקַבֵּל יְקַבֵּל	to receive
לָרִיב	רָב רָב יָרִיב	to quarrel/argue
לְרַכֵל	רִיכֵל מְרַכֵל יְרַכֵל	to gossip
לָשִׂים	שָׂם שָׂם יָשִׂים	to put
לָשִׂים לֵב		to pay attention
לִשְׁכַּב	שָׁכַב שׁוֹכֵב יִשְׁכַּב	to lie down
לִשְׁכּוֹחַ	שָׁכַח שׁוֹכֵחַ יִשְׁכַּח	to forget
לִשְׁתּוֹק	שָׁתַק שׁוֹתֵק יִשְׁתּוֹק	to be quiet

מילות ותארי פועל — Particles, Prepositions, and Adverbs

בֵּינָתַיִים	in the meantime
בְּעוֹד שָׁבוּעַ	in a week
בְּקֶשֶׁר ל	in regard to
בַּחֲזָרָה	on the way back/return
עֲדַיִין	still/yet
כַּךְ שֶׁ	so that

ביטויים וצירופים — Expressions and Phrases

אֵין לִי כּוֹחַ	I have no strength
בְּהַצְלָחָה	good luck
בָּרוּר?	Is this clear?
חוּצְפָּה!	What gall!
טְבִיעַת אֶצבָּעוֹת	fingerprints
כְּמוֹ גוֹלֶם	like an idiot
כֶּסֶף קָטָן (ז)	small change

lifeless	לְלֹא רוּחַ חַיִּים
to make impression	לַעֲשׂוֹת רוֹשֶׁם
to give someone peace	לָתֵת מְנוּחָה
a case of murder	מִקְרֶה רֶצַח (ז)
investigation office	מִשְׂרַד חֲקִירוֹת (ז)
I am sick of it.	נִמְאָס לִי
Do me a favor.	עֲשִׂי לִי טוֹבָה
mushroom pie	פַּשְׁטִידָה שֶׁל פִּטְרִיּוֹת

LESSON 20 שיעור מספר 20

PART A חלק א'

READING A: A FAMILY VISIT קטע קריאה א': ביקור משפחתי

זהבה מספרת:

יש לי דוד ודודה שגרים במושב קטן בגליל. אפריים הוא האח הגדול של אבא שלי ופנינה היא אשתו. הם תמיד מזמינים אותי לבוא אליהם לביקור. אפרים תמיד שואל: "למה שלא תבואי אלינו ותביאי חברות?" והפעם באמת הזמנתי את חברתי אורלי לבלות את החג אצל הדוד והדודה במושב. הוא ואשתו פנינה גרים בבית קטן וישן, לא רחוק מתחנת האוטובוסים. הגענו בארבע אחר הצהריים ואפריים בא לפגוש אותנו.

פנינה שמחה לראות אותנו: "יופי שהגעתן! תיכנסו! תרגישו כמו בבית!" נכנסנו. "משהו קר לשתות? אתן רעבות? משהו לאכול?"

היא הגישה לנו כוס קפה קר ועוגה טובה וסיפרה לנו שהיא הזמינה אורחים לארוחת ערב. הספקנו להתרחץ ולנוח לפני שהאורחים הגיעו. בשבע הגיעה משפחת בניימיני עם הבן שלהם רון. פנינה הזמינה את כולם לשולחן והתחילה להגיש אוכל.

"תתחילו לאכול!"

התחלנו לאכול. האוכל היה טעים מאוד.

"אל תשאירו אוכל בצלחת. תגמרו את הכל!"

הסברתי לה שאני לא רעבה.

"בשביל האוכל שלי לא צריך להיות רעבים!", אמרה פנינה.

לא היתה לי ברירה. המשכתי לאכול. אחרי הארוחה רון הזמין אותי ואת אורלי לחברים שלו. אני שמחתי מאוד, כי פנינה התחילה להגיש קפה ועוגות לאורחים.

"אל תבואו מאוחר! אתן לא צריכות מפתח – אצלנו הבית תמיד פתוח והדלת אף פעם לא נעולה".

ענו על השאלות:

1. איפה גרים הדוד והדודה של זהבה?
2. את מי זהבה הזמינה לבוא איתה?
3. מה פנינה הגישה לאורחות כשהן באו אליה הביתה?
4. עוד אורחים הגיעו. מי הם?
5. מדוע זהבה שמחה כשרון הזמין אותה לחברים שלו?

THE HIF'IL CONJUGATION   בניין הפעיל

The Hif'il conjugation is characterized by the prefix /‑ה/ in the past tense and infinitive and /‑י/ after the second root letter.

The verb להרגיש is given here as an example of Hif'il.

		שם פועל:	שרש: ר.ג.ש.
to feel (well/not well)		לְהַרְגִּישׁ (טוֹב)	
to feel that …		לְהַרְגִּישׁ שֶׁ…	

הווה

		יחידה			*יחיד*
		אני			אני
מַרְגִּישָׁה		את	מַרְגִּישׁ		אתה
		היא			הוא
		רבות			*רבים*
		אנחנו			אנחנו
מַרְגִּישׁוֹת		אתן	מַרְגִּישִׁים		אתם
		הן			הם

עתיד

				אַרְגִּישׁ	(אני)
יַרְגִּישׁ	הוא			תַּרְגִּישׁ	(אתה)
תַּרְגִּישׁ	היא			תַּרְגִּישִׁי	(את)
				נַרְגִּישׁ	(אנחנו)
יַרְגִּישׁוּ	הם			תַּרְגִּישׁוּ	(אתם)
יַרְגִּישׁוּ	הן			תַּרְגִּישׁוּ	(אתן)

ציווי

הַרְגִּישׁוּ!		הַרְגִּישִׁי!	הַרְגֵּשׁ!	

עבר

				הִרְגַּשְׁתִּי	(אני)
הִרְגִּישׁ	הוא			הִרְגַּשְׁתָּ	(אתה)
הִרְגִּישָׁה	היא			הִרְגַּשְׁתְּ	(את)
				הִרְגַּשְׁנוּ	(אנחנו)
הִרְגִּישׁוּ	הם			הִרְגַּשְׁתֶּם	(אתם)
הִרְגִּישׁוּ	הן			הִרְגַּשְׁתֶּן	(אתן)

Words Related to Verb

feeling	הַרְגָּשָׁה (נ) הַרְגָּשׁוֹת
sentiment	רֶגֶשׁ (ז) רְגָשׁוֹת
sensitive	רָגִישׁ-רְגִישָׁה
excitement	הִתְרַגְּשׁוּת (נ)

EXERCISE 1 **תרגיל מספר 1**

Complete the root letters for the verbs below.

תרגום	*שורש*	*שם פועל*
to invite/to place an order	ז.מ.נ.	להזמין את
to start, begin	________	להתחיל ב...
to stop, cease	________	להפסיק את
to continue, go on	________	להמשיך את/ב...
to explain	________	להסביר את ל...
to listen	________	להקשיב ל...
to manage, do in time	________	להספיק את
to leave	________	להשאיר את
to remind	________	להזכיר ל ש...
to agree	________	להסכים

Related Nouns

invitation	הַזְמָנָה (נ) הַזְמָנוֹת
beginning	הַתְחָלָה (נ) הַתְחָלוֹת
recess	הַפְסָקָה (נ) הַפְסָקוֹת
continuation	הֶמְשֵׁךְ (ז) הֶמְשֵׁכִים
explanation	הֶסְבֵּר (ז) הֶסְבֵּרִים
secretary	מַזְכִּיר – מַזְכִּירָה

On the Pronunciation of ב כ פ in Hif'il

When the second letter of the root is ב, כ or פ, then it is pronounced as /v/, /kh/ and /f/: להבדיל להכתיב להפסיק.

When the second letter of the root is ב, כ or פ, then it is pronounced as /b/, /k/ and /p/: להסביר להזכיר להספיק.

EXERCISE 2   **תרגיל מספר 2**

The sentence in your exercise has an infinitive of Hif'il. Rewrite the sentence in future, present and past tenses.

1. אנחנו צריכים *להתחיל* לעבוד.

      אנחנו *מתחילים* לעבוד.

      אנחנו *התחלנו* לעבוד.

      אנחנו *נתחיל* לעבוד.

2. אתם מוכנים <u>להתחיל</u> לאכול?

    _____.

    _____.

    _____.

3. דן לא יכול <u>להמשיך</u> לשחות – הוא עייף.

    _____.

    _____.

    _____.

4. את יכולה <u>להסביר</u> לילדים שאת עייפה.

    _____.

    _____.

    _____.

5. אנחנו מוכנות <u>להקשיב</u> להרצאה שלך.

    _____.

    _____.

    _____.

6. אתה יכול <u>להשאיר</u> פתק על הדלת שלי.

    _____.

    _____.

    _____.

7. הם רוצים <u>להזמין</u> את כולם לארוחה.

    _____.

    _____.

    _____.

8. אני לא יכולה <u>להספיק</u> לקרוא את כל הספר.

    _____.

    _____.

    _____.

9. אנחנו מקווים <u>להרגיש</u> טוב לפני המסיבה.

    _____.

    _____.

    _____.

10.המורה יכולה <u>להסביר</u> לנו מה לעשות.

_____ .
_____ .
_____ .

EXERCISE 3   **תרגיל מספר 3**

The verb is given in the inifinitive. Practice composing sentences in the present, past and future tenses. An example is given for the first set of sentences.

השכנות מסבירות לעליזה שהן חדשות בעיר.
השכנות הסבירו לעליזה שהן חדשות בעיר.
השכנות יסבירו לעליזה שהן חדשות בעיר.

ש ...	*למי?*	*פועל*	*מי?*
הן חדשות בעיר.	לעליזה	להסביר	השכנות
אני עסוקה בערב.	למרים		אני
אתם לא יכולים לעזור להם.	להם		אתם
אין לכם זמן לבקר אותם.	לאורחים		התיירת
יש לנו בעיות.	לאף אחד		אנחנו לא

לעשות משהו	*פועל*	*מי?*
ללכת לקולנוע.	להסכים	אנחנו
לבוא למשרד בסוף השבוע?		המזכירה
להביא את הספר.		את
להתחיל ללמוד.		דוד
לעזור לנו?		מי

לאן? ל+מה?	*את מי?*	*פועל*	*מי?*
אליה הביתה.	אורלי	להזמין	הדודה שלי
לארוחת ערב.	אתכם		אני
לקונצרט.	אותנו		אתן
לבקר אותו.	את זלדה		זלמן
הביתה.	אף אחד		אנחנו לא

לעשות משהו/את משהו	*פועל*	*מי?*
לעבוד כל כך הרבה.	להפסיק	אני
לבוא למשרד בסוף השבוע.		אתם
את העבודה שלו בצהריים.		הדוד אפריים
ללמוד בערב.		אורי
לאכול עוגות ושוקולד.		אורלי וזהבה לא

מי?	*פועל*	*לעשות משהו*
אתה	להתחיל	לעבוד יותר.
הם		לבוא למשרד בסוף השבוע.
הדודה פנינה		לנסוע לטייל בעולם.
אורלי		לשחק טניס.
אורלי וזהבה		ללמוד צרפתית.

מילות היחס: "אצל" ו"אל" THE PREPOSITIONS "AT" AND "TO"

תבניות לשון SPEECH PATTERNS

האורחים ישנים אצלנו הערב.
אצלנו בבית כולם אוכלים ביחד בשבת.
הם יבואו אלינו ויהיו אצלנו שבוע.
אל מי אתם נוסעים?

מילת היחס אצל

The preposition אצל can be best translated as "at somebody's." It is followed by a noun or pronoun referring to a person.

<u>אצל</u> רות ומאיר	*at* Ruth*'s* and Meir*'s* (at their place)
איפה רות? <u>אצלנו</u>	*at* our place (home, residence)

This preposition precedes a person and location reference and has no exact counterpart in English. It is similar in function to the French preposition "chez."

Conjugation of the Preposition אצל

	אֶצְלִי		אֶצְלֵנוּ
אֶצְלְךָ	אֶצְלֵךְ	אֶצְלְכֶם	אֶצְלְכֶן
אֶצְלוֹ	אֶצְלָהּ	אֶצְלָם	אֶצְלָן

תרגיל מספר 4 EXERCISE 4

Translate the sentences to English.

הארוחה אצל יורם בשבת.
הספרים שלנו אצל רינה בבית.
אצלנו בבית אוכלים מאוחר.
מה נשמע אצלכם? הכל בסדר?
אצל מי המסיבה הערב?

דוד ויורם עובדים אצל אבא שלי במשרד.

אנחנו עובדות אצל עוזי בחנות.

עוזי לא נמצא בחנות עכשיו – הוא אצל אמא שלו.

אשתו של עוזי גם לא נמצאת בחנות – היא אצל אמא שלה.

למה אצלכם תמיד יש כל כך הרבה רעש?

השיעור אצלכם בבית, או אצל דני במשרד?

The Prepositions ב and אצל "at"

In English the prepositions ב and אצל are both translated as "in/at." How do these prepositions differ?

The preposition ב, when it functions as "at/in", precedes a noun of place or a place name, while אצל precedes a noun or pronoun referring to a person.

איפה המסיבה?

The party is *at Yoram's house.*　　המסיבה בבית של יורם.

אצל מי המסיבה?

The party is *at Yoram's.*　　המסיבה אצל יורם (בבית).

The above sentences are two ways of saying the same thing. The choice of preposition is dictated by the choice of the noun that follows it.

ב+בית	בבית של יורם.
ב+דירה	בדירה של יורם.
ב+משרד	במשרד של יורם.
ב+חנות	בחנות של יורם.

או

אצל + יורם	אצל יורם (בבית).
אצל + יורם	אצל יורם (בדירה).
אצל + יורם	אצל יורם (במשרד).
אצל + יורם	אצל יורם (בחנות).

EXERCISE 5　　　　　　　　　　　　　　　תרגיל מספר 5

Complete the sentences with the prepositions ב/אצל.

1. _____ מי יש מסיבה?

יש מסיבה _____ דן.

איפה הבית של דן?

הבית שלו ___רחוב הרצל.

2. אנחנו לא אוכלים הערב ___בית.

אנחנו אוכלים _____ דליה. היא הזמינה אותנו.

אנחנו אוכלים _____ בבית.

3. דליה הזמינה הרבה אורחים לארוחה ________ בבית.
תמיד יש ________ אורחים מעניינים.
חבל שאין ___דירה שלה מספיק מקום גם בשבילכם.

4. אתם ישנים ________ חברים במעונות?
יש מספיק מקום ________ בחדר?
אתם רוצים לישון ________? יש ________ מספיק מקום.

The Preposition אל — מילת היחס אל

The preposition אל can be best translated as "to somebody's." It is followed by a noun or pronoun referring to a person or location. It follows a directional verb or expression.

אֶל רות ומאיר	*to* Ruth's and Meir's (*to* their palce)
לאן רות הולכת? אֵלֵינוּ	*to* our place (home, residence)

Conjugation of the Preposition אל

	אֵלַיי		אֵלֵינוּ
אֵלֶיךָ	אֵלַייִך	אֲלֵיכֶם	אֲלֵיכֶן
אֵלָיו	אֵלֶיהָ	אֲלֵיהֶם	אֲלֵיהֶן

EXERCISE 6 — תרגיל מספר 6

Translate the sentences to English.

אנחנו הולכים אל יורם בשבת. מי עוד בא אליו?
אנחנו נתקשר אל רינה. נתקשר אליה בערב.
הם יבואו אלינו הביתה מאוחר.
מי יבוא אליכם? כולם?
אל מי אתם הולכים הערב?
אם אתם הולכים אל דן, גם אנחנו נבוא.
דוד ויורם נסעו אל אבא שלי לדבר איתו.
אתן רוצות ללכת אל עוזי?
תתקשרו אליו, הוא יעזור לכן.
עוזי ילך אל אמא שלו – הוא יהיה אצלה כל הערב.
אשתו של עוזי תיסע אל אמא שלה – היא תהיה אצלה כל השבוע.
למה אף אחד לא הגיע אליכם הביתה?

A question that refers to a destination starts with לאן, whereas a question that focuses on a person as a destination starts with אל מי.

(to) where/where to (to what place)	לאן אתם הולכים?
	אנחנו הולכים לבית של יורם.
to whom/to whose place	אל מי אתם הולכים?
	אנחנו הולכים אל יורם (הביתה).
	אנחנו הולכים אליו.

The above sentences are two ways of saying the same thing. The choice of preposition is dictated by the use of the noun that follows it:

	לבית של יורם.	ל+בית
	לדירה של יורם.	ל+דירה
או		
	אל יורם (הביתה).	אל + יורם/אליו
	אל יורם (לדירה).	אל + יורם/אליו

-ל can replace אל if a noun or name follows it, but not if a pronoun suffix is needed.

You can say:

אנחנו הולכים אל יורם.

אנחנו הולכים ליורם.

אנחנו הולכים אליו.

but you can never say:

אנחנו הולכים

EXERCISE 7 **תרגיל מספר 7**

Complete the sentences with the preposition אל, with or without suffixes.

1. ______ מי כולם באים הערב?
כולם באים ______ דן.
באים ______ (הוא) כי יש אצלו מסיבה.
אנחנו נוסעים ______ (הוא) בשמונה.
2. אנחנו לא נלך הערב ______ דליה הביתה.
אנחנו נלך ______ דינה, כי היא הזמינה אותנו.
אנחנו נלך ______ לפני שבע.
3. דליה רוצה לבוא ______ (אנחנו) הביתה.
היא חושבת שיבואו ______ אורחים מעניינים.
אבל אנחנו לא נהיה בבית. נלך ______ מלון לפגוש אתכם.
4. אתם תיסעו ______ החברים שלכם באילת?
תיסעו ______ עוד הערב?
אתם רוצים להגיע ______ בית שלהם לפני שש?

PART B — חלק ב׳

DIALOGUE A: GETTING ACQUAINTED — שיחון א׳: שיחות הכרות

(אצל תמי, החברה של רון.)

רון: תמי, תכירי את זהבה. היא מבקרת אצל אפריים ופנינה.

תמי: באת להרבה זמן?

זהבה: באתי לחג. אהיה אצל הדוד והדודה שלי יומיים או שלושה.

(עמי בא. רוצה להכיר את זהבה.)

עמי: איזו בחורה נחמדה! אני לא חושב שאני מכיר אותה. זאת חברה חדשה שלך?

תמי: כן. תכיר את זהבה, וזהבה, תכירי את עמי.

(זהבה ועמי מדברים.)

זהבה: ...ואנחנו רוצות לטייל בסביבה.

עמי: אני מכיר את כל המקומות המעניינים בסביבה. תבואו לטייל איתי מחר.

זהבה: אני מסכימה.

(זהבה ועמי ממשיכים לדבר.)

זהבה: ובאוסטרליה היית? איזה מקומות יפים שיש שם!

עמי: עוד לא.

זהבה: יש הרבה מה לראות.

עמי: אחרי הצבא אני רוצה לנסוע לראות את כל העולם.

זהבה: כשתרצה לנסוע, תגיד לי. אני יכולה לעזור לך לעשות תוכניות לטיולים. אני יודעת איך להשיג כרטיסים זולים ואיפה יש אכסניות נוער טובות. אני סוכנת נסיעות.

עמי: איזה יופי! אתן באות למסיבה של רון הערב?

זהבה: כן. הוא הזמין אותי ואת אורלי. להתראות הערב!

סיכום:

זהבה ואורלי פוגשות את החברים והחברות של רון. זהבה מדברת עם תמי ועמי. עמי מעוניין לטייל עם אורלי וזהבה בסביבה. הוא מכיר את כל המקומות המעניינים. זהבה סוכנת נסיעות. היא יודעת איך להשיג כרטיסים זולים לטיולים במקומות מעניינים בעולם. היא מוכנה לעזור לעמי לעשות תוכניות לטיולים בחו״ל.

WHICH "WHICH"? — איזה ״איזה״?

איזה can function as both a question word and as part of an exclamation. In Hebrew the gender and number of the noun that follows the question word, or exclamation word, determines the form of "which/what."

Questions: — בשאלות:

זכר יחיד:	*אֵיזֶה* רחוב זה?	What/which street is this?
נקבה, יחידה:	*אֵיזוֹ* מורה יש לך?	Which teacher do you have? What kind of teacher do you have?
רבים:	*אֵילוּ* שכנים גרים פה?	Which neighbors live here?

Prepositions can be prefixed to these questions words.

איזה ספר אתם קוראים?
באיזה רחוב הם גרים?
לאיזה מקום אתם נוסעים?
מאיזו עיר אתם?
עם איזה מטוס באתם?

Exclamations of Admiration — ביטויי התפעלות

What a large house you have!	איזה בית גדול יש לכם!
What a nice girl!	איזו בחורה נחמדה!
What big children you are!/You are such big children!	אילו ילדים גדולים אתם!

In spoken Hebrew it is quite customary to use איזה for all forms, both in questions and exclamations. While איזו is also used frequently, the plural form אילו is hardly ever heard.

איזה בית גדול יש לכם!
איזה בחורה נחמדה!
איזה ילדים גדולים אתם!

EXERCISE 8 — תרגיל מספר 8

Answer the questions. — ענו על השאלות.

1. מאיזו עיר אתם? ________________
2. באיזה בית ספר למדתם? ________________
3. איזה סרטים אתם אוהבים? ________________
4. איזה אוכל אתם לא אוהבים? ________________
5. עם איזו חברת טיולים נסעתם? ________________

EXERCISE 9 — תרגיל מספר 9

Write questions to the answers.

.1 ________________? נסענו ב"אל על".
.2 ________________? קניתי מכונית אמריקאית.
.3 ________________? קנינו את הציוד ב"עולם הספורט".
.4 ________________? נלך למסעדה של אורלי.
.5 ________________? הבית שלו ברחוב יפו.

EXERCISE 10 — תרגיל מספר 10

Translate the sentences.

1. What a beautiful day this is!
2. What wonderful parents you have!
3. What a nice party!
4. What a terrible course!
5. What dull books we are reading!

HIF'IL CONJUGATION: פ"נ CLASSIFICATION — בניין הפעיל-גזרה: פ"נ

In the Hif'il conjugation, verbs that have a first root letter/נ/lose that letter when the verb is conjugated.

להגיש is brought here as an example of Hif'il verbs classified as פ"נ.

שרש: נ.ג.ש. *שם פועל: לְהַגִּיש* to serve/offer

הווה

יחיד		יחידה	
אני, אתה, הוא	מַגִּיש	אני, את, היא	מַגִּישָׁה
רבים		**רבות**	
אנחנו, אתם, הם	מַגִּישִׁים	אנחנו, אתן, הן	מַגִּישׁוֹת

עתיד

(אני)	אַגִּיש		
(אתה)	תַּגִּיש	הוא	יַגִּיש
(את)	תַּגִּישִׁי	היא	תַּגִּיש
(אנחנו)	נַגִּיש		
(אתם)	תַּגִּישׁוּ	הם	יַגִּישׁוּ
(אתן)	תַּגִּישׁוּ	הן	יַגִּישׁוּ

ציווי

הַגֵּשׁ! הַגִּישִׁי! הַגִּישׁוּ!

עבר

			(אני)	הִגַּשְׁתִּי
הִגִּישׁ	הוא		(אתה)	הִגַּשְׁתָּ
הִגִּישָׁה	היא		(את)	הִגַּשְׁתְּ
			(אנחנו)	הִגַּשְׁנוּ
הִגִּישׁוּ	הם		(אתם)	הִגַּשְׁתֶּם
הִגִּישׁוּ	הן		(אתן)	הִגַּשְׁתֶּן

Nouns related to verb

tray	מַגָּשׁ (ז) מַגָּשִׁים
sever	מַגִּישׁ-מַגִּישָׁה

Other Verbs that Follow This Pattern

to get acquainted/to recognize	נ.כ.ר.	לְהַכִּיר את
to arrive	נ.ג.ע.	לְהַגִּיעַ ל
to say (used in future, infinitive, and imperative)	נ.ג.ד.	לְהַגִּיד ל

In spoken Hebrew the verb **להגיד** is used only in the future and infinitive. In the past and present the verb **לומר** is used.

EXERCISE 11 **תרגיל מספר 11**

The first sentence of each set has an infinitive of Hif'il. Rewrite them in the future, present and past tenses.

1. אנחנו רוצים להגיש להם יין ועוגה.
עתיד: אנחנו נגיש להם יין ועוגה.
הווה: אנחנו מגישים להם יין ועוגה.
עבר: אנחנו הגשנו להם יין ועוגה.
2. אתם רוצים להגיע לפני שמונה?
עתיד: ____________.
הווה: ____________.
עבר: ____________.
3. דן לא רוצה להכיר את רון.
עתיד: ____________.
הווה: ____________.
עבר: ____________.
4. דינה רוצה להגיד לך משהו חשוב.
עתיד: ____________.
הווה: ____________. (לומר)
עבר: ____________. (לומר)

5. אני עדיין לא מוכנה <u>להגיש</u> את העבודה שלי.

עתיד: _____.

הווה: _____.

עבר: _____.

6. אתה יכול <u>להכיר</u> לי את זהבה?

עתיד: _____.

הווה: _____.

עבר: _____.

7. הם רוצים <u>להגיד</u> לך את כל האמת.

עתיד: _____.

הווה: _____ (לומר).

עבר: _____ (לומר).

8. אני לא יכולה <u>להגיע</u> בזמן.

עתיד: _____.

הווה: _____.

עבר: _____.

9. הם רוצים <u>להגיש</u> לך כוס תה.

עתיד: _____.

הווה: _____.

עבר: _____.

"TO BE ACQUAINTED/GET TO KNOW" AND "TO KNOW"   להכיר ולדעת

להכיר is the verb used for "getting acquainted" or "being introduced/meeting" somebody. It is used also for "being acquainted" with people or "being familiar" with places or events.

לדעת is the verb used for "having knowledge, information or skills."
In English the verb "to know" can be used in both the above senses, and thus there is often a tendency to use *לדעת*, which is translated as "to know," even when it is inappropriate and *להכיר* should be used.

Examples	דוגמאות
Ruti *knows Dani* (is acquainted with him).	*רותי מכירה את דני.*
Dani *does not know New York City*.	*דני לא מכיר את ניו יורק.*
	אבל
Susan *knows Hebrew*.	*סוזן יודעת עברית.*
Does she *know (how) to get here?*	*היא יודעת איך להגיע הנה?*
Who knows *where Susan lives?*	*מי יודע איפה סוזן גרה?*

Another difference between the two verbs is the *extent* of knowledge.

Are you familiar with this song?	‏אתה מכיר את השיר הזה?
I am familiar with this song (I have heard it).	‏כן. אני מכיר את השיר הזה.
	‏לא. אני לא מכיר את השיר הזה. אף פעם לא שמעתי אותו.
Do you know this song?	‏אתה יודע את השיר הזה?
Do you know the words to this song?	‏אתה יודע את המילים לשיר הזה?
	‏כן. אנחנו שרים אותו בבית הספר.
Are you familiar with his story?	‏אתה מכיר את הסיפור שלו?
I am familiar with the story (I have heard it).	‏כן. אני מכיר את הסיפור.
	‏כבר שמעתי אותו מספר פעמים.
Do you know his story (do you know the details)?	‏אתה יודע את הסיפור שלו?
	‏כן. אני יודע את כל הפרטים.

להכיר ולדעת are followed by:

‏להכיר את מישהו:	‏אנחנו מכירים את רותי.
‏להכיר את + מקום:	‏אנחנו לא מכירים את העיר.
	‏אנחנו מכירים את חיפה.
‏להכיר + משהו:	‏אנחנו מכירים את הסיפור.
‏לדעת + שם הפועל:	‏הם לא יודעים לרקוד.
‏לדעת + ש...:	‏אנחנו יודעים שהם בתל אביב.
‏לדעת + מקצוע/שפה:	‏אנחנו יודעים עברית.
‏לדעת + על + מישהו/משהו:	‏מה אתם יודעים על רותי?
	‏מה אתם יודעים על העיר הזאת?
‏לדעת + אם:	‏אתם יודעים אם יוסי גר כאן.
‏לדעת + שאלות:	‏אנחנו יודעים *איפה* אתם גרים.
	‏אנחנו יודעים *מי* גר כאן.
	‏אנחנו יודעים *למה* הוא לא בא היום.
	‏אני לא יודע *לאן* דוד הלך.
	‏אני יודעת *מה* שם החברה של דוד.
	‏אני לא יודע *מתי* דוד יבוא.
	‏אני לא יודעת *איך* קוראים לך.
	‏אנחנו יודעים *מאין* הוא.

תרגיל מספר 12 EXERCISE 12

Complete the sentences with "להכיר" or "לדעת".

1. אתן ________ את המורה שלי, ד"ר שכטר?
2. אתם גם ________ איפה המשרד שלו?
3. היינו באנגליה ושם ________ הרבה אנשים מעניינים.
4. אם תהיו אצלם בבית, ________ את ההורים שלהם.
5. מי ________ באיזו שעה מתחיל השיעור?
6. אנחנו לא ________ את ניו יורק. אנחנו מקווים שאתה ________ את העיר.
7. היא לא ________ איזו מתנה לקנות לאורי.
8. אני לא ________ מה בדיוק אורי אוהב, כי אני לא ________ אותו טוב.
9. כשהייתם באוניברסיטה, ________ את המורים שלכם?
10. כשנבקר בירושלים, נלך למקומות המעניינים ו________ את כל העיר.
11. מה אתה ________ על האנשים האלה?
12. מי ________ מה הם עושים כאן?
13. מי בכלל ________ את האנשים האלה? הם חברים שלכם?
14. למה אתה לא ________ לאן אתה הולך?
15. אם אתם לא ________ את הארץ, כדאי לכם לנסוע לטייל ו________ את כל המקומות היפים.
16. אם אתם לא ________ את הדרך, כדאי לכם לקנות מפה. (map=מפה)
17. כדאי לשאול מישהו, אם לא ________ מה לעשות.
18. אנחנו לא ________ את השיר הזה. לא שמענו אותו אף פעם.
19. אנחנו ________ את השיר אבל אנחנו לא ________ את המילים.
20. דליה, את ________ את האופרה הזאת? אני לא ________ איפה שמעתי אותה.

READING B: TILL DAWN — קטע קריאה ב׳: עד אור הבוקר

זהבה מספרת:

במוצאי שבת היתה המסיבה. לפני שיצאנו מהבית דודה פנינה אמרה לי לחזור הביתה מוקדם. עמי צחק ואמר לי: ״יש לך דודה מצחיקה.״ הסכמתי. אני כבר בת 21 והיא חושבת שאני עדיין ילדה קטנה.

הגענו למסיבה מוקדם ועזרנו לרון בהכנות למסיבה. לא היו שם הרבה אנשים בהתחלה, אבל אחרי תשע הגיעו עוד הרבה חברים וחברות של רון ועמי. זאת היתה מסיבה נהדרת. כולם שרו שירים, אכלו ושתו. אחרי שגמרנו לשיר, עמי קם, שם תקליט וכולנו קמנו ורקדנו כמו משוגעים. אורלי אמרה לי שהיא לא היתה במסיבה כל כך נחמדה כבר הרבה זמן. חזרנו הביתה מאוחר ובאמת הדלת לא היתה נעולה. רק במושב קטן אפשר להשאיר בית פתוח בלילה. (וזה לא סוף הסיפור).

COMPARISONS: LIKE WHAT? LIKE WHO? — השוואות: כמו מה? כמו מי?

SPEECH PATTERNS — **תבניות לשון**

We danced like crazy.	רקדנו כמו משוגעים
He sings like a professional singer.	הוא שר כמו זמר מקצועי
This is a party like in the movies.	זאת מסיבה כמו בסרטים

Drawing on similar qualities, there are many colorful idiomatic expressions.

Expressions with Verbs

1. *משוגע* רוקד + הרבה.
2. *אתה* רוקד + הרבה.

אתה רוקד + *כְּמוֹ מְשׁוּגָע*.

You dance like a madman.

חמור עובד + הרבה.

אתה עובד + הרבה.

אתה עובד + *כְּמוֹ חֲמוֹר*.

You work like a donkey.

1. *חזיר* אוכל + הרבה.
2. *אתה* אוכל + הרבה.

אתה אוכל + *כמו חָזִיר*.

You eat like a pig.

תינוק יָשֵׁן + טוב.

הוא ישן + טוב.

הוא ישן + *כְּמוֹ תִּינוֹק*.

He sleeps like a baby.

Expressions with Adjectives

He is as strong as a horse.	הוא חזק כְּמוֹ סוּס.
He is as courageous as a lion.	הוא גיבּוֹר כְּמוֹ אַרְיֵה.
He is as sly as a snake.	הוא ערום כְּמוֹ נָחָשׁ.

Using the same structures as in the expressions above we can draw similarities between persons, objects or other nouns that share attributes.

EXERCISE 13 תרגיל מספר 13

Write comparisons by combining two sentences where the subjects share qualities. Compare the subject of the second sentence to the first.

Example: *דוגמה:*

1. אמא שלה גבוהה.
2. היא גבוהה.

היא גבוהה כמו אמא שלה.

1. אבא שלו מהנדס טוב.
2. דוד מהנדס טוב.

דוד ______________.

1. אמא שלה מדברת אנגלית טוב.
2. היא מדברת אנגלית טוב.

היא ______________.

1. האח של דני תלמיד טוב.
2. דני תלמיד טוב.

דני ______________.

1. החבר שלה שר יפה.
2. היא שרה יפה.

היא ______________.

1. כוכב קולנוע יפה.
2. עמי יפה.

עמי ______________.

EXERCISE 14 תרגיל מספר 14

Write your own comparisons according to the examples: כמו מי?

1. פְֶרֶד אַסְטֵייר רוקד.
2. הוא רוקד.

______________.

1. בן גוריון מדבר.
2. אתה מדבר.

______________.

1. ______________.
2. ______________.

______________.

DIALOGUE B: WHAT A HEADACHE!

שיחון ב': איזה כאב ראש!

(בוקר. אפריים וזהבה בארוחת הבוקר.)

זהבה: יש לי כאב ראש.

אפריים: אין פלא שיש לך כאב ראש. חזרת הביתה מאוחר מאוד.

זהבה: היה נחמד ולא הרגשנו איך הזמן עובר. שרנו, רקדנו, אכלנו ושתינו.

אפריים: זהבה, את יודעת שהדודה שלך דאגה לכן ולא הלכה לישון עד שחזרתן הביתה?

זהבה: היא תמיד דואגת לי. אני כבר לא ילדה קטנה ולא צריך לדאוג לי.

אפריים: כשאנחנו היינו צעירים, גם פנינה ואני הלכנו למסיבות, אבל לא עד השעות הקטנות של הלילה.
קשה! קשה להיות אמא ואבא, וגם קשה להיות דוד טוב.

(מאוחר יותר.)

פנינה: סידרתי לך תור היום אחרי הצהריים אצל הרופא.

זהבה: אני לא מרגישה טוב, אבל אני לא חולה.

פנינה: מה אמא שלך תגיד אם תחזרי הביתה חולה?

(בחמש אחרי הצהריים אצל הרופא.)

הרופא: אין לך חום. אז מה בדיוק כואב לך, גברתי הצעירה?

זהבה: כואב לי כל הגוף.

הרופא: כל הגוף... מה בדיוק כואב לך?

זהבה: כואב לי הראש.
כואב לי הגרון.
כואבות לי האוזניים.

הרופא: כואבת לך גם הבטן?

זהבה: כן. גם הבטן. הכל!

הרופא: והגב?

זהבה: לא.

הרופא: אז לא כואב לך כל הגוף! מה עוד כואב לך?

זהבה: כואבות לי הידיים והרגליים.

הרופא: ישנת בלילה?

זהבה: לא בדיוק. הייתי במסיבה.

הרופא: עכשיו אני יודע מה הבעייה. גם אני הייתי פעם צעיר והלכתי למסיבות. מסיבות זאת לא מחלה רצינית.
כואב לך הגרון, כי שרת הרבה.
כואבות לך האוזניים, כי הייתה מוסיקה רועשת.
כואבות לך הידיים והרגליים, כי רקדת הרבה.
כואבת לך הבטן, כי אכלת הרבה.
כואב לך הראש, כי את עייפה מאוד. נכון??

זהבה: נכון, דוקטור. אבל מה אני יכולה לעשות? באמת כואב לי הכל.

הרופא: כוס תה כל שעה ומרק עוף כל ארבע שעות. ואל תלכי למסיבות עד מחר בערב.

PARTS OF THE BODY אברי הגוף: שיעור קצר באנטומיה

ראש		ז.	head
עַיִן	עֵינַיִם	נ.	eye
אוֹזֶן	אוֹזְנַיִים	נ.	ear
פֶּה		ז.	mouth
שֵׁן	שִׁינַיִים	נ.	tooth
אַף		ז.	nose
גָּרוֹן		ז.	throat
חָזֶה		ז.	chest
בֶּטֶן		נ.	stomach
גַּב		ז.	back
לֵב		ז.	heart
רֶגֶל	רַגְלַיִים	נ.	foot/leg
יָד	יָדַיִים	נ.	hand/arm

The final ending/־יִים/usually signifies two. Some parts of the body that come in pairs also have a dual ending in both the plural and the dual: legs or feet רגליים, hands or arms יָדַיִים, eyes עֵינַיִים, ears אוזנַיִים, hips יְרֵכַיִים, knees בִּרְכַּיִים, shoulders כתפיים.

EXERCISE 15 תרגיל מספר 15

Read and translate.

A Modern Red Riding Hood Fable *אגדה מודרנית של כיפה אדומה*

כיפה אדומה לזאב:	סבתא, למה יש לך עיניים כל כך גדולות?
הזאב לכיפה אדומה:	לראות אותך, מותק!
כיפה אדומה לזאב:	סבתא, למה יש לך אוזניים כל כך גדולות?
הזאב לכיפה אדומה:	לשמוע אותך, מותק!
כיפה אדומה לזאב:	סבתא, למה יש לך שיניים כל כך גדולות?
הזאב לכיפה אדומה:	לאכול אותך, מותק!

אבל זה לא הסוף.

הזאב לכיפה אדומה:	כיפה אדומה, למה יש לך ראש כל כך גדול?
כיפה אדומה לזאב:	כי אני חכמה מאוד, מותק!
הזאב לכיפה אדומה:	כיפה אדומה, למה יש לך רגליים כל כך חזקות?
כיפה אדומה לזאב:	לרוץ מהר ולקרוא למשטרה, מותק!

Some Terms of Health and Sickness ביטויי מצב בריאות

חוֹלֶה	חוֹלָה	חוֹלִים	חוֹלוֹת	sick/ill
בָּרִיא	בְּרִיאָה	בְּרִיאִים	בְּרִיאוֹת	healthy

How to Express What Hurts You   מה כואב לך/לכם?

כּוֹאֵב	לי/לנו	הראש.
כּוֹאֶבֶת	לי/לנו	הבטן.
כּוֹאֲבִים	לי/לנו	הגב והחזה.
כּוֹאֲבוֹת	לי/לנו	הידיים.

תהיו בריאים!

LESSON 20 SUMMARY   שיעור 20: סיכום

Communicative Skills Introduced in This Lesson

1. How to introduce people
2. How to talk about knowing people and places
3. How to talk about what aches and pains you have
4. How to refer to parts of the body

Grammatical Information Introduced in This Lesson

1. The future tense and imperative in Hif'il conjugation

ארגיש, תרגיש, תרגישי, הוא ירגיש, היא תרגיש

נרגיש, תרגישו, תרגישו, הם ירגישו, הן ירגישו

הרגש! הרגישי! הרגישו!

2. The future tense and imperative of פ"נ in Hif'il conjugation

אגיש, תגיש, תגישי, הוא יגיש, היא תגיש

נגיש, תגישו, תגישו, הם יגישו, הן יגישו

הגש! הגישי! הגישו!

3. The differences between להכיר and לדעת

אני מכירה את תל אביב.

אני מכירה הרבה אנשים.

אני יודעת מי אתה.

אני יודעת לקרוא ולכתוב אבל לא לדבר צרפתית.

אני יודעת שהם לא מבינים עברית.

4. Comparing and finding similarities

הוא ישן כמו תינוק.

היא רוקדת כמו משוגעת.

5. Expressing what hurts you

כואב לי הראש ויש לי גם כאב בטן

6. Expressing admiration

איזה בית יפה! איזו בדיחה מצחיקה! אילו אנשים מעניינים!

WORD LIST FOR LESSON 20 — אוצר מילים לשיעור 20

Nouns — שמות

	רבים	יחיד/ה
limb/part of the body	אֲבָרִים	אֵבֶר (ז)
ear	אוֹזְנַיִים	אוֹזֶן (נ)
nose		אַף (ז)
lion	אֲרָיוֹת	אַרְיֵה (ז)
stomach		בֶּטֶן (נ)
back		גַּב (ז)
body		גּוּף (ז)
throat		גָּרוֹן (ז)
introduction		הֶכֵּרוּת (נ)
wolf	זְאֵבִים	זְאֵב (ז)
chest		חָזֶה (ז)
pig	חֲזִירִים	חָזִיר (ז)
donkey	חֲמוֹרִים	חָמוֹר (ז)
hand/arm	יָדַיִים	יָד (נ)
heart	לְבָבוֹת	לֵב (ז)
an agricultural settlement	מוֹשָׁבִים	מוֹשָׁב (ז)
key	מַפְתְּחוֹת	מַפְתֵּחַ (ז)
snake	נְחָשִׁים	נָחָשׁ (ז)
surrounding area		סְבִיבָה (נ)
horse	סוּסִים	סוּס (ז)
head	רָאשִׁים	רֹאשׁ (ז)

	יחידה	יחיד
hero/courageous	גִּיבּוֹרָה	גִּיבּוֹר
movie star	כּוֹכֶבֶת קוֹלְנוֹעַ	כּוֹכַב קוֹלְנוֹעַ

Adjectives/Verbs — תואר ופועל

Several of these adjectives are also verbs in the present tense.

	יחידה	יחיד
healthy	בְּרִיאָה	בָּרִיא
sick	חוֹלָה	חוֹלֶה
funny	מַצְחִיקָה	מַצְחִיק
locked	נְעוּלָה	נָעוּל
short	קְצָרָה	קָצָר
noisy	רוֹעֶשֶׁת	רוֹעֵשׁ

פעלים Verbs

The verb forms are in the inifinitive, and in the masculine singular in past, present and future tenses.

לְהַגִּישׁ	הִגִּישׁ מַגִּישׁ יַגִּישׁ	to serve/offer
לְהַזְכִּיר	הִזְכִּיר מַזְכִּיר יַזְכִּיר	to remind
לְהַסְבִּיר	הִסְבִּיר מַסְבִּיר יַסְבִּיר	to explain
לְהַסְכִּים	הִסְכִּים מַסְכִּים יַסְכִּים	to agree
לְהַסְפִּיק	הִסְפִּיק מַסְפִּיק יַסְפִּיק	to manage to get things done
לְהַקְשִׁיב	הִקְשִׁיב מַקְשִׁיב יַקְשִׁיב	to listen
לְהַרְגִּישׁ	הִרְגִּישׁ מַרְגִּישׁ יַרְגִּישׁ	to feel
לְהַשְׁאִיר	הִשְׁאִיר מַשְׁאִיר יַשְׁאִיר	to leave
לִכְאוֹב	כָּאַב כּוֹאֵב יִכְאַב	to hurt

מילות ותארי פועל Particles, Prepositions, and Adverbs

אֶל	to
אֵצֶל	at
כְּמוֹ	like/as

ביטויים וצירופים Expressions and Phrases

אַכְסַנְיַת נוֹעַר (נ)	youth hostel
כְּאֵב רֹאשׁ (ז)	headache
כִּיפָּה אֲדוּמָּה (נ)	Red Riding Hood
מוֹתֶק!	Sweetie! Honey!
כּוֹאֵב לִי הָרֹאשׁ	My head hurts.
יֵשׁ לִי כְּאֵב רֹאשׁ	I have a headache.
עַד אוֹר הַבּוֹקֶר	till dawn
תּוֹר אֵצֶל רוֹפֵא	doctor's appointment

APPENDIX: VERB CONJUGATION TABLES, INDEX OF DISCOURSE ESSENTIALS, AND PREPOSITIONS WITH PRONOUN SUFFIXES

VERB CONJUGATION TABLES

לוחות פעלים

בניין פעל (קל)

גזרת השלמים

שם הפועל: לִכְתּוֹב *שורש:* כ.ת.ב. *שם הפעולה:* כְּתִיבָה

עבר				הווה	
כָּתַבְתִּי		כָּתַבְנוּ		כּוֹתֵב	כּוֹתֶבֶת
כָּתַבְתָּ	כָּתַבְתְּ	כְּתַבְתֶּם	כְּתַבְתֶּן	כּוֹתְבִים	כּוֹתְבוֹת
כָּתַב	כָּתְבָה	כָּתְבוּ	כָּתְבוּ		

עתיד				ציווי	בינוני פעול	
אֶכְתּוֹב		נִכְתּוֹב		כְּתוֹב	כָּתוּב	כְּתוּבָה
תִּכְתּוֹב	תִּכְתְּבִי	תִּכְתְּבוּ	יִכְתְּבוּ	כִּתְבִי	כְּתוּבִים	כְּתוּבוֹת
יִכְתּוֹב	תִּכְתּוֹב	תִּכְתְּבוּ	יִכְתְּבוּ	כִּתְבוּ		

גזרת השלמים – פ׳ גרונית

שם הפועל: לַעֲמוֹד *שורש:* ע.מ.ד. *שם הפעולה:* עֲמִידָה

עבר				הווה	
עָמַדְתִּי		עָמַדְנוּ		עוֹמֵד	עוֹמֶדֶת
עָמַדְתָּ	עָמַדְתְּ	עֲמַדְתֶּם	עֲמַדְתֶּן	עוֹמְדִים	עוֹמְדוֹת
עָמַד	עָמְדָה	עָמְדוּ	עָמְדוּ		

עתיד				ציווי
אֶעֱמוֹד		נַעֲמוֹד		עֲמוֹד
תַּעֲמוֹד	תַּעַמְדִי	תַּעַמְדוּ	יַעַמְדוּ	עִמְדִי
יַעֲמוֹד	תַּעֲמוֹד	תַּעַמְדוּ	יַעַמְדוּ	עִמְדוּ

גזרת השלמים – ל׳ גרונית

שם הפועל: לפתוח *שורש:* פ.ת.ח. *שם הפעולה:* פתיחה

עתיד				ציווי
אֶפְתַּח		נִפְתַּח		פְּתַח
תִּפְתַּח	תִּפְתְּחִי	תִּפְתְּחוּ	יִפְתְּחוּ	פִּתְחִי
יִפְתַּח	תִּפְתַּח	תִּפְתְּחוּ	יִפְתְּחוּ	פִּתְחוּ

גזרת ע״ו

שם הפועל: לָקוּם *שורש:* ק.ו.מ. *שם הפעולה:* קִימָה

עבר				הווה	
קַמְתִּי		קַמְנוּ		קָם	קָמָה
קַמְתָּ	קַמְתְּ	קַמְתֶּם	קַמְתֶּן	קָמִים	קָמוֹת
קָם	קָמָה	קָמוּ	קָמוּ		

עתיד				ציווי
אָקוּם		נָקוּם		קוּם
תָּקוּם	תָּקוּמִי	תָּקוּמוּ	יָקוּמוּ	קוּמִי
יָקוּם	תָּקוּם	תָּקוּמוּ	יָקוּמוּ	קוּמוּ

גזרת ע״י

שם הפועל: לָשִׁיר *שורש:* ש.י.ר. *שם הפעולה:* שִׁירָה

עָתִיד				ציווי
אָשִׁיר		נָשִׁיר		שִׁיר
תָּשִׁיר	תָּשִׁירִי	תָּשִׁירוּ	יָשִׁירוּ	שִׁירִי
יָשִׁיר	תָּשִׁיר	תָּשִׁירוּ	יָשִׁירוּ	שִׁירוּ

גזרת ל״ה (ל״י)

שם הפועל: לִשְׂחוֹת *שורש:* שׂ.ח.ה. *שם הפעולה:* שְׂחִיָּיה

עבר				הווה	
שָׂחִיתִי		שָׂחִינוּ		שׂוֹחֶה	שׂוֹחָה
שָׂחִיתָ	שָׂחִית	שְׂחִיתֶם	שְׂחִיתֶן	שׂוֹחִים	שׂוֹחוֹת
שָׂחָה	שָׂחֲתָה	שָׂחוּ	שָׂחוּ		

עתיד				ציווי
אֶשְׂחֶה		נִשְׂחֶה		שְׂחֵה
תִּשְׂחֶה	תִּשְׂחִי	תִּשְׂחוּ	יִשְׂחוּ	שְׂחִי
יִשְׂחֶה	תִּשְׂחֶה	תִּשְׂחוּ	יִשְׂחוּ	שְׂחוּ

בניין פיעל

גזרת השלמים

שם הפועל: לְסַפֵּר *שורש:* ס.פ.ר. *שם הפעולה:* סִיפּוּר

עבר			הווה		
סִיפַּרְתִּי		סִיפַּרְנוּ		מְסַפֵּר	מְסַפֶּרֶת
סִיפַּרְתָּ	סִיפַּרְתְּ	סִיפַּרְתֶּם	סִיפַּרְתֶּן	מְסַפְּרִים	מְסַפְּרוֹת
סִיפֵּר	סִיפְּרָה	סִיפְּרוּ	סִיפְּרוּ		

עתיד				ציווי
אֲסַפֵּר		נְסַפֵּר		סַפֵּר
תְּסַפֵּר	תְּסַפְּרִי	תְּסַפְּרוּ	יְסַפְּרוּ	סַפְּרִי
יְסַפֵּר	תְּסַפֵּר	תְּסַפְּרוּ	יְסַפְּרוּ	סַפְּרוּ

גזרת ל"ה (ל"י)

שם הפועל: לְבַלּוֹת *שורש:* ב.ל.ה. *שם הפעולה:* בִּילּוּי

עבר			הווה		
בִּילִיתִי		בִּילִינוּ		מְבַלֶּה	מְבַלָּה
בִּילִיתָ	בִּילִית	בִּילִיתֶם	בִּילִיתֶן	מְבַלִּים	מְבַלּוֹת
בִּילָּה	בִּילְּתָה	בִּילּוּ	בִּילּוּ		

עתיד				ציווי
אֲבַלֶּה		נְבַלֶּה		בַּלֵּה
תְּבַלֶּה	תְּבַלִּי	תְּבַלּוּ	יְבַלּוּ	בַּלִּי
יְבַלֶּה	תְּבַלֶּה	תְּבַלּוּ	יְבַלּוּ	בַּלּוּ

בניין פיעל

גזרת המרובעים

שם הפועל: לְצַלְצֵל *שורש:* צ.ל.צ.ל. *שם הפעולה:* צִלְצוּל

עבר			הווה		
צִלְצַלְתִּי		צִלְצַלְנוּ	מְצַלְצֵל	מְצַלְצֶלֶת	
צִלְצַלְתָּ	צִלְצַלְתְּ	צִלְצַלְתֶּם	צִלְצַלְתֶּן	מְצַלְצְלִים	מְצַלְצְלוֹת
צִלְצֵל	צִלְצְלָה	צִלְצְלוּ	צִלְצְלוּ		

עתיד			ציווי	
אֲצַלְצֵל		נְצַלְצֵל	צַלְצֵל	
תְּצַלְצֵל	תְּצַלְצְלִי	תְּצַלְצְלוּ	יְצַלְצְלוּ	צַלְצְלִי
יְצַלְצֵל	תְּצַלְצֵל	תְּצַלְצְלוּ	יְצַלְצְלוּ	צַלְצְלוּ

בניין נפעל

גזרת השלמים

שם הפועל: להִיפָּגֵש *שורש:* פ.ג.ש. *שם הפעולה:* פְּגִישָׁה

עבר			הווה		
נִפְגַּשְׁתִּי		נִפְגַּשְׁנוּ	נִפְגָּש	נִפְגֶּשֶׁת	
נִפְגַּשְׁתָּ	נִפְגַּשְׁתְּ	נִפְגַּשְׁתֶּם	נִפְגַּשְׁתֶּן	נִפְגָּשִׁים	נִפְגָּשׁוֹת
נִפְגַּש	נִפְגְּשָׁה	נִפְגְּשׁוּ	נִפְגְּשׁוּ		

עתיד			ציווי	
אֶפָּגֵש		נִיפָּגֵש	הִיפָּגֵש	
תִּיפָּגֵש	תִּיפָּגְשִׁי	תִּיפָּגְשׁוּ	יִיפָּגְשׁוּ	הִיפָּגְשִׁי
יִיפָּגֵש	תִּיפָּגֵש	תִּיפָּגְשׁוּ	יִיפָּגְשׁוּ	הִיפָּגְשׁוּ

בניין הפעיל

גזרת השלמים

שם הפועל: לְהַזְמִין *שורש:* ז.מ.נ. *שם הפעולה:* הַזְמָנָה

עבר				הווה	
הִזְמַנְתִּי		הִזְמַנּוּ		מַזְמִין	מַזְמִינָה
הִזְמַנְתָּ	הִזְמַנְתְּ	הִזְמַנְתֶּם	הִזְמַנְתֶּן	מַזְמִינִים	מַזְמִינוֹת
הִזְמִין	הִזְמִינָה	הִזְמִינוּ	הִזְמִינוּ		

עתיד				ציווי
אַזְמִין		נַזְמִין		הַזְמֵן
תַּזְמִין	תַּזְמִינִי	תַּזְמִינוּ	יַזְמִינוּ	הַזְמִינִי
יַזְמִין	תַּזְמִין	תַּזְמִינוּ	יַזְמִינוּ	הַזְמִינוּ

גזרת פ"נ

שם הפועל: לְהַגִּישׁ *שורש:* נ.ג.ש. *שם הפעולה:* הַגָּשָׁה

עבר				הווה	
הִגַּשְׁתִּי		הִגַּשְׁנוּ		מַגִּישׁ	מַגִּישָׁה
הִגַּשְׁתָּ	הִגַּשְׁתְּ	הִגַּשְׁתֶּם	הִגַּשְׁתֶּן	מַגִּישִׁים	מַגִּישׁוֹת
הִגִּישׁ	הִגִּישָׁה	הִגִּישׁוּ	הִגִּישׁוּ		

עתיד				ציווי
אַגִּישׁ		נַגִּישׁ		הַגֵּשׁ
תַּגִּישׁ	תַּגִּישִׁי	תַּגִּישׁוּ	יַגִּישׁוּ	הַגִּישִׁי
יַגִּישׁ	תַּגִּישׁ	תַּגִּישׁוּ	יַגִּישׁוּ	הַגִּישׁוּ

בנין התפעל

גזרת השלמים

שם הפועל: לְהִתְלַבֵּשׁ *שורש:* ל.ב.ש.

עבר				**הווה**	
הִתְלַבַּשְׁתִּי		הִתְלַבַּשְׁנוּ		מִתְלַבֵּשׁ	מִתְלַבֶּשֶׁת
הִתְלַבַּשְׁתָּ	הִתְלַבַּשְׁתְּ	הִתְלַבַּשְׁתֶּם	הִתְלַבַּשְׁתֶּן	מִתְלַבְּשִׁים	מִתְלַבְּשׁוֹת
הִתְלַבֵּשׁ	הִתְלַבְּשָׁה	הִתְלַבְּשׁוּ	הִתְלַבְּשׁוּ		

עתיד				**ציווי**
אֶתְלַבֵּשׁ		נִתְלַבֵּשׁ		הִתְלַבֵּשׁ
תִּתְלַבֵּשׁ	תִּתְלַבְּשִׁי	תִּתְלַבְּשׁוּ	יִתְלַבְּשׁוּ	הִתְלַבְּשִׁי
יִתְלַבֵּשׁ	תִּתְלַבֵּשׁ	תִּתְלַבְּשׁוּ	יִתְלַבְּשׁוּ	הִתְלַבְּשׁוּ

גזרת הכפולים

שם הפועל: לְהִתְכּוֹנֵן *שורש:* כ.נ.נ.

עבר				**הווה**	
הִתְכּוֹנַנְתִּי		הִתְכּוֹנַנּוּ		מִתְכּוֹנֵן	מִתְכּוֹנֶנֶת
הִתְכּוֹנַנְתָּ	הִתְכּוֹנַנְתְּ	הִתְכּוֹנַנְתֶּם	הִתְכּוֹנַנְתֶּן	מִתְכּוֹנְנִים	מִתְכּוֹנְנוֹת
הִתְכּוֹנֵן	הִתְכּוֹנְנָה	הִתְכּוֹנְנוּ	הִתְכּוֹנְנוּ		

עתיד				**ציווי**
אֶתְכּוֹנֵן		נִתְכּוֹנֵן		הִתְכּוֹנֵן
תִּתְכּוֹנֵן	תִּתְכּוֹנְנִי	תִּתְכּוֹנְנוּ	יִתְכּוֹנְנוּ	הִתְכּוֹנְנִי
יִתְכּוֹנֵן	תִּתְכּוֹנֵן	תִּתְכּוֹנְנוּ	יִתְכּוֹנְנוּ	הִתְכּוֹנְנוּ

INDEX OF DISCOURSE ESSENTIALS

A partial list of subordinating and coordinating particles, adverbial expressions, and prepositional phrases used in discourse.

I told him *that* I heard from you.	אמרתי לו שֶׁשמעתי ממך.
The house *that* we bought is old.	הבית שֶׁקנינו הוא בית ישן.
The house *that* we bought is old.	הבית אֲשֶׁר קנינו הוא בית ישן.
We did not come *because* we were busy.	לא באנו כִּי היינו עסוקים.
We did not come *because* we were busy.	לא באנו מִפְּנֵי שֶׁהיינו עסוקים.
We did not come *because* of the rain.	לא באנו בִּגְלָל הגשם.
It rained, *so* we stayed at home.	ירד גשם, אָז נשארנו בבית.
We came *in order* to talk to you.	באנו כְּדֵי לדבר איתכן.
When we heard the news,	כְּשֶׁשמענו את החדשות,
we came *right away.*	באנו מייד.
The moment we heard the news, we came.	בָּרֶגַע שֶׁשמענו את החדשות, באנו.
While we were there, we heard the news.	כְּשֶׁהיינו שם, שמענו את החדשות.
Before we heard the news, we ate.	לִפְנֵי שֶׁשמענו את החדשות, אכלנו.
After we came, we heard the news.	אַחֲרֵי שֶׁבאנו, שמענו את החדשות.
First he studied, and *then* he worked.	קוֹדֶם הוא למד ואַחַר כָּךְ הוא עבד.
During the concert he slept.	בְּמֶשֶׁךְ הקונצרט הוא ישן.
During the concert he slept.	בִּזְמַן הקונצרט הוא ישן.
Before the concert he slept.	לִפְנֵי הקונצרט הוא ישן.
After the concert he slept.	אַחֲרֵי הקונצרט הוא ישן.
If you run, you will get there on time.	אִם תרוץ, תגיע לשם בזמן.
They told us *what* you told them to say.	הם אמרו לנו מָה שֶׁאמרתם להם להגיד.
Everything you do is good.	כָּל מָה שֶׁאת עושה הוא טוב.
He works *like* a horse.	הוא עובד כְּמוֹ סוס.
He works *as* a director.	הוא עובד כְּמנהל.
We ate *until* we were full.	אכלנו עַד שֶׁשבענו.
Every morning we read the paper.	כָּל בּוֹקֶר אנחנו קוראים את העיתון.
All morning long we work.	כָּל הַבּוֹקֶר אנחנו עובדים.
Either you bring a cake, *or* bring a salad.	אוֹ שֶׁתביאו עוגה אוֹ שֶׁתביאו סלט.
Only if you bring something, can you come.	רַק אִם תביאו משהו, תוכלו לבוא.
He is *only* nine years old.	הוא רַק בן תשע.
You *too* can come.	גַּם את יכולה לבוא.
He brought a bottle of wine and *also* a cake.	הוא הביא גַּם בקבוק יין וְגַם עוגה.
Indeed he works hard,	אָמְנָם הוא עובד הרבה,
but he also parties.	אֲבָל הוא גם מבלה.
He has *not yet* finished studying.	הוא עוֹד לֹא סיים את הלימודים.
He has *not yet* finished studying.	הוא עֲדַיִין לֹא סיים את הלימודים.
He has *already* finished studying.	הוא כְּבָר סיים את הלימודים.

He is *still* studying.	הוא *עֲדַיִן* לומד.
He is *still* studying.	הוא *עוֹד* לומד.
By the way, how is he?	*אֲגַב*, מה שלומו?
By the way, how is he?	*דֶּרֶךְ אֲגַב*, מה שלומו?
We are *truly* surprised.	אנחנו *בֶּאֱמֶת* מופתעים.
He is *really* nice.	הוא *מַמָּשׁ* נחמד.
I wanted to go tonight,	רציתי ללכת הערב,
but he insisted on going now.	*אבל הוא דַוְקָא* רצה ללכת עכשיו.

PREPOSITIONS WITH PRONOUN SUFFIXES

מילות יחס עם סיומות של כינוי גוף

GROUP 1

קבוצה 1

Preposition	לְבַד	שֶׁל	עִם	אֶת
Stem	לבד-	של-	אית-	אות-
With Pronoun Endings	לְבַדִּי	שֶׁלִּי	אִיתִּי	אוֹתִי
	לְבַדְּךָ	שֶׁלְּךָ	אִיתְּךָ	אוֹתְךָ
	לְבַדֵּךְ	שֶׁלָּךְ	אִיתָּךְ	אוֹתָךְ
	לְבַדּוֹ	שֶׁלּוֹ	אִיתּוֹ	אוֹתוֹ
	לְבַדָּהּ	שֶׁלָּהּ	אִיתָּהּ	אוֹתָהּ
	לְבַדֵּנוּ	שֶׁלָּנוּ	אִיתָּנוּ	אוֹתָנוּ
	לְבַדְּכֶם	שֶׁלָּכֶם	אִיתְּכֶם	אֶתְכֶם
	לְבַדְּכֶן	שֶׁלָּכֶן	אִיתְּכֶן	אֶתְכֶן
	לְבַדָּם	שֶׁלָּהֶם	אִיתָּם	אוֹתָם
	לְבַדָּן	שֶׁלָּהֶן	אִיתָּן	אוֹתָן

Preposition		אֵצֶל	...בּ	...ל
Stem	בְּעַצמ-	אצל-	ב-	ל-
With Pronoun Endings	בְּעַצְמִי	אֶצְלִי	בִּי	לִי
	בְּעַצְמְךָ	אֶצְלְךָ	בְּךָ	לְךָ
	בְּעַצְמֵךְ	אֶצְלֵךְ	בָּךְ	לָךְ
	בְּעַצְמוֹ	אֶצְלוֹ	בּוֹ	לוֹ
	בְּעַצְמָהּ	אֶצְלָהּ	בָּהּ	לָהּ
	בְּעַצְמֵנוּ	אֶצְלֵנוּ	בָּנוּ	לָנוּ
	בְּעַצְמְכֶם	אֶצְלְכֶם	בָּכֶם	לָכֶם
	בְּעַצְמְכֶן	אֶצְלְכֶן	בָּכֶן	לָכֶן
	בְּעַצְמָם	אֶצְלָם	בָּהֶם	לָהֶם
	בְּעַצְמָן	אֶצְלָן	בָּהֶן	לָהֶן

Preposition	עֲבוּר	...מ	עַל יַד	בִּשְׁבִיל
Stem	עֲבוּר-	מ-	על יד-	בשביל-
With Pronoun Endings	עֲבוּרִי	מִמֶּנִּי	עַל יָדִי	בִּשְׁבִילִי
	עֲבוּרְךָ	מִמְּךָ	עַל יָדְךָ	בִּשְׁבִילְךָ
	עֲבוּרֵךְ	מִמֵּךְ	עַל יָדֵךְ	בִּשְׁבִילֵךְ
	עֲבוּרוֹ	מִמֶּנּוּ	עַל יָדוֹ	בִּשְׁבִילוֹ
	עֲבוּרָהּ	מִמֶּנָּה	עַל יָדָהּ	בִּשְׁבִילָהּ

בִּשְׁבִילֵנוּ	עַל יָדֵנוּ	מֵאִיתָּנוּ	עֲבוּרֵנוּ
בִּשְׁבִילְכֶם	עַל יֶדְכֶם	מִכֶּם	עֲבוּרְכֶם
בִּשְׁבִילְכֶן	עַל יֶדְכֶן	מִכֶּן	עֲבוּרְכֶן
בִּשְׁבִילָם	עַל יָדָם	מֵהֶם	עֲבוּרָם
בִּשְׁבִילָן	עַל יָדָן	מֵהֶן	עֲבוּרָן

קבוצה 2 GROUP 2

אֶל	עַל	בְּלִי	*Preposition*
אלי-	עלי-	בלעד-	*Stem*
אֵלַיי	עָלַיי	בִּלְעָדַי	*With Pronoun Endings*
אֵלֶיךָ	עָלֶיךָ	בִּלְעָדֶיךָ	
אֵלַיִיךְ	עָלַיִיךְ	בִּלְעָדַיִיךְ	
אֵלָיו	עָלָיו	בִּלְעָדָיו	
אֵלֶיהָ	עָלֶיהָ	בִּלְעָדֶיהָ	
אֵלֵינוּ	עָלֵינוּ	בִּלְעָדֵינוּ	
אֲלֵיכֶם	עֲלֵיכֶם	בִּלְעֲדֵיכֶם	
אֲלֵיכֶן	עֲלֵיכֶן	בִּלְעֲדֵיכֶן	
אֲלֵיהֶם	עֲלֵיהֶם	בִּלְעֲדֵיהֶם	
אֲלֵיהֶן	עֲלֵיהֶן	בִּלְעֲדֵיהֶן	

לִפְנֵי	אַחֲרֵי	*Preposition*
לפני-	אחרי-	*Stem*
לְפָנַיי	אַחֲרַיי	*With Pronoun Endings*
לְפָנֶיךָ	אַחֲרֶיךָ	
לְפָנַיִיךְ	אַחֲרַיִיךְ	
לְפָנָיו	אַחֲרָיו	
לְפָנֶיהָ	אַחֲרֶיהָ	
לְפָנֵינוּ	אַחֲרֵינוּ	
לִפְנֵיכֶם	אַחֲרֵיכֶם	
לִפְנֵיכֶן	אַחֲרֵיכֶן	
לִפְנֵיהֶם	אַחֲרֵיהֶם	
לִפְנֵיהֶן	אַחֲרֵיהֶן	

HEBREW-ENGLISH AND

ENGLISH-HEBREW DICTIONARIES

מילון עברי-אנגלי,

מילון אנגלי-עברי

Introduction to the Dictionaries

The dictionaries for this book are presented to you in two arrangements:
Hebrew-English and English-Hebrew. The translations are, for the most part, dictated
by the use of the vocabulary in the context of the lessons in the book.

The dictionary entries follow these rules:

1. NOUN ENTRIES

If the noun has four forms – two for singular (masculine and feminine) and two for
plural (masculine and feminine) – the masculine and feminine singular forms are
provided.

Example: tourist   תייר, תיירת

If the noun has two forms (singular and plural), both forms are provided and the
assigned gender of the noun is indicated in parentheses following the singular form.

Example: event   אירוע (ז), אירועים

Some nouns appear only in one form, or are mostly used in one form, singular or
plural, and appear in that form in the dictionary.

Examples: water   מים (ז.ר.)

              life   חיים (ז.ר.)

              character   אופי (ז)

2. VERB ENTRIES

Most of the verbs appear in the third person masculine form in the following tenses:
past, present, and future. The imperative form follows. In English, the verbs are
translated by a present tense form without a subject.

Example: read   קרא, קורא, יקרא   לקרוא

Certain present tense forms that function as adjectives as well are given in singular
form, both masculine and feminine.

Example: have to/need   צריך, צריכה

3. ADJECTIVE ENTRIES

Adjectives appear in the singular, both masculine and feminine forms.

Example: nice   נחמד, נחמדה

4. ADVERB, PREPOSITION, AND PARTICLE ENTRIES

None of the above have gender or number features and they only have one form.
They appear in that form (whether it has one or more words) with a translation
supplied.

Examples: with   עם
             now   עכשיו
             also   גם
             often   לעתים קרובות

5. IDIOMATIC EXPRESSION AND PHRASE ENTRIES

The above usually consist of a number of fixed items. The translation gives the
equivalent or near equivalent expression in English.

Examples: no doubt!   אין ספק!
             high school   בית ספר תיכון

Hebrew-English Dictionary

מילון עברי-אנגלי

The entries appear in Hebrew alphabetical order.

ENGLISH	עברית
father	אב/אבא (ז), אבות
but, however	אבל
limb	אבר (ז) אברים
by the way	אגב
lake	אגם (ז), אגמים
red	אדום, אדומה
Mr.	אדון (ז), אדונים
dear sir!	אדון יקר!
dear sir!	אדון נכבד!
sir!	אדוני!
man/human being	אדם (נ)
love	אהב אוהב, יאהב לאהוב
beloved	אהוב, אהובה
or	או
tent	אוהל (ז), אוהלים
air	אוויר (ז)
atmosphere	אווירה (נ)
ear	אוזן (נ), אוזניים
bus	אוטובוס (ז), אוטובוסים
oy!	אוי ואבוי!
food	אוכל (ז)
Japanese food	אוכל יפני (ז)
Chinese food	אוכל סיני (ז)
French food	אוכל צרפתי (ז)
perhaps	אולי
Olympics	אולימפיאדה (נ)
hall	אולם (ז), אולמות
opera hall	אולם אופרה (ז)
lecturel hall	אולם הרצאות (ז), אולמות הרצאות
concert hall	אולם קונצרטים (ז), אולמות קונצרטים

ENGLISH	עברית
unhappy, miserable	אומלל אומללה
university	אוניברסיטה (נ), אוניברסיטות
ship	אוניה (נ) אוניות
Australia	אוסטרליה (נ)
character	אופי (ז)
motorcycle	אופנוע (ז) אופנועים
bicycle	אופניים (ז.ר.)
opera	אופרה (נ) אופרות
light	אור (ז)
rice	אורז (ז)
guest	אורח, אורחת
happiness and wealth!	אושר ועושר!
same thing	אותו דבר
then/so	אז
warning	אזהרה (נ), אזהרות
citizen	אזרח, אזרחית
brother/sister	אח, אחות
backwards	אחורה
other/different	אחר, אחרת
last	אחרון, אחרונה
after	אחרי
afternoon	אחרי הצהריים
island	אי (ז), איים
impossible	אי אפשר
ideal	אידיאלי, אידיאלית
what a . . . ! (what a house!)	איזה! (איזה בית!)
which?	איזה?
wish/congratulate	איחל, מאחל, יאחל לאחל
Italy	איטליה (נ)

ENGLISH	עברית
Italian	איטלקי, איטלקייה
How is business?	איך העסקים?
What's your name?	איך קוראים לך?
how	איך?
quality	איכות (נ)
Eilat	אילת (נ)
jogging suit	אימונים (נ), אימוניות
there is/are not	אין
You are welcome!	אין בעד מה!
no doubt	אין ספק!
intelligent	אינטליגנטי, אינטליגנטית
inflation	אינפלציה (נ)
where	איפה?
event	אירוע (ז), אירועים
Europe	אירופה (נ)
person/man	איש (ז), אנשים
businessman	איש עסקים (ז), אנשי עסקים
woman	אישה (נ), נשים
wife (my/your/his wife)	אישה (נ), נשים (אשתי/אשתך/אשתו)
personal	אישי, אישית, אישיים
but, however	אך
eat	אכל, אוכל, יאכל לאכול
youth hostel	אכסנית נוער (נ), אכסניות נוער
I care	אכפת (לי)
elegant	אלגנטי, אלגנטית
these	אלה (ז.ר.)

אלסקה (נ)	Alaska
אלף (ז), אלפים	thousand
אם	if
אם/אמא (נ), אמהות	mother (mom)
אמביציה (נ)	ambition
אמנם	indeed
אמפיתיאטרון (ז)	amphitheater
אמצע	middle
אמצעי תחבורה (ז.ר.)	means of transportation
אמר, אומר, יאמר לאמר	say, tell
אמריקה (נ)	America
אנאלפאביתי, אנאלפאביתית	illiterate
אנגלי, אנגליה	Englishman/woman
אנגליה (נ)	England
אנגלית (נ)	English (language)
אני	I
אסון (ז), אסונות	disaster/mishap
אסור	it is forbidden
אסימון (ז), אסימונים	token
אסר, אוסר, יאסור לאסור	forbid
אף אחד (לא)	nobody
אף פעם (לא)	never
אפה, אופה, יאפה לאפות	bake
אפילו	even (if)
אפשר	it is possible
אפשרות (נ), אפשרויות	possibility
אפשרי, אפשרית	possible (adj.)
אצל	at
אקספרסו	espresso
ארגון (ז), ארגונים	organization
ארגנטינה (נ)	Argentina
ארה"ב (ארצות הברית)	U.S. (United States)
ארוחה (נ), ארוחות	meal
ארוחת ערב (נ)	supper
ארוחת צהריים (נ), ארוחות צהריים	dinner/lunch
ארוך, ארוכה	long
אריה (ז) אריות	lion
ארכיטקט, ארכיטקטית	architect
ארכיטקטורה (נ)	architecture
ארמון (ז), ארמונות	palace
ארץ (נ), ארצות	country
אֶת	direct object preposition
אַת	you (f.)
אתה	you (m.)
אתמול	yesterday
אתר (ז) אתרים	site (tourist or historical)
ב/ב	in/at (the)
בא, בא, יבוא לבוא	come
באלט (ז)	ballet
באמת	really/truly
באר-שבע (נ)	Beer Sheva
בבקשה!	please
בגד (ז), בגדים	clothing
בגד ים (ז), בגדי ים	swimsuit
בדיוק	exactly
בדיחה (נ), בדיחות	joke
בדק, בודק, יבדוק לבדוק	check/examine
בדרך כלל	usually
בהחלט	for sure!
בהיר, בהירה	clear
בהמשכים	serialized (with continuaions)
בהצלחה!	Good luck!
בובה (נ), בובות	doll
בול (ז), בולים	stamp
בוקר (ז), בקרים	morning
בוקר טוב!	Good morning
בזמן	on time
בחוץ	outside
בחור, בחורה	young man/woman
בטוח, בטוחה	sure/confident
בטח	surely
בטן (נ)	stomach/belly
ביולוגיה (נ)	biology
ביחד	together
ביטוח (ז), ביטוחים	insurance
בילה, מבלה, יבלה לבלות	spend time/ have a time
בינלאומי בינלאומית	international
בינוני, בינונית	average
בינתיים	meantime/meanwhile
ביצה (נ), ביצים	egg
ביקור (ז), ביקורים	visit (noon)
ביקר, מבקר, יבקר לבקר	visit (verb)
ביקש, מבקש, יבקש לבקש	request
בירה (נ)	beer
בישל, מבשל, יבשל לבשל	cook
בית (ז), בתים	house/home
בית חולים (ז), בתי חולים	hospital
בית חרושת (ז), בתי חרושת	factory
בית כנסת (ז), בתי כנסת	synagogue
בית ספר (ז), בתי ספר	school
בית ספר יסודי (ז), בתי ספר יסודיים	elementary school
בית ספר תיכון (ז), בתי ספר תיכוניים	high school
בית קפה (ז), בתי קפה	coffeehouse/café
בכה, בוכה, יבכה לבכות	cry/weep
בכל זאת	anyhow
בכלל לא	not at all
בלונדיני, בלונדינית	blond
בלי	without

impossible (adj.)	בלתי אפשרי, בלתי אפשרית
instead of	במקום
during	במשך
son	בן (ז), בנים
How old (are you)?	בן כמה (אתה)?, בת כמה (את)?
building	בניין (ז), בניינים
office building	בניין משרדים (ז), בנייני משרדים
bank	בנק (ז), בנקים
The Workers' Bank	בנק הפועלים
in the neighborhood (around here)	בסביבה
OK	בסדר
for (a person/a position)	בעד
in (a year)	בעוד (שנה)
problem	בעייה (נ), בעיות
husband/owner (my/your/ her husband)	בעל (ז), בעלים (בעלי/בעלך/ בעלה)
hotel owner	בעל המלון, בעלת מלון
store owner	בעל חנות, בעלת חנות
by myself/on my own	בעצמי
green onion	בצל ירוק (ז), בצלים ירוקים
loudly	בקול
very loud	בקול רם
briefly	בקיצור
as far as	בקשר ל
Bar/Bat Mitzvah	בר מצוה, בת מצוה
on foot	ברגל
it is clear	ברור
health	בריאות (נ)
pool	בריכה (נ) בריכות
alternative/ choice	ברירה (נ) בְרירות
willingly	ברצון
find out/clarify	ברר, מברר, יברר לברר
for	בשביל
in the name of	בשם
next year	בשנה הבאה
last year	בשנה שעברה
meat	בשר (ז)
daughter	בת (נ), בנות
in the beginning of	בתחילת
redhead (slang)	ג'ינג'י, ג'ינג'ית
genius	גאון, גאונית
back	גב (ז), גבות
tall	גבוה, גבוהה
cheese	גבינה (נ), גבינות
Lady! Ma'am! (form of address)	גבירתי (נ), גבירותי
man	גבר (ז), גברים
increase/intensify	גבר, גובר, יגבור לגבור
Ms./Mrs./Miss	גברת (נ), גברות
big/large	גדול, גדולה
idiot	גולם (ז), גלמים
body	גוף (ז)
guitar	גיטרה (נ), גיטרות
ice cream	גלידה (נ), גלידות
also	גם
finish/complete	גמר, גומר, יגמור לגמור
park/garden	גן (ז), גנים
public park	גן ציבורי (ז), גנים ציבוריים
nursery-school teacher/gardener	גנן, גננת
live/reside	גר, גר, יגור לגור
stocking (sock)	גרב (ז), גרביים
throat	גרון (ז), גרונות
bad/of bad quality	גרוע, גרועה
cause	גרם, גורם, יגרום לגרום
Germany	גרמניה (נ)
sunflower seed	גרעין (ז), גרעינים
rain	גשם (ז) גשמים
rainy	גשום, גשומה
Dr.	ד"ר
worry/care/ be anxious	דאג, דואג, ידאג לדאוג
matter/something	דבר (ז), דברים
honey	דבש (ז)
fish	דג (ז), דגים
mail/post office	דואר (ז)
example	דוגמא (נ), דוגמאות
uncle/aunt	דוד, דודה
on purpose/to spite	דווקא
dollar	דולאר (ז), דולארים
urgent	דחוף, דחופה
diet	דיאטה (נ)
speak/talk	דיבר, מדבר, ידבר לדבר
steward/stewardess	דייל, דיילת
dilemma	דילמה (נ), דילמות
diplomat	דיפלומט, דיפלומטית
apartment	דירה (נ), דירות
furnished apartment	דירה מרוהטת (נ), דירות מרוהטות
low fat	דל שומן, דלת שומן
door	דלת (נ), דלתות
knock on	דפק, דופק, ידפוק לדפוק
December	דצמבר (ז)
grammar	דקדוק (ז)
minute	דקה (נ), דקות
way	דרך (נ), דרכים
step on	דרך, דורך, ידרוך לדרוך
demand	דרש, דורש, ידרוש לדרוש
lawn	דשא (ז), דשאים
Hebrew University (The)	האוניברסיטה העברית (נ)
is/does? (question word)	האם?

הבין, מבין, יבין להבין	understand/ comprehend
הביתה	(to) home
הגד!, יגיד להגיד	tell/say (imperative and future)
הגיש, מגיש, יגיש להגיש	serve/offer
הגליל	Galilee
הגנת הטבע	Nature Protection
הוא	he
הווה	present tense
הולנד (נ)	Holland
הוסיף, מוסיף, יוסיף להוסיף	add
הורה (ז), הורים	parent
הזדמנות (נ), הזדמנויות	opportunity
הזכיר, מזכיר, יזכיר להזכיר	remind
הזמין, מזמין, יזמין להזמין	invite/order
הזמנה (נ), הזמנות	invitation/order
החוצה!	out!
החליט, מחליט, יחליט להחליט	decide
הטכניון (ז)	Technical Institute (Technion)
הטריד, מטריד, יטריד להטריד	bother/annoy
היה, יהיה להיות	be (past and future)
היום	today
היכן?	where?
הינה!	here!
היסטוריה (נ)	history
הכין, מכין, יכין להכין	prepare/get ready
הכיר, מכיר, יכיר להכיר	recognize/know
הכל	everything
הכל בסדר!	Everything is fine!
הכל יעבור בשלום!	Everything will be all right!
הכנה (נ), הכנות	preparation
הכנסה (נ), הכנסות	income
הכרמל	Mount Carmel
הלך, הולך, יילך ללכת	go/walk
המזרח התיכון (ז)	Near East
המלצה (נ), המלצות	recommendation
המשיך, ממשיך, ימשיך להמשיך	continue/go on
המשך (ז), המשכים	continuation
המתין, ממתין, ימתין להמתין	wait
הסביר, מסביר, יסביר להסביר	explain
הסבר (ז), הסברים	explanation
הסיע, מסיע, יסיע להסיע	give a ride
הסכים, מסכים, יסכים להסכים	agree
הסכם (ז), הסכמים	agreement
הסתכל, מסתכל, יסתכל להסתכל	look at/watch
הסתרק, מסתרק, יסתרק להסתרק	comb hair
העירה!	to town!
הערב	this evening
הפגנה (נ), הפגנות	demonstration
הפסיק, מפסיק, יפסיק להפסיק	cease/stop
הפסקה (נ), הפסקות	recess/break
הפסקת צהריים (נ), הפסקות צהריים	lunch break
הפעם	this time
הפריע, מפריע, יפריע להפריע	disturb
הפתעה (נ), הפתעות	surprise
הצגה (נ), הצגות	show
הצטער, מצטער, יצטער להצטער	feel sorry (for)
הצטרך, צריך, יצטרך להצטרך	have to/need to
הציע, מציע, יציע להציע ל-	suggest
הצלחה (נ), הצלחות	success
הצלחה בחיים!	success in life! Good luck!
הצליח, מצליח, יצליח להצליח	succeed
הקשיב, מקשיב, יקשיב להקשיב ל-	listen
הר (ז), הרים	mountain
הר הצופים (ז)	Mount Scopus
הרבה	a lot/much/many
הרגיש, מרגיש, ירגיש להרגיש	feel
הרוויח, מרוויח, ירוויח להרוויח	earn
הרצאה (נ), הרצאות	lecture
השאיר, משאיר, ישאיר להשאיר	leave behind
השכמה (נ)	wake up call/ early rising
השנה	this year
השעות הקטנות (נ.ר.)	early hours of the morning
התגלח, מתגלח, יתגלח להתגלח	shave
התחיל, מתחיל, יתחיל להתחיל	begin/start
התחלה (נ), התחלות	beginning
התכונן, מתכונן, יתכונן להתכונן	prepare/ get ready
התכתב, מתכתב, יתכתב להתכתב	correspond
התלבש, מתלבש, יתלבש להתלבש	get dressed
התעמל, מתעמל, יתעמל להתעמל	exercise

התקלח, מתקלח,	shower/take
יתקלח להתקלח	a shower
התקרב, מתקרב,	approach/get
יתקרב להתקרב ל-	close to
התקשר, מתקשר,	get in touch
יתקשר להתקשר עם	with
התרגש, מתרגש,	get excited
יתרגש להתרגש	
התרחץ, מתרחץ,	wash
יתרחץ להתרחץ	
ו-	and
וידיאו (ז)	video
ויולה (נ)	viola
ויטמין (ז), ויטמינים	vitamin
ויכוח (ז),	argument/discussion
ויכוחים	
וילה (נ), וילות	villa
ועוד	etc.
זאב (ז), זאבים	wolf
זבוב (ז), זבובים	fly
זה, זאת	this
זהו זה!	That's it!
זהיר, זהירה	cautious/careful
זוג (ז), זוגות	couple
זוג צעיר (ז),	young couple
זוגות צעירים	
זול, זולה	inexpensive/cheap
זז, זז, יזוז לזוז	move/budge
זכר (ז)	masculine
זכר, זוכר,	remember
יזכור לזכור	
זמן (ז), זמנים	time/tense
זמני זמנית	temporary
זמר, זמרת	singer
זקן, זקנה	old
זרח, זורח,	shine/rise
יזרח לזרוח	
חבל!	pity!

חבר, חברה	friend
חברת תעופה (נ),	airline company
חברות תעופה	
חג (ז), חגים	holiday
חג שמח!	happy holidays!
חגג, חוגג,	celebrate
יחגוג לחגוג	
חדר (ז), חדרים	room
חדר אוכל (ז),	dining room
חדרי אוכל	
חדר אורחים (ז),	guest room/
חדרי אורחים	living room
חדר אמבטיה (ז),	bathroom
חדרי אמבטיה	
חדר עבודה (ז),	work room/
חדרי עבודה	study
חדר קריאה (ז),	reading room
חדרי קריאה	
חדר שינה (ז),	bedroom
חדרי שינה	
חדש, חדשה	new
חדשות (נ.ר.)	news
חוג לספרות (ז)	department of
	literature
חודש (ז), חודשים	month
חולה, חולה	sick/ill
חום (ז)	fever/heat
חום (נ), חומה	brown
חופש פעולה (ז)	freedom of
	action
חופשה (נ), חופשות	vacation
חופשה שנתית (נ),	annual vacation
חופשות שנתיות	
חופשי, חופשיה/חופשית	free
חוץ לארץ (חו"ל)	abroad
חוץ מ-	aside from
חוק (ז), חוקים	law
חוקר פרטי (ז),	private
חוקרים פרטיים	investigator
חורף (ז), חורפים	winter
חזיר, חזירה	pig

חזק, חזקה	strong
חזר, חוזר, יחזור לחזור	return
חי, חיה	alive
חי, חי,	live/be alive
יחיה לחיות	
חיוב (ז)	assertion/affirmative
חייב, חייבת	owe
חיים (ז.ר.)	life
חיים קשים (ז.ר.)	difficult life
חיכה, מחכה,	wait
יחכה לחכות ל-	
חילופי מכתבים	exchange of
(ז.ר.)	letters
חינוך (ז)	education
חיפה (נ)	Haifa
חיפש, מחפש,	search/look for
יחפש לחפש	
חכם, חכמה	wise/clever
חלב (ז)	milk
חלום (ז), חלומות	dream
חלון (ז), חלונות	window
חליפה (נ),	suit (of clothes)
חליפות	
חלק (ז), חלקים	part
חלש, חלשה	weak
חם, חמה	hot/warm
חמאה (נ)	butter
חמור, חמורה	donkey/ass
חנוכה (נ) (חג החנוכה)	Hanukka
חנות (נ), חנויות	store/shop
חנות ספרים (נ),	bookstore
חנויות ספרים	
חנייה (נ)	parking
חפץ (ז), חפצים	item/thing/article
חצות (נ)	midnight
חצי (ז), חצאים	half
חרוץ, חרוצה	diligent/hard-working
חרמון	Hermon
חרש, חרשת	deaf
חשב, חושב,	think
יחשוב לחשוב	

bill/account	חשבון (ז), חשבונות
bank account	חשבון בנק (ז), חשבונות בנק
electricity bill	חשבון חשמל (ז)
water bill	חשבון מים (ז)
important	חשוב – חשובה
electricity	חשמל (ז)
desire/yen	חשק (ז)
wedding	חתונה (נ), חתונות
signature	חתימה (נ), חתימות
cook	טבח (ז)
nature	טבע (ז)
fingerprints	טביעת אצבעות (נ)
good	טוב, טובה
excursion/tour/trip	טיול (ז), טיולים
promenade/boardwalk	טיילת (נ)
pilot	טייס, טייסת
Have a good flight!	טיסה נעימה!
climb	טיפס, מטפס, יטפס לטפס על..
television	טלויזיה (נ), טלויזיות
telephone	טלפון (ז), טלפונים
public phone	טלפון צבורי (ז), טלפונים ציבוריים
phone	טלפן, מטלפן, יטלפן לטלפן
tennis	טניס (ז)
fly (by plane)	טס, טס, יטוס לטוס
tasty	טעים, טעימה
taste	טעם, טועם, יטעם לטעום
claim	טען, טוען, יטען לטעון ש...
tragedy	טרגדיה (נ), טרגדיות
fresh	טרי, טרייה
hand	יד (נ), ידיים
friend	ידיד, ידידה
know	ידע, יודע, יידע לדעת

day	יום (ז), ימים
birthday	יום הולדת (ז), ימי הולדת
two days	יומיים
advisor	יועץ, יועצת
great! wonderful!	יופי!
chairperson	יושב ראש, יושבת ראש
more	יותר
too much	יותר מדי
together	יחד
singular	יחיד, יחידה
attitude	יחס (ז)
relationships	יחסים (ז.ר.)
Yiddish	יידיש (נ)
wine	יין (ז), יינות
possible (it's)	ייתכן
able/can	יכל, יכול, יוכל
child/boy	ילד (ז), ילדים
girl	ילדה (נ), ילדות
sea	ים (ז), ימים
days of the week	ימות השבוע (ז.ר.)
January	ינואר (ז)
pretty	יפה, יפה
Jaffa	יפו (נ)
exit/go out	יצא, יוצא, ייצא לצאת
expensive/dear	יקר, יקרה
go down/descend	ירד, יורד, יירד לרדת
green	ירוק, ירוקה
Jerusalem	ירושלים (נ)
honeymoon	ירח דבש (ז)
moon	ירח (ז)
spit	ירק, יורק, ירק לירוק
there is/are	יש
sit	ישב, יושב, יישב לשבת
meeting	ישיבה (נ), ישיבות
sleep	ישן, ישן, יישן לישון
Israel	ישראל (נ)
Israeli	ישראלי, ישראלית

headache	כאב ראש (ז)
hurt	כאב, כואב, יכאב לכאוב
here	כאן
when	כאשר
road/highway	כביש (ז), כבישים
already	כבר
worthwhile/worth it	כְּדָאי
ball	כדור (ז), כדורים
baseball	כדור בסיס (ז)
tennis ball	כדור טניס (ז), כדורי טניס
soccer	כדורגל (ז)
football (American style)	כדורגל אמריקאי
handball	כדוריד (ז)
basketball	כדורסל (ז)
volleyball	כדורעף (ז)
in order to	כְּדי
hat	כובע (ז), כובעים
power/strength	כוח (ז), כוחות
star	כוכב (ז), כוכבים
movie star	כוכב קולנוע, כוכבת קולנוע
everybody	כולם
glass/cup	כוס (נ), כוסות
cup of coffee	כוס קפה (נ), כוסות קפה
cup of tea	כוס תה (נ), כוסות תה
armchair	כורסה (נ), כורסות
blue	כחול, כחולה
because	כי
plaza/square	כיכר (נ), כיכרות
chemist	כימאי, כימאית
chemistry	כימיה (נ)
violin	כינור (ז), כינורות
chair	כיסא (ז), כיסאות
Little Red Riding Hood	כיפה אדומה (נ)
talent	כישרון (ז), כישרונות
class/classroom	כיתה (נ), כיתות

ככה זה!	That's how it is!
ככה/כך	thus/so
כל	all
כל הזמן	all along/all the time
כל הכבוד!	congratulations! (all the respect!)
כל כך	so much
כלב (ז), כלבים	dog
כלום (לא כלום)	nothing
כלי רחצה (ז.ר.)	wash articles (toothbrush, etc.)
כלי רכב (ז) כלי רכב	vehicle
כמה פעמים?	How many times?
כמה?	How much/how many?
כן	yes
כסף (ז)	money
כסף קטן (ז)	change (coins)
כספי, כספית	financial
כעס, כועס, יכעס לכעוס על	be angry at
כפי/כפי ש-	as
כפרי, כפרית	rural/country style
כרטיס (ז), כרטיסים	ticket/card
כרטיס אשראי (ז), כרטיסי אשראי	credit card
כרטיס טיסה (ז), כרטיסי טיסה	flight/airplane ticket
כש-	when
כתב, כתבת	correspondent
כתב, כותב, יכתוב לכתוב	write
כתובת (נ), כתובות	address
כתיבה (נ)	writing
ל/ל-	to/for (the)
לא	no
לא ייתכן!	impossible
לא יכול להיות!	can't be!
לא כל כך	not so much
לא כלום	nothing

לא נורא!	It doesn't matter! (slang)
לא רגיל	fantastic ("unusual") (slang)
לא רע!	not bad!
לאט	slowly
לאן?	where to?
לבד	alone
לבן, לבנה	white
לבנים (ז.ר.)	underwear
להיט (ז), להיטים	hit tune
להקה (נ), להקות	band (music)
להתראות	see you!
לחיים!	To life!
לחם (ז), לחמים	bread, loaf of
כיכר לחם (נ)	bread
ליל/ערב שבת (ז)	Saturday eve (Friday night)
לילה (ז), לילות	night
לילה טוב!	Good night!
לימודים (ז.ר.)	studies
לימון (ז), לימונים	lemon
לימונדה (נ)	lemonade
לכלוך (ז), ליכלוכים	dirt
לָכֵן	therefore/that's why
למד, לומד, ילמד ללמוד	study
למה?	why?
לן, לן, ילון ללון	stay overnight/sleep over
לעשות חיים	have fun
לעשות טובה	do a favor
לעשות רושם	make an impression
לעתים קרובות	often
לעתים רחוקות	seldom
לפי-	according (to)
לפני	before
לפני הצהריים	before noon
לפעמים	sometimes

לקח, לוקח, ייקח לקחת	take
לָשון (נ)	tongue/language
מ-/מן	from
מאה (נ), מאות	century/hundred
מאוד	very
מאוחר	late
מאושר, מאושרת	happy, elated
מאיזה?	from which?
מאין?	from where?
מאיפה?	from where?
מאכל (ז), מאכלים	food/dish
מאמן, מאמנת	coach/trainer
מאפייה (נ), מאפיות	bakery
מבוא (ז), מבואים	introduction
מבוגר, מבוגרת	adult/mature
מבחן (ז), מבחנים	test/quiz
מגבת (נ), מגבות	towel
מגיע לי	I deserve (slang)
מגרש (ז), מגרשים	lot/ground
מגרש משחקים (ז), מגרשי משחקים	playground
מדוע?	why?
מדע (ז), מדעים	science
מדעי המחשב (ז.ר.)	computer science
מדען, מדענית	scientist
מדריך, מדריכה	guide
מה השעה?	What time is it?
מה זאת אומרת?	What do you mean? (slang)
מה יש?	What's the matter? (challenge)
מה נשמע?	What's new?
מה פתאום	How come? Really!? (slang)
מה קרה?	What's the matter? (information)
מה שלומך?	How are you?
מה?	what?

מהיר, מהירה	rapid, speedy
מהנדס, מהנדסת	engineer
מהר	fast
מודיעין (ז.ר.)	information (phone/public)
מודל (ז), מודלים	model (car/plane model)
מודעה (נ), מודעות	advertisement/notice
מודרני, מודרנית	modern
מוזיאון (ז), מוזיאונים	museum
מוכן, מוכנה להיות מוכן	ready and willing
מוכר, מוכרת	salesperson
מוכשר, מוכשרת	talented
מול	across/facing
מונית (נ), מוניות	taxicab
מוסיקאי, מוסיקאית	musician
מוסיקה (נ)	music
מועדון לילה (ז), מועדוני לילה	night club
מועדון סטודנטים (ז), מועדוני סטודנטים	students' club
מועדון ספורט (ז)	sports club
מועצה (נ), מועצות	council
מוצאי שבת	Saturday night
מוקדם	early
מורֶה, מורָה	teacher
מותק!	sweetie/honey!
מותר	permitted/lawful
מזג האויר (ז)	weather
מזוודה (נ), מזוודות	suitcase
מזומן (ז), מזומנים	cash
מזכירה (נ), מזכירות	secretary
מזל טוב!	congratulations!
מזנון (ז), מזנונים	lunch counter
מחבט (ז), מחבטים	racket
מחברת (נ), מחברות	notebook
מחוף אל חוף	coast to coast
מחוץ ל-	except for
מחוץ לעיר	out of town
מחנאות (נ)	camping
מחשב (ז), מחשבים	computer
מטבח (ז), מטבחים	kitchen
מטבחון (ז), מטבחונים	kitchenette
מטוס (ז), מטוסים	airplane
מטייל, מטיילת	traveler/excursionist
מי?	who?
מידה (ז), מידות	size
מידע (ז)	information/knowledge
מיואש מיואשת	desperate
מיוחד, מיוחדת	special
מייד	immediately
מילה (נ), מילים	word
מיליון (ז), מיליונים	million
מיליונר, מיליונרית	millionaire
מים (ז.ר.)	water
מימיה (נ), מימיות	water canteen
מיץ (ז), מיצים	juice
מירוץ (ז), מירוצים	race
מישהו	somebody
מכולת (נ)	grocery (store)
מכונית (נ), מכוניות	car
מכונית ספורט (ז), מכוניות ספורט	sports car
מכירה (נ), מכירות	sale
מכנסיים (ז.ר.), זוג מכנסיים	pants/pair of pants
מכר, מוכר, ימכור למכור	sell
מכשיר (ז), מכשירים	instrument
מכתב (ז), מכתבים	letter
מלון (ז), מלונות	hotel
מלפפון (ז), מלפפונים	cucumber
מלצר, מלצרית	waiter/waitress
ממש	truly
מנהל, מנהלת	director/boss administrator/principal
מנהל בנק, מנהלת בנק	bank director
מנהל חשבונות, מנהלת חשבונות	accountant
מנהל עסקים (ז)	business administration
מנומס, מנומסת	polite
מסביב (ל-)	around/surrounding
מסוכן, מסוכנת	dangerous
מסיבה (נ), מסיבות	party
מסכן, מסכנה	poor/unfortunate/ miserable
מסעדה (נ), מסעדות	restaurant
מספיק	enough
מספר (ז), מספרים	number
מעון (ז), מעונות	dormitory
מעוניין, מעוניינת ב-	interested in
מעט	few/a little
מעטפה (נ), מעטפות	envelope
מעיל (ז), מעילים	coat
מעיל גשם (ז), מעילי גשם	raincoat
מעיל רוח (ז), מעילי רוח	windbreaker
מעלית (נ), מעליות	elevator
מעניין, מעניינת	interesting
מפגש (ז), מפגשים	encounter
מפה (נ), מפות	map/tablecloth
מפוזר, מפוזרת	absent-minded
מפונק, מפונקת	spoiled
מפורסם, מפורסמת	famous
מפני ש-	because
מפעל (ז), מפעלים	plant (industrial)
מפקח, מפקחת	supervisor
מפרשית (נ), מפרשיות	sailboat
מפתח (ז), מפתחות	key
מצא, מוצא, ימצא למצוא	find
מצב (ז), מצבים	situation/state
מצויין, מצויינת	excellent
מצחיק, מצחיקה	funny
מצלמה (נ), מצלמות	camera
מצריים (נ)	Egypt
מקהלה (נ), מקהלות	choir

מקום (ז), מקומות	place/location
מקום מפגש (ז), מקומות מפגש	meeting place
מקום ציבורי (ז), מקומות ציבוריים	public location
מקור (ז) מקורות	source
מקצוע (ז), מקצועות	profession/ subject of study
מקרר (ז), מקררים	refrigerator
מרגיש טוב, לא מרגיש טוב	feel well/ not feel well
מרוצה, מרוצה	pleased/ satisfied/happy
מרכז העיר (ז)	downtown (center of town)
מרכז קניות (ז)	shopping center
מרפסת (נ), מרפסות	balcony
מרק (ז), מרקים	soup
מרק עוף (ז)	chicken soup
משבר (ז), משברים	crisis
משוגע, משוגעת	crazy/mad
משחק (ז), משחקים	game
משימה (נ), משימות	task
משכורת (נ), משכורות	salary
משעמם, משעממת	boring
משפחה (נ), משפחות	family
משפט (ז), משפטים	sentence (language/trial)
משפטים (ז.ר.)	law
משקה (ז), משקאות	drink
משקל (ז), משקלות	weight
משקפי שמש (ז.ר.)	sunglasses
משקפת (נ), משקפות	binoculars
משרד (ז), משרדים	office
משרד חקירות (ז)	investigation office
משרה (נ), משרות	job/work
מת, מתה	dead
מתאים, מתאימה	suitable/appropriate
מתוק, מתוקה	sweet
מָתַי?	when?
מתכון (ז), מתכונים	recipe
מתמטיקאי, מתמטיקאית	mathematician
מתמטיקה (נ)	mathematics
מתנה (נ), מתנות	gift/present
נבון, נבונה	wise/intelligent
נגד	against/opposed to
נהג, נהגת	driver
נהדר, נהדרת	wonderful/splendid
נו כבר!	Let's go! Move already!
נודניק, נודניקית	nudnik
נוח, נוחה	comfortable
נולד, נולד, ייולד להיוולד	born
נורא, נוראה	terrible/horrible
נורמאלי, נורמאלית	normal
נושא (ז), נושאים	subject
נח, נח, ינוח לנוח	rest
נחמד, נחמדה	nice
ניגן, מנגן, ינגן לנגן	play (musical instrument)
נימוס (ז)	manners/courtesy
ניסה, מנסה, ינסה לנסות	try/attempt
ניסיון (ז), ניסיונות	experience
נָכוֹן	true/right
נכנס, נכנס, ייכנס להיכנס	enter/go in
נמאס לי	I am sick of it
נמוך, נמוכה	short (stature)
נמצא, נמצא, יימצא להימצא	be located
נסגר, נסגר, ייסגר להיסגר	closed/be closed
נסיעה (נ), נסיעות	trip
נסיעה טובה!	Have a good trip!
נסע, נוסע, ייסע לנסוע	travel/go by vehicle
נעים מאוד!	very nice!/Nice to meet you!
נעים, נעימה	pleasant
נעלי התעמלות (נ.ר.)	gym shoes
נעלי טניס (נ.ר.)	tennis shoes
נעלם, נעלם, ייעלם להעלם	disappear
נפגש, נפגש, ייפגש להיפגש	get together with/ meet
נפלא, נפלאה	wonderful/marvelous
נפש (נ), נפשות	soul/spirit
נפשי, נפשית	psychological/ mental
נפתח, נפתח, ייפתח להיפתח	open/be opened
נציג, נציגה	representative
נקבה (נ)	feminine
נקי, נקייה	clean
נרשם, נרשם, יירשם להירשם	register
נשאר, נשאר, יישאר להישאר	remain/stay
נשב, נושב, ינשוב לנשוב	blow
נשבר, נשבר, יישבר להישבר	break down/ be broken
נשוי, נשואה	married
נשם, נושם, ינשום לנשום	breathe
נתן, נותן, ייתן לתת/לתת ל	give/let somebody do
סב/סבא, סבה/סבתא	grandfather/mother
סבל, סובל, יסבול לסבול	suffer
סגור, סגורה	closed
סגר, סוגר, יסגור יסגור	shut/close
סדר יום (ז)	daily schedule
סודה (נ)	soda water
סוודר (ז), סוודרים	sweater
סוכות (חג סוכות)	Sukkot
סוכנות (נ), סוכנויות	agency

סוכר (ז)	sugar
סולו	solo
סונטה (נ), סונטות	sonata
סוס, סוסה	horse
סוער, סוערת	stormy
סוף (ז)	end
סוף סוף	finally
סוף שבוע (ז),	weekend
סופי שבוע	
סופר, סופרת	writer/author
סופרמרקט (ז)	supermarket
סחורה (נ),	merchandise
סחורות	
סטודיו (ז)	studio
סטודנט, סטודנטית	student
סטריאו (ז)	stereo
סיגריה (נ), סיגריות	cigarette
סידר, מסדר,	arrange/fix
יסדר לסדר	
סיור (ז), סיורים	excursion/tour
סיכוי (ז),	prospect/chance
סיכויים	
סיכום (ז), סיכומים	summary
סימסטר (ז),	semester
סימסטרים	
סימפוניה (נ)	symphony
סין (נ)	China
סיפור (ז), סיפורים	story
סירה (נ), סירות	boat
סלון (ז), סלונים	living room
סלט (ז), סלטים	salad
סליחה!	Excuse me! pardon!
סמך, סומך,	rely on
יסמוך לסמוך על-	
סנדויץ' (ז), סנדויצ'ים	sandwich
סנדל (ז), סנדלים	sandal
ספה (נ), ספות	sofa
ספינה (נ), ספינות	ship/boat
ספינת סיורים	cruise ship
ספורט (ז)	sports
ספטמבר (ז)	September
ספסל (ז), ספסלים	bench

ספר (ז), ספרים	book
ספר סופר	count
יספור לספור	
ספר בישול (ז),	cookbook
ספרי בישול	
ספר טלפונים (ז)	phone book
ספר לימוד (ז),	textbook
ספרי לימוד	
ספרדית (נ)	Spanish
ספרות (נ)	literature
ספריה (נ), ספריות	library
ספרן, ספרנית	librarian
סקנדל (ז)	scandal
סרט (ז), סרטים	movie
סתם	for no particular reason
עבד, עובד,	work
יעבוד לעבוד	
עבודה (נ), עבודות	work/job
עברית (נ)	Hebrew
עגבניה (נ), עגבניות	tomato
עד	until/up to
עדיין	still/yet
עוגה (נ), עוגות	cake
עוגת שוקולד (נ),	chocolate cake
עוגות שוקולד	
עוד עוד לא	more/still, not yet
עוד רגע	one more minute!
עוזר הוראה,	teaching assistant
עוזרת הוראה (אסיסטנט)	
עוזר למאמן,	assitant to the
עוזרת למאמן	coach
עולם (ז),	world/universe
עולמות	
עוף (ז)	poultry
עורך, עורכת	editor
עורך דין,	lawyer
עורכת דין	
עזר, עוזר,	help/aid
יעזור לעזור	
עזרה (נ)	help/assistance
עייף, עייפה	tired

עין (נ), עיניים	eye
עיר (נ), ערים	city
עיריה (נ),	city hall/municipality
עיריות	
עישן, מעשן,	smoke
יעשן לעשן	
עיתון (ז), עיתונים	newspaper
עכשיו	now
על	on/about
על יד	next to
על לא דבר!	You are welcome!
עלה, עולה,	cost/go up
יעלה לעלות	
עליכם השלום!	Peace be unto
	you! (response)
עם (ז), עמים	nation
עמד, עומד,	stand/
יעמוד לעמוד	about to do
עממי, עממית	folk/popular
ענה, עונה,	answer/respond
יענה לענות ל-	
עניין (ז), עניינים	matter
עסוק, עסוקה	busy
עסק (ז), עסקים	business
	matter/deal
עף, עף, יעוף לעוף	fly (bird)/
תעוף מכאן!	Get lost! (slang)
עץ (ז), עצים	tree
עצבים (ז.ר.)	nerves
עציץ (ז), עציצים	potted plant
עצר, עוצר,	halt/stop
יעצור לעצור	
עקרת בית (נ),	housewife/
עקרות בית	homemaker
ערב (ז), ערבים	evening
ערב טוב!	Good evening!
ערך, עורך,	arrange/
יערוך לערוך	organize/prepare
עשה, עושה,	do
יעשה לעשות	
עשיר עשירה	rich/wealthy
עשן (ז)	smoke

pub	פאב (ז)
falafel	פאלאפל (ז)
park	פארק (ז), פארקים
meeting/encounter	פגישה (נ), פגישות
meet/encounter	פגש, פוגש, יפגוש לפגוש
mouth	פֶּה (ז)
here	פה
political	פוליטי, פוליטית
politics	פוליטיקה (נ)
inn	פונדק (ז), פונדקים
popular	פופולארי, פופולארית
criminal	פושע, פושעת
less	פחות
parsley	פטרוסיליון (ז)
mushroom	פטריה (נ), פטריות
philosophy	פילוסופיה (נ)
physics	פיסיקה (נ)
pizza	פיצה (נ), פיצות
pizzeria	פיצריה (נ), פיצריות
picnic	פיקניק (ז), פיקניקים
pita bread	פיתה (נ), פיתות
green pepper	פלפל ירוק (ז), פלפלים ירוקים
leisure/free time	פנאי (ז)
free	פנוי, פנויה
penthouse	פנטהאוז (ז)
Passover	פסח (חג הפסח)
psychology	פסיכולוגיה (נ)
psychiatrist	פסיכיאטר, פסיכיאטרית
piano	פסנתר (ז), פסנתרים
time (+count)/once	פעם (נ), פעמים
twice	פעמיים
clerk	פקיד, פקידה
bank clerk	פקיד בנק, פקידת בנק
reception clerk	פקיד קבלה, פקידת קבלה

what a maniac (wild man)!	פרא אדם!
professor	פרופסור (ז)
flower	פרח (ז), פרחים
private	פרטי, פרטית
fruit	פרי (ז), פירות
prima donna	פרימדונה (נ), פרימדונות
simple	פשוט, פשוטה
pie	פשטידה (נ), פשטידות
crime	פשע (ז), פשעים
suddenly	פתאום
open	פתוח, פתוחה
open	פתח, פותח, יפתח לפתוח
open to the public	פתוח לקהל (ז)
note	פתק (ז), פתקים
solve	פתר, פותר, יפתור לפתור
cello	צ'לו
check	צ'ק
army	צבא (ז), צבאות
color	צבע (ז), צבעים
yellow	צהוב, צהובה
noon	צהריים (ז.ר.)
right	צודק, צודקת
viewer	צופה, צופה
laugh	צחק, צוחק, יצחק לצחוק
equipment	ציוד (ז)
cooler	ציידנית (נ), ציידניות
grade	ציון (ז), ציונים
plate/dish	צלחת (נ), צלחות
ring (bell)	צלצל, מצלצל, יצלצל לצלצל
thirsty	צמא, צמאה
vegetarian	צמחוני, צמחונית
radish	צנונית (נ), צנוניות
shawl	צעיף (ז), צעיפים
young	צעיר, צעירה
toy	צעצוע (ז), צעצועים

shout/yell/scream	צעק, צועק, יצעק לצעוק
expected	צפוי, צפויה
crowded conditions	צפיפות (נ)
beep/ring	צפצוף (ז), צפצופים
it is necessary	צריך
group	קבוצה (נ), קבוצות
reception/receipt	קבלה (נ), קבלות
contractor	קבלן, קבלנית
first of all	קודם
previous	קודם, קודמת
movie house/cinema	קולנוע (ז)
floor/story	קומה (נ), קומות
top (roof) floor	קומת גג (נ)
customer/buyer	קונה, קונה
concert	קונצרט (ז), קונצרטים
magician	קוסם, קוסמת
cash register/ box office	קופה (נ), קופות
terribly cold!	קור כלבים!
course	קורס (ז), קורסים
small	קטן, קטנה
passage/portion	קטע (ז), קטעים
reading passage	קטע קריאה (ז), קטעי קריאה
kibbutz	קיבוץ (ז), קיבוצים
receive	קיבל, מקבל, יקבל לקבל
hope	קיווה, מקווה, יקווה לקוות
kiosk/stand	קיוסק (ז), קיוסקים
kilometer	קילומטר (ז), קילומטרים
summer	קיץ (ז), קיצים
easy/light	קל, קלה
classical	קלאסי, קלאסית
calorie	קלוריה (ז), קלוריות
cassette	קלטת (נ), קלטות
get up	קם, קם, יקום לקום

campus — קמפוס (ז), קמפוסים
Canada — קנדה (נ)
buy — קנה, קונה, יקנה לקנות
shopping mall — קניון (ז)
buying/shopping — קנייה (נ), קניות
fine/report — קנס (נ), קנסות
coffee — קפה (ז)
cafeteria — קפיטריה (נ), קפיטריות
short (length) — קצר, קצרה
some/a little — קצת
cold — קר, קרה
read — קרא, קורא, יקרא לקרוא
close — קרוב, קרובה
close to — קרוב ל-
relatives — קרובים (ז.ר.)
career — קריירה (נ)
ceramic (tiles) — קרמיקה (נ)
hard/difficult — קשה, קשה

see — ראה, רואה, יראה לראות
interview — ראיון (ז), ראיונות
head — ראש (ז), ראשים
New Year — ראש השנה (ז)
first — ראשון, ראשונה
chief/main — ראשי, ראשית
many storied/ tall (building) — רב קומות, רבת קומות
quarrel — רב, רב, יריב לריב
quarter — רבע (ז), רבעים
quarter to — רבע ל-
usual/be used to — רגיל, רגילה להיות רגיל ל...
moment — רגע (ז), רגעים
feeling/sentiment — רגש (ז), רגשות
radio — רדיו (ז)
furniture — רהיט (ז), רהיטים
single/bachelor — רווק, רווקה
wind/spirit — רוח (ז), רוחות
breath of life — רוח חיים (ז)

romantic — רומנטי, רומנטית
Russia — רוסיה (נ)
noisy — רועש, רועשת
doctor/physician — רופא, רופאה
pediatrician — רופא ילדים, רופאת ילדים
impression — רושם (ז), רשמים
thin — רזֶה, רזָה
all over the United States — רחבֵי ארצות הברית
street — רחוב (ז), רחובות
main street — רחוב ראשי (ז), רחובות ראשיים
far — רחוק, רחוקה
far from — רחוק מ-
jam — ריבה (נ), ריבות
gossip — ריכל, מרכל, ירכל (לרכל)
folk dances — ריקודי עם (ז.ר.)
train — רכבת (נ), רכבות
gossip — רכילות (נ), רכילויות
traffic light — רמזור (ז), רמזורים
bad/evil — רע, רעה
hungry — רעב, רעבה
idea — רעיון (ז), רעיונות
noise — רעש (ז)
medicine — רפואה (נ)
run — רץ, רץ, ירוץ (לרוץ)
want — רצה, רוצה, ירצה לרצות
murder — רצח (ז), רציחות
serious — רציני, רצינית
floor — רצפה (נ), רצפות
only/just — רק
Just a minute! — רק רגע!
dance — רקד, רוקד, ירקוד לרקוד
driver's license — רשיון נהיגה (ז), רשיונות נהיגה
list — רשימה (נ), רשימות
tape recorder — רשם קול (ז)

ask (a question) — שאל, שואל, ישאל לשאול
question — שאלה (נ), שאלות
week — שבוע (ז), שבועות
Have a good week! — שבוע טוב!
two weeks — שבועיים
full/satiated — שבע, שבעה
sabbatical — שבתון (ז), שבתונים
mistake/error — שגיאה (נ), שגיאות
routine — שגרה (נ), שגרות
routine (adj.) — שגרתי, שגרתית
airport — שדה תעופה (ז), שדות תעופה
policeman/woman — שוטר, שוטרת
table — שולחן (ז), שולחנות
desk — שולחן כתיבה (ז), שולחנות כתיבה
nothing — שום דבר
guard — שומר, שומרת
Weight Watchers — שומרי משקל (ז.ר.)
market — שוק (ז) שווקים
chocolate — שוקולד (ז)
partner — שותף, שותפה
black — שחור, שחורה
sail — שט, שט, ישוט לשוט
rug/carpet — שטיח (ז), שטיחים
fantastic! (slang) — שיגעון!
conversation — שיחה (נ), שיחות
housing project — שיכון (ז), שיכונים
pay — שילם, משלם, ישלם לשלם
change — שינוי (ז), שינויים
lesson/course — שיעור (ז), שיעורים
improve — שיפר, משפר, ישפר לשפר
financial considerations — שיקולים כספיים (ז.ר.)

שיר (ז), שירים	song/poem
שירות (ז)	service
שירותים (ז.ר.)	facilities/bathroom
שכונה (נ), שכונות	neighborhood
שכח, שוכח, ישכח לשכוח	forget
שכן, שכנה	neighbor
שׂכר דירה (ז)	rent
שׂכר לימוד (ז)	tuition
שׂכר, שוכר, ישׂכור לשׂכור	rent
של	of
שלג (ז), שלגים	snow
שלווה (נ), שקט ושלווה	peace and quiet
שלום! שלום עליכם!	Hello! Peace be unto you! (address)
שלומיאל, שלומיאלית	sehlumiel (good for nothing)
שלח, שולח, ישלח לשלוח	send
שלילה (נ)	negation/negative
שלימזל, שלימזלית	schlimazel (luckless)
שָלֵם, שלמה	complete/whole
שלשום	day before yesterday
שָם	there
שֵם (ז), שמות	noun/name
שם גוף (ז), שמות גוף	pronoun
שם משפחה (ז), שמות משפחה	last name
שם פרטי (ז), שמות פרטיים	first name
שָׂם, שם, ישים לשים	put
שָׂמֵחַ, שמחה	happy/glad
שׂמח, שׂמח, ישׂמח לשׂמוח	be happy
שמיים (ז.ר.)	skies/sky
שׂמיכה (נ), שׂמיכות	blanket
שׂמלה (נ), שׂמלות	dress
שמלה קֵיצית (נ), שמלות קיציות	summer dress
שׂמלת ערב (נ), שמלות ערב	evening dress
שמן, שמנה	fat
שמן זית (ז)	olive oil
שמע, שומע, ישמע לשמוע	hear
שמר, שומר, ישמור לשמור	keep/guard
שמרני, שמרנית	conservative
שמש (נ)	sun
שנה (נ), שנים	year
שנה טובה!	Have a good year!
שנה מעוברת (נ), שנים מעוברות	leap year
שנת הלימודים (נ)	school/academic year
שנתי, שנתית	annual/yearly
שנתיים	two years
שעה (נ), שעות	hour
שעון (ז), שעונים	clock/watch
שעון מעורר (ז), שעונים מעוררים	alarm clock
שערוריה (נ), שערוריות	scandal
שעתיים	two hours
שפך, שופך, ישפוך לשפוך	spill
שׂפת הים (נ)	beach
שׂק שינה (ז), שׂקי שינה	sleeping bag
שקט (ז)	quiet/silence
שקט, שקטה	quiet
שקל (ז), שקלים	shekel
שר, שר, ישיר לשיר	sing
שרוול (ז), שרוולים	sleeve
שתה, שותה, ישתה לשתות	drink
שתק, שותק, ישתוק לשתוק	be silent
תאורה (נ)	lighting
תאריך (ז), תאריכים	date
תבלו בנעימים!	Have a good time!
תבנית (נ), תבניות	pattern/form
תבנית לשון (נ)	language pattern
תגובה (נ), תגובות	reaction
תואר (ז), תארים	adjective/title
תודה לאל!	Thank God!
תודה!	Thanks!
תוכנית (נ), תוכניות	plan/program
תוֹף (ז), תוּפים	drum
תוצאה (נ), תוצאות	result
תור (ז), תורים/תורות	line (queue); turn
תחבורה (נ)	transportation
תחביב (ז), תחביבים	hobby
תחום (ז), תחומים	domain
תחנה (נ), תחנות	station
תחנה מרכזית (נ)	Central Station
תחנת אוטובוס (נ), תחנות אוטובוס	bus stop/station
תחנת משטרה (נ), תחנות משטרה	police station
תיאוריה (נ), תיאוריות	theory
תיאטרון (ז)	theater
תייר, תיירת	tourist
תינוק (ז), תינוקות	baby
תל אביב (נ)	Tel Aviv
תלמיד, תלמידה	student/pupil
תמונה (נ), תמונות	picture
תמיד	always
תנאי (ז), תנאים	condition
תערוכה (נ), תערוכות	exhibit
תפוז (ז), תפוזים	orange
תפוס, תפוסה	occupied/busy
תפריט (ז), תפריטים	menu
תקופה (נ), תקופות	period/era
תקליט (ז), תקליטים	record (phonograph)
תרגיל (ז), תרגילים	exercise
תרמיל גב (ז), תרמילי גב	backpack
תשובה (נ), תשובות	answer
תשומת לב (נ)	attention

English-Hebrew Dictionary

מילון אנגלי-עברי

The entries appear in English alphabetical order.

English	עברית
a lot/much/many	הרבה
(is) able/can	יכל, יכול, יוכל
abroad	חוץ לארץ (חו"ל)
absent-minded	מפוזר, מפוזרת
according (to)	לפי-
accountant	מנהל חשבונות, מנהלת חשבונות
across/facing	מול
add	הוסיף, מוסיף, יוסיף להוסיף
address	כתובת (נ), כתובות
adjective/title	תואר (ז), תארים
adult/mature	מבוגר, מבוגרת
advertisement/notice	מודעה (נ), מודעות
advisor	יועץ, יועצת
after	אחרי
afternoon (p.m.)	אחרי הצהריים
against/opposed to	נגד
agency	סוכנות (נ), סוכנויות
agree	הסכים, מסכים, יסכים להסכים
agreement	הסכם (ז), הסכמים
air	אוויר (ז)
airline company	חברת תעופה (נ), חברות תעופה
airplane	מטוס (ז), מטוסים
air pollution	זיהום אוויר (ז)
airport	שדה תעופה (ז), שדות תעופה
alarm clock	שעון מעורר (ז), שעונים מעוררים
Alaska	אלסקה (נ)
alcohol	אלכוהול (ז)
alive	חי, חיה

English	עברית
all	כל
all along/all the time	כל הזמן
all over the United States	רחבי ארצות הברית
alone	לבד
already	כבר
also	גם
alternative/choice	ברירה (נ), ברירות
always	תמיד
ambition	אמביציה (נ)
America	אמריקה (נ)
amphitheater	אמפיתיאטרון (ז)
and	ו-
annual vacation	חופשה שנתית (נ), חופשות שנתיות
annual/yearly	שנתי, שנתית
answer	תשובה (נ), תשובות
answer/respond	ענה, עונה, יענה לענות ל-
anyhow	בכל זאת
apartment	דירה (נ), דירות
approach/get close to	התקרב, מתקרב, יתקרב להתקרב ל-
architect	ארכיטקט, ארכיטקטית
architecture	ארכיטקטורה (נ)
Argentina	ארגנטינה (נ)
argument/discussion	ויכוח (ז), ויכוחים
armchair	כורסה (נ), כרסות
army	צבא (ז), צבאות
around/surrounding	מסביב (ל-)
arrange/fix	סידר, מסדר, יסדר לסדר

English	עברית
arrange/organize/prepare	ערך, עורך, יערוך לערוך
as	כפי/כפי ש-
as far as	בקשר ל
aside from	חוץ מ-
ask (a question)	שאל, שואל, ישאל לשאול
assertion/affirmative	חיוב (ז)
assistant to the coach	עוזר למאמן, עוזרת למאמן
at	אצל
atmosphere	אווירה (נ)
attention	תשומת לב (נ)
attitude	יחס (ז)
Australia	אוסטרליה (נ)
average	בינוני, בינונית
baby	תינוק (ז), תינוקות
back	גב (ז), גבות
backpack	תרמיל גב (ז), תרמילי גב
backwards	אחורה
bad/evil	רע, רעה
bad/of bad quality	גרוע, גרועה
bake	אפה, אופה, יאפה לאפות
bakery	מאפיה (נ), מאפיות
balcony	מרפסת (נ), מרפסות
ball	כדור (ז), כדורים
ballet	באלט (ז)
band (music)	להקה (נ), להקות
bank	בנק (ז), בנקים
bank account	חשבון בנק (ז), חשבונות בנק
bank clerk	פקיד בנק, פקידת בנק

bank director	מנהל בנק, מנהלת בנק
bar	באר (ז), בארים
Bar/Bat Mitzvah	בר מצוה, בת מצוה
baseball	כדור בסיס (ז)
basketball	כדורסל (ז)
bathroom	חדר אמבטיה (ז), חדרי אמבטיה
be (past and future)	היה, יהיה להיות
beach	שפת הים (נ)
be angry at	כעס, כועס, יכעס לכעוס על
because	כי
because	מפני ש-
bedroom	חדר שינה (ז), חדרי שינה
beep/ring	צפצוף (ז), צפצופים
beer	בירה (נ)
Beer Sheva	באר-שבע (נ)
before	לפני
before noon (a.m.)	לפני הצהריים
begin/start	התחיל, מתחיל, יתחיל התחיל
be happy	שמח, שמח, ישמח לשמוח
be located	נמצא, נמצא, יימצא להימצא
beloved	אהוב, אהובה
bench	ספסל, ספסלים
be silent	שתק, שותק, ישתוק לשתוק
bicycle	אופניים (ז)
big/large	גדול, גדולה
bill/account	חשבון (ז), חשבונות
binoculars	משקפת (נ), משקפות
biology	ביולוגיה (נ)
bird	ציפור (ז), ציפורים
birthday	יום הולדת (נ), ימי הולדת
black	שחור, שחורה
blanket	שמיכה (נ), שמיכות
blond	בלונדיני, בלונדינית
blow	נשב, נושב, ינשוב לנשוב
blue	כחול, כחולה
boat	סירה (נ), סירות/אוניה/ספינה
body	גוף (ז)
book	ספר (ז), ספרים
bookstore	חנות ספרים (נ), חנויות ספרים
boring	משעמם, משעממת
born	נולד, נולד, ייולד להיוולד
boss	בוס, בוסית
bother/annoy	הטריד, מטריד, יטריד להטריד
boy	ילד (ז), ילדים
bread/loaf of bread	לחם (ז),לחמים כיכר לחם (נ)
break down/be broken	נשבר, נשבר, יישבר להישבר
breathe	נשם, נושם, ינשום לנשום
breath of life	רוח חיים (ז)
briefly	בקיצור
brilliant	מזהיר, מזהירה
brother/sister	אח, אחות
brown	חום (ז), חומה
building	בניין (ז), בניינים
bus	אוטובוס (ז), אוטובוסים
business administration	מנהל עסקים (ז)
business matter/deal	עסק (ז), עסקים
businessman	איש עסקים (ז), אנשי עסקים
bus stop/station	תחנת אוטובוס (נ), תחנות אוטובוס
busy	עסוק, עסוקה
but, however	אבל, אך
butter	חמאה (נ)
buy	קנה, קונה, יקנה לקנות
buying/shopping	קנייה (נ), קניות
by myself	בעצמי
by the way	אגב
cafeteria	קפיטריה (נ), קפיטריות
Cairo	קהיר (נ)
cake	עוגה (נ), עוגות
calorie	קלוריה (נ), קלוריות
camera	מצלמה (נ), מצלמות
camping	מחנאות (נ)
campus	קמפוס (ז), קמפוסים
Canada	קנדה (נ)
can't be!	לא יכול להיות!
car	מכונית (נ), מכוניות
career	קריירה (נ)
cash	מזומן (ז), מזומנים
cash register/box office	קופה (נ), קופות
cassette	קלטת (נ), קלטות
cause	גרם, גורם, יגרום לגרום
cautious/careful	זהיר, זהירה
cease/stop	הפסיק, מפסיק, יפסיק להפסיק
celebrate	חגג, חוגג, יחגוג לחגוג
cello	צ'לו
Central Station	תחנה מרכזית (נ)
century/hundred	מאה (נ), מאות
ceramic (tiles)	קרמיקה (נ)
chair	כיסא (ז), כיסאות
chairperson	יושב ראש, יושבת ראש
change	שינוי (ז), שינויים
change (coins)	כסף קטן (ז)
change (self)	השתנה, משתנה, ישתנה להשתנות
character	אופי (ז)
check	צ'ק
check/examine	בדק, בודק, יבדוק לבדוק
cheese	גבינה (נ), גבינות
chemist	כימאי, כימאית
chemistry	כימיה (נ)
chicken soup	מרק עוף (ז)

chief/main	ראשי, ראשית
child/children	ילד (ז), ילדים
China	סין (נ)
Chinese food	אוכל סיני (ז)
chocolate	שוקולד (ז)
chocolate cake	עוגת שוקולד (נ), עוגות שוקולד
choir	מקהלה (נ), מקהלות
cigarette	סיגריה (נ), סיגריות
citizen	אזרח, אזרחית
city	עיר (נ), ערים
city hall/municipality	עיריה (נ), עיריות
claim	טען, טוען, יטען לטעון ש...
class/classroom	כיתה (נ), כיתות
classical	קלאסי, קלאסית
clean	נקי, נקייה
clear	בחיר, בחירה
clerk	פקיד, פקידה
climb	טיפס, מטפס, יטפס לטפס על...
clock/watch	שעון (ז), שעונים
close/near	קרוב, קרובה
closed	סגור, סגורה
closed/be closed	נסגר, נסגר, ייסגר להיסגר
closed discussion	דיון סגור (ז)
close to	קרוב ל-
clothing	בגד (ז), בגדים
coach/trainer	מאמן, מאמנת
coast to coast	מחוף אל חוף
coat	מעיל (ז), מעילים
coffee	קפה (ז)
coffeehouse/café	בית קפה (ז), בתי קפה
cold	קר, קרה
color	צבע (ז), צבעים
comb hair	הסתרק, מסתרק, יסתרק להסתרק
come	בא, בא, יבוא לבוא
comfortable	נוח, נוחה
complaint	תלונה (נ), תלונות
complete/whole	שלם, שלמה
computer	מחשב (ז), מחשבים
computer science	מדעי המחשב (ז.ר.)
concert	קונצרט (ז), קונצרטים
concert hall	אולם קונצרטים (ז), אולמות קונצרטים
condition	תנאי (ז), תנאים
congratulations!	מזל טוב!
congratulations! (all the respect!)	כל הכבוד!
conservative	שמרני, שמרנית
continuation	המשך (ז), המשכים
continue/go on	המשיך, ממשיך, ימשיך להמשיך
contractor	קבלן, קבלנית
conversation	שיחה (נ), שיחות
cook	בישל, מבשל, יבשל לבשל
cook	טבח, טבחית
cookbook	ספר בישול (ז), ספרי בישול
cooler	ציידנית (נ), ציידניות
correspond	התכתב, מתכתב, יתכתב להתכתב
correspondent	כתב, כתבת
cost/go up	עלה, עולה, יעלה לעלות
count	ספר, סופר, יספור, לספור
country	ארץ (נ), ארצות
couple	זוג (ז), זוגות
course	קורס (ז), קורסים
crazy/mad	משוגע, משוגעת
credit card	כרטיס אשראי (ז), כרטיסי אשראי
crime	פשע (ז), פשעים
criminal	פושע, פושעת
crisis	משבר (ז), משברים
crowded conditions	צפיפות (נ)
cruise ship	ספינת סיורים (נ)
cry	בכה, בוכה, יבכה לבכות
cucumber	מלפפון (ז), מלפפונים
cup of coffee	כוס קפה (נ), כוסות קפה
cup of tea	כוס תה (נ), כוסות תה
customer/buyer	קונה, קונה
daily schedule	סדר יום (ז)
damage	הזיק, מזיק, יזיק להזיק
dance	רקד, רוקד, ירקוד לרקוד
dangerous	מסוכן, מסוכנת
date	תאריך (ז), תאריכים
daughter	בת (נ), בנות
day	יום (ז), ימים
day before yesterday	שלשום
days of the week	ימות השבוע (ז.ר.)
dead	מת, מתה
deaf	חרש, חרשת
dear sir!	אדון יקר!
dear sir!	אדון נכבד!
debate/deliberation/discussion	דיון (ז), דיונים
debt	חוב (ז), חובות
December	דצמבר (ז)
decide	החליט, מחליט, יחליט להחליט
demand	דרש, דורש, ידרוש לדרוש
demonstration	הפגנה (נ), הפגנות
department of literature	חוג לספרות (ז)
desire/yen	חשק (ז)
desk	שולחן כתיבה (ז), שולחנות כתיבה
desperate	מיואש, מיואשת
develop	התפתח, מתפתח, יתפתח להתפתח
diagnosis	דיאגנוזה (נ)

diet	דיאטה (נ)
difficult life	חיים קשים (ז.ר.)
dilemma	דילמה (נ), דילמות
diligent/hard-working	חרוץ, חרוצה
dining room	חדר אוכל (ז), חדרי אוכל
dinner/lunch	ארוחת צהריים (נ), ארוחות צהריים
diplomat	דיפלומט, דיפלומטית
direct object preposition	אֶת
director/boss/ administrator/principal	מנהל, מנהלת
dirt	לכלוך (ז), ליכלוכים
disappear	נעלם, נעלם, ייעלם להיעלם
disaster/mishap	אסון (ז), אסונות
disturb	הפריע, מפריע, יפריע להפריע
do	עשה, עושה, יעשה לעשות
do a favor	לעשות טובה
doctor/physician	רופא, רופאה
dog	כלב (ז), כלבים
doll	בובה (נ), בובות
dollar	דולאר (ז), דולארים
domain	תחום (ז), תחומים
donkey/ass	חמור, חמורה
door	דלת (נ), דלתות
dormitory	מעון (ז), מעונות
downtown (center of town)	מרכז העיר (ז)
Dr.	ד"ר
dream	חלום (ז), חלומות
dress	שמלה (נ), שמלות
drink	משקה (ז), משקאות
drink	שתה, שותה, ישתה לשתות
driver	נהג, נהגת
driver's license	רשיון נהיגה (ז), רשיונות נהיגה
drum	תוף (ז), תופים

during	במשך
ear	אוזן (נ), אוזניים
early	מוקדם
early hours of the morning	השעות הקטנות (נ.ר.)
earn	הרוויח, מרוויח, ירוויח להרוויח
easy/light	קל, קלה
eat	אכל, אוכל, יאכל לאכול
editor	עורך, עורכת
education	חינוך (ז)
egg	ביצה (נ), ביצים
Egypt	מצריים (נ)
Eilat	אילת (נ)
El-Al	אל-על
electricity	חשמל (ז)
electricity bill	חשבון חשמל (ז)
elegant	אלגנטי, אלגנטית
elementary school	בית ספר יסודי (ז), בתי ספר יסודיים
elevator	מעלית (נ), מעליות
encounter	מפגש (ז), מפגשים
end	סוף (ז)
engineer	מהנדס, מהנדסת
England	אנגליה (נ)
English	אנגלית (נ)
Englishman/woman	אנגלי, אנגליה
enough	מספיק
enter/go in	נכנס, נכנס, ייכנס להיכנס
envelope	מעטפה (נ), מעטפות
equipment	ציוד (ז)
espresso	אקספרסו
etc.	ועוד
Europe	אירופה (נ)
even (if)	אפילו
evening	ערב (ז), ערבים
evening dress	שמלת ערב (נ), שמלות ערב
event	אירוע (ז), אירועים

everybody	כולם
everything	הכל
everything is fine!	הכל בסדר!
everything will be all right!	הכל יעבור בשלום!
exactly	בדיוק
example	דוגמא (נ), דוגמאות
excellent	מצויין, מצויינת
except for	מחוץ ל-
exchange of letters	חילופי מכתבים (ז.ר.)
excursion/tour	סיור (ז), סיורים
excursion/tour/trip	טיול (ז), טיולים
Excuse me! Pardon!	סליחה!
exercise	התעמל, מתעמל, יתעמל להתעמל
exercise	תרגיל (ז), תרגילים
exhibit	תערוכה (נ), תערוכות
exit/go out	יצא, יוצא, ייצא לצאת
expect/wait for	ציפה, מצפה, יצפה לצפות
expected	צפוי, צפויה
expensive/dear	יקר, יקרה
experience	ניסיון (ז), ניסיונות
explain	הסביר, מסביר, יסביר להסביר
explanation	הסבר (ז), הסברים
eye	עין (נ), עיניים
facilities/bathroom	שירותים (ז.ר.)
factory	בית חרושת (ז), בתי חרושת
falafel	פאלאפל (ז)
family	משפחה (נ), משפחות
famous	מפורסם, מפורסמת
fantastic! (slang)	שיגעון!
fantastic ("unusual")! (slang)	לא רגיל!
far	רחוק, רחוקה
far from	רחוק מ-

fast	מהר
fat	שמן, שמנה
father	אב/אבא (ז), אבות
feel	הרגיש, מרגיש, ירגיש להרגיש
feeling/sentiment	רגש (ז), רגשות
feel sorry for	הצטער, מצטער, יצטער להצטער
feel well/not feel well	מרגיש טוב, לא מרגיש טוב
feminine	נקבה (נ)
fever/heat	חום (ז)
few/a little	מעט
finally	סוף, סוף
financial	כספי, כספית
financial considerations	שיקולים כספיים (ז.ר.)
find	מצא, מוצא, ימצא למצוא
find out/clarify	ברר, מברר, יברר לברר
fingerprints	טביעת אצבעות (נ)
finish/complete	גמר, גומר, יגמור לגמור
first	ראשון, ראשונה
first name	שם פרטי (ז), שמות פרטיים
first of all	קודם
fish	דג (ז), דגים
flight/airplane ticket	כרטיס טיסה (ז), כרטיסי טיסה
floor	רצפה (נ), רצפות
floor/story	קומה (נ), קומות
flower	פרח (ז), פרחים
fly	זבוב (ז), זבובים
fly (bird)/Get lost! (slang)	עף, עף, יעוף לעוף תעוף מכאן!
fly (by plane)	טס, טס, יטוס לטוס
folk dances	ריקודי עם (ז.ר.)
food	אוכל (ז)
food/dish	מאכל (ז), מאכלים
football (American style)	כדורגל אמריקאי
for	בשביל
for (a person/a position)	בעד
forbid	אסר, אוסר, יאסור לאסור
forget	שכח, שוכח, ישכח לשכוח
for no particular reason	סתם
for sure!	בהחלט
free	חופשי, חופשיה/חופשית
free/available	פנוי, פנויה
freedom of action	חופש פעולה (ז)
French food	אוכל צרפתי (ז)
fresh	טרי, טרייה
friend	חבר, חברה
friend	ידיד, ידידה
from	מ-/מן
from where?	מאין?
from where?	מאיפה?
from which?	מאיזה?
fruit	פרי (ז), פריות
full/satiated	שׂבע, שׂבעה
funny	מצחיק, מצחיקה
furnished apartment	דירה מרוהטת (נ), דירות מרוהטות
furniture	רהיט (ז), רהיטים
Galilee	הגליל
game	משחק (ז), משחקים
genius	גאון, גאונית
Germany	גרמניה (נ)
get angry/upset with	התרגז, מתרגז, יתרגז להתרגז על
get dressed	התלבש, מתלבש, יתלבש להתלבש
get excited	התרגש, מתרגש, יתרגש להתרגש
get in touch with	התקשר, מתקשר, יתקשר להתקשר עם
get together with/meet	נפגש, נפגש, ייפגש להיפגש
get up	קם, קם, יקום לקום
get used to	התרגל, מתרגל, יתרגל להתרגל ל...
gift/present	מתנה (נ), מתנות
give a ride	הסיע, מסיע, יסיע להסיע
give/let somebody do	נתן, נותן, יתן לתת/לתת ל...
glass/cup	כוס (נ), כוסות
go down/descend	ירד, יורד, יירד לרדת
go/walk	הלך, הולך, יילך ללכת
good	טוב, טובה
Good evening!	ערב טוב!
Good luck!	בהצלחה!
Good morning!	בוקר טוב!
Good night!	לילה טוב!
gossip	ריכל, מרכל, ירכל לרכל
gossip	רכילות (נ), רכילויות
grade	ציון (ז), ציונים
grammar	דקדוק (ז)
grandfather/mother	סב/סבא, סבה/סבתא
great! wonderful!	יופי!
green	ירוק, ירוקה
green onion	בצל ירוק (ז), בצלים ירוקים
green pepper	פלפל ירוק (ז), פלפלים ירוקים
grocery (store)	מכולת (נ)
group	קבוצה (נ), קבוצות
guard	שומר, שומרת
guest	אורח, אורחת
guest room/living room	חדר אורחים (ז), חדרי אורחים
guide	מדריך, מדריכה
guitar	גיטרה (נ), גיטרות

gym shoes	נעלי התעמלות (נ.ר.)
Haifa	חיפה (נ)
half	חצי (ז), חצאים
hall	אולם (ז), אולמות
halt/stop	עצר, עוצר, יעצור לעצור
hand	יד (נ), ידיים
handball	כדוריד (ז)
Hanukka	חנוכה (נ), (חג החנוכה)
happy/elated	מאושר, מאושרת
happy/glad	שמח, שמחה
Happy holidays!	חג שמח!
hard/difficult	קשה, קשה
hat	כובע (ז), כובעים
Have a good flight!	טיסה נעימה!
Have a good time!	תבלו בנעימים!
Have a good trip!	נסיעה טובה!
Have a good week!	שבוע טוב!
Have a good year!	שנה טובה!
have fun	לעשות חיים
have to/need to	הצטרך, צריך, יצטרך להצטרך
he	הוא
head	ראש (ז), ראשים
headache	כאב ראש (ז)
health	בריאות (נ)
hear	שמע, שומע, ישמע לשמוע
Hebrew	עברית (נ)
Hebrew University (The)	האוניברסיטה העברית (נ)
Hello! Peace be unto you! (address)	שלום! שלום עליכם!
help/aid	עזר, עוזר, יעזור לעזור
help/assistance	עזרה (נ)
here	כאן
here	פה
here!	הינה!
Hermon	חרמון

high school	בית ספר תיכון (ז), בתי ספר תיכוניים
history	היסטוריה (נ)
hit tune	להיט (ז), להיטים
hobby	תחביב (ז), תחביבים
holiday	חג (ז), חגים
Holland	הולנד (נ)
honey	דבש (ז)
honeymoon	ירח דבש (ז)
hope	קיווה, מקווה, יקווה לקוות
horse	סוס, סוסה
hospital	בית חולים (ז), בתי חולים
hot/warm	חם, חמה
hotel	מלון (ז), מלונות
hotel owner	בעל המלון, בעלת מלון
hour	שעה (נ), שעות
house/home	בית (ז), בתים
housewife/ homemaker	עקרת בית (נ), עקרות בית
housing project	שיכון (ז), שיכונים
How are you?	מה שלומך?
How come? Really!? (slang)	מה פתאום?
How is business?	איך העסקים?
How many times?	כמה פעמים?
How much/how many?	כמה?
How old (are you)?	בן כמה (אתה)?, בת כמה (את)?
How?	איך?
hungry	רעב, רעבה
hurry	מיהר, ממהר, ימהר למהר
hurt	כאב, כואב, יכאב לכאוב
husband/owner, my/your/ her husband	בעל (ז), בעלים בעלי/בעלך/ בעלה

I	אני
I am sick of it	נמאס לי
ice cream	גלידה (נ), גלידות
idea	רעיון (ז), רעיונות
ideal	אידיאלי, אידאלית
I deserve (slang)	מגיע לי
idiot	גולם (ז), גלמים
if	אם
illiterate	אנאלפאביתי, אנאלפאביתית
immediately	מייד
important	חשוב, חשובה
impossible	אי אפשר
impossible!	לא ייתכן!
impossible (adj.)	בלתי אפשרי, בלתי אפשרית
impression	רושם (ז), רשמים
improve	שיפר, משפר, ישפר לשפר
in/at (the)	ב/ב...
in (+time)	בעוד (שנה)
income	הכנסה (נ), הכנסות
increase/intensify	גבר, גובר, יגבור לגבור
indeed	אמנם
inexpensive/cheap	זול, זולה
inflation	אינפלציה (נ)
information/knowledge	מידע (ז)
information (phone/public)	מודיעין (ז.ר.)
inn	פונדק (ז), פונדקים
in order to	כדי
instead of	במקום
instrument	מכשיר (ז), מכשירים
insurance	ביטוח (ז), ביטוחים
intelligent	אינטליגנטי, אינטליגנטית
interested in	מעוניין, מעוניינת ב...

interesting	מעניין, מעניינת
international	בינלאומי, בינלאומית
interview	ראיון (ז), ראיונות
in the beginning of	בתחילת
in the name of	בשם
in the neighborhood (around here)	בסביבה
introduction	מבוא (ז), מבואים
investigation office	משרד חקירות (ז)
invitation/order	הזמנה (נ), הזמנות
invite/order	הזמין, מזמין, יזמין להזמין
is/does? (question word)	האם?
island	אי (ז), איים
Israel	ישראל (נ)
Israeli	ישראלי, ישראלית
It doesn't matter! (slang)	לא נורא!
it is clear	ברור
it is forbidden	אסור
it is necessary	צריך
it is possible	אפשר
Italian	איטלקי, איטלקייה
Italy	איטליה (נ)
item/thing/article	חפץ (ז), חפצים
Jaffa	יפו (נ)
jam	ריבה (נ), ריבות
January	ינואר (ז)
Japanese food	אוכל יפני (ז)
Jerusalem	ירושלים
job/work	משרה (נ), משרות
joke	בדיחה (נ), בדיחות
juice	מיץ (ז), מיצים
Just a minute!	רק רגע!
keep/guard	שמר, שומר, ישמור לשמור
key	מפתח (ז), מפתחות
kibbutz	קיבוץ (ז), קיבוצים
kilometer	קילומטר (ז), קילומטרים
kiosk/stand	קיוסק (ז), קיוסקים
kitchen	מטבח (ז), מטבחים
kitchenette	מטבחון (ז), מטבחונים
knock on	דפק, דופק, ידפוק לדפוק
know	ידע, יודע, יידע לדעת
Lady! Ma'am! (form of adress)	גבירתי (נ), גבירותי
lake	אגם (ז), אגמים
language pattern	תבנית לשון (נ)
last	אחרון, אחרונה
last name	שם משפחה (ז), שמות משפחה
last year	בשנה שעברה
late	מאוחר
laugh	צחק, צוחק, יצחק לצחוק
law	חוק (ז), חוקים
law	משפטים (ז.ר.)
lawn	דשא (ז), דשאים
lawyer	עורך דין, עורכת דין
leap year	שנה מעוברת (נ), שנים מעוברות
leave behind	השאיר, משאיר, ישאיר להשאיר
lecture	הרצאה (נ), הרצאות
lecture hall	אולם הרצאות (ז), אולמות הרצאות
leisure/free time	פנאי (ז)
lemon	לימון (ז), למונים
lemonade	לימונדה (נ)
less	פחות
lesson/course	שיעור (ז), שיעורים
Let's go! Move already!	נו כבר!
letter	מכתב (ז), מכתבים
librarian	ספרן, ספרנית
library	ספריה (נ), ספריות
life	חיים (ז.ר.)
light	אור (ז)
limb/body part	אבר (ז), אברים
line (queue); turn	תור (ז), תורים/תורות
lion	אריה (ז), אריות
list	רשימה (נ), רשימות
listen	הקשיב, מקשיב, יקשיב להקשיב ל-
literature	ספרות (נ)
Little Red Riding Hood	כיפה אדומה (נ)
live/be alive	חי, חי, יחיה לחיות
live/reside	גר, גר, יגור לגור
living room	סלון (ז), סלונים
locked	נעול, נעולה
long	ארוך, ארוכה
look at/watch	הסתכל, מסתכל, יסתכל להסתכל
lot/ground	מגרש (ז), מגרשים
loudly	בקול
love	אהב, אוהב, יאהב לאהוב
lowfat	דל שומן, דלת שומן
lunch break	הפסקת צהריים (נ), הפסקות צהריים
lunch counter	מזנון (ז), מזנונים
magician	קוסם, קוסמת
mail/post office	דואר (ז)
main street	רחוב ראשי (ז), רחובות ראשיים
make	עשה, עושה, יעשה לעשות
make an impression	לעשות רושם
man	גבר (ז), גברים
man/human being	אדם (ז)
manners/courtesy	נימוס (ז)

map/tablecloth	מפה (נ), מפות
market	שוק (ז), שווקים
married	נשוי, נשואה
masculine	זכר (ז)
mathematician	מתמטיקאי, מתמטיקאית
mathematics	מתמטיקה (נ)
matter	עניין (ז), עניינים
meal	ארוחה (נ), ארוחות
means of transportation	אמצעי תחבורה (ז.ר.)
meantime/meanwhile	בינתיים
meat	בשר (ז)
medicine	רפואה (נ)
meet/encounter	פגש, פוגש, יפגוש לפגוש
meeting	ישיבה (נ), ישיבות
meeting/encounter	פגישה (נ), פגישות
meeting place	מקום מפגש (ז), מקומות מפגש
menu	תפריט (ז), תפריטים
merchandise	סחורה (נ), סחורות
middle	אמצע
midnight	חצות (נ)
milk	חלב (ז)
million	מיליון (ז), מיליונים
millionaire	מיליונר, מיליונרית
minute	דקה (נ), דקות
mission, task	משימה (נ), משימות
mistake/error	שגיאה (נ), שגיאות
model (car/plane model)	מודל (ז), מודלים
modern	מודרני, מודרנית
moment	רגע (ז), רגעים
money	כסף (ז)
month	חודש (ז), חודשים
moon	יָרֵחַ (ז)
more	יותר

more/still (not yet)	עוד (עוד לא)
morning	בוקר (ז), בקרים
mother (mom)	אם/אמא (נ), אימהות
motorcycle	אופנוע (ז), אופנועים
Mount Carmel	הכרמל
mountain	הר (ז), הרים
Mount Scopus	הר הצופים (ז)
move	זז, זז, יזוז לזוז
movie	סרט (ז), סרטים
movie house/cinema	קולנוע (ז)
movie star	כוכב קולנוע, כוכבת קולנוע
Mr.	אדון (ז), אדונים
Ms./Mrs./Miss	גברת (נ), גברות
murder	רצח (ז), רציחות
museum	מוזיאון (ז), מוזיאונים
mushroom	פטריה (נ), פטריות
music	מוסיקה (נ)
musician	מוסיקאי, מוסיקאית
nation	עם (ז), עמים
nature	טבע (ז)
Nature Protection (society)	הגנת הטבע
Near East, The	המזרח התיכון (ז)
negation	שלילה (נ)
neighbor	שכן, שכנה
neighborhood	שכונה (נ), שכונות
nerves	עצבים (ז.ר.)
never	אף פעם (לא)
new	חדש, חדשה
news	חדשות (נ.ר.)
newspaper	עיתון (ז), עיתונים
New Year	ראש השנה (ז)
next to	על יד
next year	בשנה הבאה
nice	נחמד, נחמדה

night	לילה (ז), לילות
night club	מועדון לילה (ז), מועדוני לילה
nightingale	זמיר (ז), זמירים
no	לא
no doubt	אין ספק!
nobody	אף אחד (לא)
noise	רעש (ז)
noisy	רועש, רועשת
noon	צהריים (ז.ר.)
normal	נורמאלי, נורמאלית
not at all	בכלל לא
not bad!	לא רע!
note	פתק (ז), פתקים
notebook	מחברת (נ), מחברות
nothing	לא כלום
nothing	שום דבר
not so much	לא כל כך
noun/name	שם (ז), שמות
now	עכשיו
nudnik	נודניק, נודניקית
number	מספר (ז), מספרים
nursery-school teacher/gardener	גנן, גננת
occupied/busy	תפוס, תפוסה
of	של
office	משרד (ז), משרדים
office building	בניין משרדים (ז), בנייני משרדים
often	לעתים קרובות
O.K	בסדר
old (person)	זקן, זקנה
old (object)	יָשָׁן, ישנה
olive oil	שמן זית (ז)
Olympics	אולימפיאדה (נ)
on/about	על
one more minute!	עוד רגע
on foot	ברגל
only/just	רק
on purpose/to spite	דווקא

on time	בזמן
open	פתוח, פתוחה
open	פתח, פותח, יפתח לפתוח
open/be opened	נפתח, נפתחת, ייפתח להיפתח
open to the public	פתוח לקהל (ז)
opera	אופרה (נ), אופרות
opera hall	אולם אופרה (ז)
opportunity	הזדמנות (נ), הזדמנויות
oppose/object	התנגד, מתנגד, יתנגד להתנגד ל-
or	או
orange	תפוז (ז), תפוזים
organization	ארגון (ז), ארגונים
other/different	אחר, אחרת
out!	החוצה!
out of town	מחוץ לעיר
outside	בחוץ
owe	חייב, חייבת
oy!	אוי ואבוי!
palace	ארמון (ז), ארמונות
pants/pair of pants	מכנסיים (ז.ר.), זוג מכנסיים
parent	הורה (ז), הורים
park	פארק (ז), פארקים
park/garden	גן (ז), גנים
parking	חנייה (נ)
parsley	פטרוסיליון (ז)
part	חלק (ז), חלקים
participate	השתתף, משתתף, ישתתף להשתתף
partner	שותף, שותפה
party	מסיבה (נ), מסיבות
passage/portion	קטע (ז), קטעים
Passover	פסח (חג הפסח)
pattern/form	תבנית (נ), תבניות
pay	שילם, משלם, ישלם לשלם
peace and quiet	שלווה (נ), שקט ושלווה
Peace be unto you! (response)	עליכם השלום!
pediatrician	רופא ילדים, רופאת ילדים
penthouse	פנטהאוז (ז)
perhaps	אולי
period/era	תקופה (נ), תקופות
permitted/lawful	מותר
person/man	איש (ז), אנשים
personal	אישי, אישית, אישיים
philosophy	פילוסופיה (נ)
phone	טלפן, מטלפן, יטלפן לטלפן
phone book	ספר טלפונים (ז)
physics	פיסיקה (נ)
piano	פסנתר (ז), פסנתרים
picnic	פיקניק (ז), פיקניקים
picture	תמונה (נ), תמונות
pie	פשטידה (נ), פשטידות
pig	חזיר, חזירה
pilot	טייס, טייסת
pita bread	פיתה (נ), פיתות
pity!	חבל!
pizza	פיצה (נ), פיצות
pizzeria	פיצריה (נ), פיצריות
place/location	מקום (ז), מקומות
plan/program	תוכנית (נ), תוכניות
plant (industrial)	מפעל (ז), מפעלים
plate/dish	צלחת (נ), צלחות
play (musical instrument)	ניגן, מנגן, ינגן לנגן
playground	מגרש משחקים (ז), מגרשי משחקים
plaza/square	כיכר (נ), כיכרות
pleasant	נעים, נעימה
please	בבקשה!
pleased/satisfied/happy	מרוצה, מרוצה
policeman/woman	שוטר, שוטרת
police station	תחנת משטרה (נ), תחנות משטרה
polite	מנומס, מנומסת
political	פוליטי, פוליטית
politics	פוליטיקה (נ)
pool	בריכה (נ), בריכות
poor/unfortunate/miserable	מסכן, מסכנה
popular	פופולארי, פופולארית
possibility	אפשרות (נ), אפשרויות
possible (adj.)	אפשרי, אפשרית
possible (it's)	ייתכן
potted plant	עציץ (ז), עציצים
poultry	עוף (ז)
power/strength	כוח (ז), כוחות
preparation	הכנה (נ), הכנות
prepare/get ready	הכין, מכין, יכין להכין
prepare/get ready	התכונן, מתכונן, יתכונן להתכונן
present tense	הווה
pretty	יפה, יפה
previous	קודם, קודמת
prima donna	פרימדונה (נ), פרימדונות
private	פרטי, פרטית
private investigator	חוקר פרטי (ז), חוקרים פרטיים
problem	בעייה (נ), בעיות
profession/subject of study	מקצוע (ז), מקצועות
professor	פרופסור (ז)
promenade	טיילת (נ)
pronoun	שם גוף (ז), שמות גוף
prospect/chance	סיכוי (ז), סיכויים
psychiatrist	פסיכיאטר, פסיכיאטרית
psychological	נפשי, נפשית
psychology	פסיכולוגיה (נ)

pub	פאב (ז)
public location	מקום צבורי (ז), מקומות ציבוריים
public park	גן ציבורי (ז), גנים ציבוריים
public phone	טלפון צבורי (ז), טלפונים ציבוריים
put	שם, שם, ישים לשים
quality	איכות (נ)
quarrel	רב, רב, יריב לריב
quarter	רבע (ז), רבעים
quarter to	רבע ל-
question	שאלה (נ), שאלות
quiet	שקט, שקטה
quiet/silence	שקט (ז)
race/completion	מירוץ (ז), מירוצים
racket	מחבט (ז), מחבטים
radio	רדיו (ז)
radish	צנונית (נ), צנוניות
rain	גשם (ז), גשמים
rainy	גשום, גשומה
raincoat	מעיל גשם (ז), מעילי גשם
rapid, speedy	מהיר, מהירה
reaction	תגובה (נ), תגובות
read	קרא, קורא, יקרא לקרוא
reading passage	קטע קריאה (ז), קטעי קריאה
reading room	חדר קריאה (ז), חדרי קריאה
ready and willing	מוכן, מוכנה להיות מוכן
really/truly	באמת
receipt	קבלה (נ), קבלות
receive	קיבל, מקבל, יקבל לקבל
reception clerk	פקיד קבלה, פקידת קבלה
recess	הפסקה (נ), הפסקות
recipe	מתכון (ז), מתכונים
recognize/know	הכיר, מכיר, יכיר להכיר
recommendation	המלצה (נ), המלצות
record (phonograph)	תקליט (ז), תקליטים
red	אדום, אדומה
redhead (slang)	ג׳ינג׳י, ג׳ינג׳ית
refrigerator	מקרר (ז), מקררים
register	נרשם, נרשם, יירשם להירשם
relationships	יחסים (ז.ר.)
relatives	קרובים (ז.ר.)
rely on	סמך, סומך, יסמוך לסמוך על-
remain/stay	נשאר, נשאר, יישאר להישאר
remember	זכר, זוכר, יזכור לזכור
remind	הזכיר, מזכיר, יזכיר להזכיר
renew/renovate	חידש, מחדש, יחדש לחדש
rent	שכר דירה (ז)
rent	שכר, שוכר, ישכור לשכור
report	דו״ח (ז), דו״חות (דין וחשבון)
representative	נציג, נציגה
request	ביקש, מבקש, יבקש לבקש
rest	נח, נח, ינוח לנוח
restaurant	מסעדה (נ), מסעדות
result	תוצאה (נ), תוצאות
return	חזר, חוזר, יחזור לחזור
rice	אורז (ז)
rich/wealthy	עשיר, עשירה
right	צודק, צודקת
right/privilege	זכות (נ), זכויות
ring (bell)	צלצל, מצלצל, יצלצל לצלצל
road/highway	כביש (ז), כבישים
romantic	רומנטי, רומנטית
room	חדר (ז), חדרים
routine	שגרה (נ), שגרות
routine (adj.)	שגרתי, שגרתית
rug/carpet	שטיח (ז), שטיחים
run	רץ, רץ, ירוץ לרוץ
rural/country style	כפרי, כפרית
Russia	רוסיה (נ)
sabbatical	שבתון (ז), שבתונים
sail	שט, שט, ישוט לשוט
sailboat	מפרשית (נ), מפרשיות
salad	סלט (ז), סלטים
salary	משכורת (נ), משכורות
sale	מכירה (נ), מכירות
salesperson	מוכר, מוכרת
same thing	אותו דבר
sandal	סנדל (ז), סנדלים
sandwich	סנדיץ׳ (ז), סנדויצ׳ים
Saturday evening (Friday night)	ליל/ערב שבת (ז)
Saturday night	מוצאי שבת
say	אמר, אומר, יאמר לאמר/לומר
scandal	סקנדל (ז)
scandal	שערוריה (נ), שערוריות
schlimazel (luckless)	שלימזל, שלימזלית
schlumiel (good for nothing)	שלומיאל, שלומיאלית
school	בית ספר (ז), בתי ספר
school/ academic year	שנת הלימודים (נ)
science	מדע (ז), מדעים
scientist	מדען, מדענית
sea	ים (ז), ימים
search/look for	חיפש, מחפש, יחפש לחפש
secretary	מזכירה (נ), מזכירות
section	מדור (ז), מדורים
see	ראה, רואה, יראה לראות
See you!	להתראות

seldom — לעתים רחוקות
sell — מכר, מוכר, ימכור למכור
semester — סימסטר (ז), סימסטרים
send — שלח, שולח, ישלח לשלוח
sentence (language/trial) — משפט (ז), משפטים
sentimental — סנטימנטלי, סנטימנטלית
September — ספטמבר (ז)
serious — רציני, רצינית
serve/offer — הגיש, מגיש, יגיש להגיש
service — שירות (ז)
shave — התגלח, מתגלח, יתגלח להתגלח
Shekel — שקל (ז) שקלים
shine/rise — זרח, זורח, יזרח לזרוח
ship — אוניה (נ), אוניות
ship/boat — ספינה (נ), ספינות
shopping center — מרכז קניות (ז)
shopping mall — קניון (ז)
short (length) — קצר, קצרה
short (stature) — נמוך, נמוכה
shout/yell/scream — צעק, צועק, יצעק לצעוק
show — הצגה (נ), הצגות
shower/take a shower — התקלח, מתקלח, יתקלח להתקלח
shut/close — סגר, סוגר, יסגור יסגור
sick/ill — חולה, חולה
signature — חתימה (נ), חתימות
simple — פשוט, פשוטה
sing — שר, שר, ישיר לשיר
singer — זמר, זמרת
single/bachelor — רווק, רווקה
singular — יחיד, יחידה
sir! — אדוני!
sit — ישב, יושב, יישב לשבת

site (tourist or historical) — אתר (ז), אתרים
situation/state — מצב (ז), מצבים
size — מידה (ז), מידות
skies/sky — שמים (ז.ר.)
sleep — ישן, ישן, יישן לישון
sleeping bag — שק שינה (ז), שקי שינה
sleeve — שרוול (ז), שרוולים
slowly — לאט
small — קטן, קטנה
smoke — עישן, מעשן, יעשן לעשן
smoke — עשן (ז)
snow — שלג (ז), שלגים
soccer — כדורגל (ז)
soda water — סודה (נ)
sofa — ספה (נ), ספות
solo — סולו
solve — פתר, פותר, יפתור לפתור
some/a little — קצת
somebody — מישהו
sometimes — לפעמים
so much — כל כך
son — בן (ז), בנים
sonata — סונטה (נ), סונטות
song/poem — שיר (ז), שירים
soul/spirit — נפש (נ), נפשות
soup — מרק (ז), מרקים
source — מקור (ז), מקורות
Spanish — ספרדית (נ)
speak/talk — דיבר, מדבר, ידבר, לדבר
special — מיוחד, מיוחדת
spend time/have a time — בילה, מבלה, יבלה לבלות
spill — שפך, שופך, ישפוך לשפוך
spit — ירק, יורק, ירק לירוק
spoiled — מפונק, מפונקת
spokesperson — דובר, דוברת
spontaneous — ספונטאני, ספונטאנית

sports — ספורט (ז)
sports car — מכונית ספורט (ז), מכוניות ספורט
sports club — מועדון ספורט (ז)
stamp — בול (ז), בולים
stand — עמד, עומד, יעמוד לעמוד
star — כוכב (ז), כוכבים
station — תחנה (נ), תחנות
stay overnight/sleep over — לן, לן, ילון ללון
steady (boy/girl) friend — חבר קבוע, חברה קבועה
step on — דרך, דורך, ידרוך לדרוך
stereo — סטריאו (ז)
steward/stewardess — דייל, דיילת
still/yet — עדיין
stocking (sock) — גרב (ז), גרביים
stomach/belly — בטן (נ)
store/shop — חנות (נ), חנויות
store owner — בעל חנות, בעלת חנות
stormy — סוער, סוערת
story — סיפור (ז), סיפורים
street — רחוב (ז), רחובות
strong — חזק, חזקה
student — סטודנט, סטודנטית
student/pupil — תלמיד, תלמידה
students' club — מועדון סטודנטים (ז), מועדוני סטודנטים
studies — לימודים (ז.ר.)
studio — סטודיו (ז)
study — למד, לומד, ילמד ללמוד
subject — נושא (ז), נושאים
succeed — הצליח, מצליח, יצליח להצליח
succees — הצלחה (נ), הצלחות
Success in life! Good luck! — הצלחה בחיים!
suddenly — פתאום

suffer	סבל, סובל,
	יסבול לסבול
sugar	סוכר (ז)
suggest	הציע, מציע,
	יציע להציע ל-
suit (of clothes)	חליפה (נ),
	חליפות
suitable/appropriate	מתאים,
	מתאימה
suitcase	מזוודה (נ), מזוודות
Sukkot	סוכות (חג סוכות)
summary	סיכום (ז), סיכומים
summer	קיץ (ז), קיצים
summer dress	שמלה קיצית (נ),
	שמלות קיציות
sun	שמש (נ)
sunflower seeds	גרעינים
sunglasses	משקפי שמש (ז.ר.)
supermarket	סופרמרקט (ז)
supervisor	מפקח, מפקחת
supper	ארוחת ערב (נ)
sure/confident	בטוח, בטוחה
surely	בטח
surprise	הפתעה (נ), הפתעות
sweater	סוודר (ז), סוודרים
sweet	מתוק, מתוקה
sweetie/honey!	מותק!
swim suit	בגד ים (ז), בגדי ים
symphony	סימפוניה (נ)
synagogue	בית כנסת (ז),
	בתי כנסת
table	שולחן (ז), שולחנות
take	לקח, לוקח, ייקח לקחת
take care of/attend to	טיפל,
	מטפל, יטפל לטפל ב-
talent	כישרון (ז), כישרונות
talented	מוכשר, מוכשרת
tall	גבוה, גבוהה
tape recorder	רשם קול (ז)
task	משימה (נ), משימות
taste	טעם, טועם,
	יטעם לטעום
tasty	טעים, טעימה
tax	מס (ז), מסים
taxicab	מונית (נ), מוניות
teacher	מורה, מורה
teaching assistant	עוזר הוראה,
	עוזרת הוראה (אסיסטנט)
Technical Institute (Technion)	הטכניון (ז)
Tel Aviv	תל אביב (נ)
telephone	טלפון (ז), טלפונים
television	טלויזיה (נ), טלויזיות
tell/say (imperative and future)	הגד!,
	יגיד להגיד
temporary	זמני זמנית
tennis	טניס (ז)
tennis balls	כדור טניס (ז),
	כדורי טניס
tennis shoes	נעלי טניס (נ.ר.)
tent	אוהל (ז), אוהלים
terrible/horrible	נורא, נוראה
terribly cold!	קור כלבים!
test/quiz	מבחן (ז), מבחנים
textbook	ספר לימוד (ז),
	ספרי לימוד
Thank God!	תודה לאל!
Thanks!	תודה!
That's how it is!	ככה זה!
That's it!	זהו זה!
theater	תיאטרון (ז)
then/so	אז
theory	תיאוריה (נ), תיאוריות
there	שם
therefore/that's why	לכן
there is/are	יש
there is/are not	אין
these	אלה (ז.ר.)
thin	רזה, רזה
think	חשב, חושב,
	יחשוב לחשוב
thirsty	צמא, צמאה
this	זה, זאת
this evening	הערב
this time	הפעם
this year	השנה
this/matter/something	דבר (ז),
	דברים
thousand	אלף (ז), אלפים
throat	גרון (ז), גרונות
thus/so	ככה/כך
ticket/card	כרטיס (ז), כרטיסים
time (+count)	פעם (נ), פעמים
time/tense	זמן (ז), זמנים
tired	עייף, עייפה
to/for (the)	ל/ל-
today	היום
together	ביחד, יחד
to home	הביתה
token	אסימון (ז), אסימונים
To life!	לחיים!
tomato	עגבניה (נ), עגבניות
tongue/language	לשון (נ)
too much	יותר מדי
top (roof) floor	קומת גג (נ)
to town	העירה
tourist	תייר, תיירת
towel	מגבת (נ), מגבות
toy	צעצוע (ז), צעצועים
traffic light	רמזור (ז), רמזורים
tragedy	טרגדיה (נ), טרגדיות
train	רכבת (נ), רכבות
transportation	תחבורה (נ)
trash/garbage can	פח אשפה (ז),
	פחי אשפה
travel/go by vehicle	נסע, נוסע,
	ייסע לנסוע
tree	עץ (ז), עצים
trip	נסיעה (נ), נסיעות

true/right	נכון
truly	ממש
try/attempt	ניסה, מנסה, ינסה לנסות
tuition	שכר לימוד (ז)
twice	פעמיים
two days	יומיים
two hours	שעתיים
two weeks	שבועיים
two years	שנתיים
typewriter	מכונת כתיבה (נ), מכונות כתיבה
uncle/aunt	דוד, דודה
understand/comprehend	הבין, מבין, יבין להבין
underwear	לבנים (ז.ר.)
unhappy/miserable	אומלל, אומללה
university	אוניברסיטה (נ), אוניברסיטות
until/up to	עד
urgent	דחוף, דחופה
U.S. (United States)	ארה"ב (ארצות הברית)
usual/be used to	רגיל, רגילה, להיות רגיל ל-
usually	בדרך כלל
vacation	חופשה (נ), חופשות
vegetarian	צמחוני, צמחונית
vehicle	כלי רכב (ז), כלי רכב
very	מאוד
very loud	בקול רם
very nice!/Nice to meet you!	נעים מאוד!
video	וידיאו (ז)
viewer	צופה, צופה
villa	וילה (נ), וילות
viola	ויולה (נ)
violin	כינור (ז), כינורות
visit (noun)	ביקור (ז), ביקורים
visit (verb)	ביקר, מבקר, יבקר לבקר
vitamin	ויטמין (ז), ויטמינים
volleyball	כדורעף (ז)
wait	חיכה, מחכה, יחכה לחכות ל...
waiter/waitress	מלצר, מלצרית
wake up call/ early rising	השכמה (נ)
want	רצה, רוצה, ירצה לרצות
warning	אזהרה (נ), אזהרות
wash	התרחץ, מתרחץ, יתרחץ להתרחץ
wash articles (toothbrush, etc.)	כלי רחצה (ז.ר.)
water	מים (ז.ר.)
water bill	חשבון מים (ז)
water canteen	מימיה (נ), מימיות
way	דרך (נ), דרכים
weak	חלש, חלשה
weather	מזג האויר (ז)
wedding	חתונה (נ), חתונות
week	שבוע (ז), שבועות
weekend	סוף שבוע (ז), סופי שבוע
weight	משקל (ז), משקלות
Weight Watchers	שומרי משקל (ז.ר.)
what?	מה?
What a...! (What a house!)	איזה! (איזה בית!)
What do you mean? (slang)	מה זאת אומרת?
What's new?	מה נשמע?
What's the matter? (challenge)	מה יש?
What's the matter? (information)	מה קרה?
What's your name?	איך קוראים לך?
What time is it?	מה השעה?
when	כש-
when	כאשר
when?	מתי?
where?	איפה?
where?	היכן?
where to?	לאן?
which?	איזה?
white	לבן, לבנה
who?	מי?
why?	למה?
why?	מדוע?
wife	אישה (נ), נשים
(my/your/ his wife)	אשתי/אשתך/ אשתו
willingly	ברצון
wind/spirit	רוח (ז), רוחות
windbreaker	מעיל רוח (ז), מעילי רוח
window	חלון (ז), חלונות
wine	יין (ז), יינות
winter	חורף (ז), חורפים
wise/clever	חכם, חכמה
wise/intelligent	נבון, נבונה
wish/congratulate	איחל, מאחל, יאחל לאחל
without	בלי
wolf	זאב (ז), זאבים
woman	אישה (נ), נשים
wonderful/marvelous	נפלא, נפלאה
wonderful/splendid	נהדר, נהדרת
word	מילה (נ), מילים
work	עבד, עובד, יעבוד לעבוד
Worker's Bank, The	בנק הפועלים
work/job	עבודה (נ), עבודות
work room/ study	חדר עבודה (ז), חדרי עבודה
world/universe	עולם (ז), עולמות
worry/care/be anxious	דאג, דואג, ידאג לדאוג
worthwhile/worth it	כדאי

write	כתב, כותב, יכתוב לכתוב
writer/author	סופר, סופרת
writing	כתיבה (נ)

year	שנה (נ), שנים
yellow	צהוב, צהובה
yes	כן
yesterday	אתמול
Yiddish	יידיש (נ)
you (f.)	את
you (m.)	אתה
you (f. plural)	אתן
you (m. plural)	אתם
you are welcome	אין בעד מה!
You are welcome!	על לא דבר!
young	צעיר, צעירה
young couple	זוג צעיר (ז), זוגות צעירים
young man/woman	בחור, בחורה
youth hostel	אכסניית נוער (נ), אכסניות נוער